厦门大学哲学社会科学

繁荣计划资助项目

**Academic Series of
College of Foreign Languages
and Cultures,
Xiamen University**

厦门大学外文学院学术文库

本书系教育部人文社科规划基金项目"生态进化视角下的英语及物性系统研究"（20YJA740049）的阶段性成果

话语分析：理论、方法与流派

Discourse Analysis: Paradigm, Theory and Methodology

辛志英◎著

厦门大学出版社
XIAMEN UNIVERSITY PRESS

国家一级出版社
全国百佳图书出版单位

图书在版编目（CIP）数据

话语分析：理论、方法与流派/辛志英著. --厦门：厦门大学出版社，2020.9
（2024.12 重印）
ISBN 978-7-5615-7819-3

Ⅰ.①话…　Ⅱ.①辛…　Ⅲ.①话语语言学-研究　Ⅳ.①H0

中国版本图书馆CIP数据核字(2020)第129459号

责任编辑　王扬帆
封面设计　李夏凌
技术编辑　许克华

出版发行　厦门大学出版社
社　　址　厦门市软件园二期望海路 39 号
邮政编码　361008
总　　机　0592-2181111　0592-2181406(传真)
营销中心　0592-2184458　0592-2181365
网　　址　http://www.xmupress.com
邮　　箱　xmup@xmupress.com
印　　刷　厦门集大印刷有限公司

开本　720 mm×1 000 mm　1/16
印张　17
插页　1
字数　320 千字
版次　2020 年 9 月第 1 版
印次　2024 年 12 月第 4 次印刷
定价　70.00 元

厦门大学出版社
微信二维码

厦门大学出版社
微博二维码

前　言

　　话语分析从 20 世纪 50 年代进入学界的视野以来，在短短几十年的时间里得到了突飞猛进的发展。话语分析发展的大背景是人文学科和社会思潮的语言学转向和修辞学转向。从哲学的高度上看，是社会建构主义的典型体现。纵观历史，这两个世纪以来，人类一直在苦苦寻求后现代主义/后结构主义的破解之道，以赓续文明发展之路。纵观西方的思想史和文明发展史，我们看到，"人"对神的膜拜，在中世纪达到了顶峰；在反思之下，出现了体现人性光辉、人文关怀的文艺复兴，其实质是"人"对神的反思、反抗和对解决问题的办法的探索。再后来，随着工业革命的出现和发展，人类又一度跪倒在机器的石榴裙下，膜拜机器的完美和精准给人类追求理性和结构之美带来的快感。所以在我们的阅读中，甚至在对分析语料的选择上，一度出现了对像时钟一样精美的结构的偏好，甚至是崇拜。实际上，由于结构主义的很多特征和特质与人的感觉如追求完整性、格式塔等相契合，结构主义迅速地占领了人类研究的几乎所有领域。在语言学领域，我们看到索绪尔作为结构主义之父，他的结构主义的理念和方法至今在几乎所有的学科都有着广泛的运用。实际上，这是人类进行观察和思考的最直接的方式之一。

　　但是，我们应该看到，进入后结构主义时代，人们逐渐发现结构主义的弊端，并试图从理论、研究范式和具体实践等方面打破、摆脱结构主义的束缚。其中最核心的问题就是打破结构主义所追求和崇尚的唯一性。我们应该看到，对唯一性的追求实际上是对事物进行简单化处理的方法。如同早期的语言研究一样，人们关注和追求的是理想的、唯美的、有着明显规律支配的语言现象。对唯一和极致的追求，使得学科发展和科学研究忽视了，甚至是有意而为之地忽视了语言学者无法认知、无法描写的语言现象。这样发展的结果是，林林总总的语言学研究流派，把语言按照自己臆想的样子，进行简单粗鲁的切割，然后置放在所谓科学的解剖台上，拿着所谓的学科或者科学武器作为手术刀和解剖工具，强行削足适履，硬生生把语言切割成自己臆想的形状。这是非常幼稚的行为，也是对语言的粗暴亵渎。因为语言是活着的，有它自身的气质和特质。

要做到真正、真实地观察语言，描写语言，必须放生语言。怀着谦卑的心去观察语言、尊重语言，才能看到语言的大致样貌。也只有这样，语言学的发展才能有所突破。之所以说这些，是因为话语分析作为思潮范式也好，作为人类试图突破结构主义束缚而进行的努力也好，至少是愿意放生语言，不再一厢情愿地把切片当作全部，盲人摸象，不再被所谓的人类中心思想所挟裹，不再高高在上地对待语言，臆想语言，能够做到，或者说是愿意在真实环境中观察语言。我们也许无法评判这是否是最好的方法，但至少我们看到人类的进步和反思，我想这也是语言学的生态研究的重要内涵之一。从人的角度看，对话语的关注可以说是人与语言寻求和解的一种方式。而话语分析则试图描绘和解释这种和解方式的纹理和脉络。

当然，在我们试图去理解话语分析时，如果简单地把它当作一种研究方法，我想这是非常肤浅的认识。话语分析兴起和发展背后更大的驱动力，是对结构主义的反思，是寻求人类社会出路和发展的努力。如何打破结构主义的束缚和僵局，才是更深刻的所在。试想，我们为什么把当下称之为后结构主义、后现代主义？我认为，这是人类社会发展的窘境所在。一方面，人类自身的发展使其认识到了结构主义的局限，另一方面，又没有找到解决问题的办法，没有找到解决问题的出路。具体地说，我们发现了结构主义的不足，然而又不得不依赖于它，这个"后"字背后是人类社会发展的尴尬，是迷茫和寻求阶段的典型呈现。从这样的视角和高度出发去看待话语分析，我们会有更多的思考和收获，也会理解话语分析在诸多领域受到关注的原因，也较容易预见到话语分析的研究前景和发展趋势。

本书的设计理念，实际上是将以上内容作为背景。我们试图通过分析、比较不同的话语分析流派的切入角度、思考路径、具体做法和相互之间的关联,让读者看到话语分析这个大体系中的细小分支、发展脉络,看到话语分析的大家庭中各成员的出现次序和发展轨迹。更重要的是,在这样的过程中,我们看到从事话语分析的学者如何探索对话语中的语言进行观察和描写,其视角的选择,其框架的设计,等等。应该说,作为人类的野心之一,作为人类突破结构主义的统治和束缚的手段也好,武器也好,虽然经过了七八十年的发展,话语分析还处于非常稚嫩的阶段,处于成长和探索时期,但它的发展,未来可期。因此,在内容的编排上,我们既有批判话语分析和会话分析这样大家较为熟悉的话语分析流派,也囊括了分布式话语分析、女性后结构主义话语分析和马克思主义与话语分析等新近出现和增长的学术热点。

本书在设计理念和框架建构上,具体而言有以下几方面的思考:

一是,对于所选取的流派,按照其发展,我们首先梳理它的出现和形成,注意它与其他流派之间的勾连。既描写树,也描写森林。读者可以思考森林和树木之间的生态关系,也要思考树木之间的共生关系。

二是,我们会特别凸显具体流派的话语分析范式和描写视角,引导读者思考不同话语分析流派背后的理论驱动和语言描写视角,并试图通过经典案例的方式给读者以直观的呈现。

三是,我们关注各流派的出现、成长和未来发展轨迹,关注它的发展趋势和未来走向。这样一种生态研究的视角,实际上是引导读者思考各类话语分析流派,关注各流派的弱点和不足之处,寻求解决方案,从而探索话语分析的发展前景。

四是,在经典案例分析部分,我们给出具体的描写步骤,实际上这部分是具有指导意义的。通过案例分析,我们有意识地引导读者分析具体的话语,解析和描写结果,使其逐渐获得话语分析的能力和操作方法。

五是,我们提供了大量的参考文献,它们是丰富的话语分析的文献库。书后所附的文献基本上涵盖了各个流派的重要文献。对感兴趣的读者来说,是非常有价值的。

本书面向的读者可以有这样几个层次:一是从事话语分析研究的学者,二是教授话语分析的专业教师,三是对话语分析感兴趣的学习者,特别是相关的人文学科领域,如社会学、心理学、文化学、人类学、政治学、历史学领域可能对其感兴趣的学者。

　　本书得以顺利成稿，要感谢很多人的大力支持和鼓励。首先，我要特别感谢厦门大学外文学院的功能语言学和话语分析团队。他们的努力，使我得以实现多年的想法，以书稿的形式呈现多年教授话语分析相关课程的思考，呈现对话语分析相关研究的领悟。我要特别感谢以下学者：王佳唯、单健、吴娜、邱敏、董天舒、赵小亮、刘娜、王盼盼、郑冰心。没有他们的团队协作，本书的成稿尚待时日。其次，我要感谢厦门大学外文学院提供的良好科研环境和科研条件，良好的学术氛围使得这本书从内容构思、框架设计，到付梓，以较好的节奏进行并完成。再次，我要感谢国家一级出版社厦门大学出版社的优秀专业人士。他们的敬业精神、专业态度和水平，让我在此书成稿和修改过程中受益匪浅。文中如有纰漏和不足之处，皆为笔者考虑不周或能力有限所致，与他人无关，恳请同行专家指正。

　　潮平两岸阔，风正一帆悬。虽敝帚自珍，唯愿以此书为媒，抛砖引玉，与广大同道之士合力推进话语分析的蓬勃发展！

辛志英

2019 年 9 月 21 日

于厦门大学德贞楼

目　录

第一章　Hyland 元话语分析模式

1. 引言

元话语是语言学界讨论的一个重要话题，本章主要讨论 Hyland（2004，2005）的元话语分析模式。元话语这一概念首先由美国著名语言学家 Harris（1959）提出，后受到众多学者的关注和研究（Crismore et al., 1993；Hyland，2005；Ädel, 2006, 2010），在话语分析领域具有重要地位（杨信彰，2007）。元话语虽然分为词汇型、标点型和视觉型三大类（徐赳赳，2006），但最后两类不在本章讨论范围内。

元话语是用于组织话语、邀请读者参与和表明作者态度的话语（Hyland，1998b）。Hyland 总结道，元话语的作用包括促进交际、支持作者立场和建立与读者的联系。元话语理论主要用于科学语篇和学术语篇的分析，有助于解释学科差异（Hyland, 2010）。目前，Hyland 元话语理论已用于多个类型语篇的分析，有学者就其中某几类元话语在语篇中展开分析（Gillaerts & Velde, 2010b），还有学者将元话语同评价资源结合研究元话语的评价意义（辛志英、黄国文，2010b），也有对学术语篇元话语使用的历时演变的探讨（Hyland & Feng, 2016；Hyland & Jiang, 2018）。但是，元话语理论无论在理论层面还是在实践层面，都还需要学界进一步探讨。本章旨在讨论 Hyland 元话语理论的发展历程、元话语理论的语篇分析模式以及元话语理论的现状和发展趋势。

2. Hyland 元话语理论发展历程

元话语研究归根结底是对言语交际的探讨。Hyland 将元话语定位在交际层面，探讨了其存在的缘由。在此基础上，Hyland 早期对几类元话语展开研究，特别是模糊语的研究（Hyland，1994，1996a，1996b，2000，2001），后结合前人的学术思想探索出一套元话语理论。这套元话语理论在语言学界被广泛应用到语篇分析实践中，具有重要的教学价值。

2.1 理论基础

元话语是交际活动过程中的重要一环（Hyland，2005）。交际不只是信息的交换，还涉及观点、假设的表达和接受，后者是元话语研究要探讨的重点内容。语篇或话语属于交际活动的一种，语篇作者和语篇的关系、语篇作者和读者的关系是元话语分析的核心话题之一。元话语分析通过分析语篇，旨在再现作者和读者的存在，剖析两者之间的制约及其对语篇本身产生的影响。

元话语在交际活动中扮演着重要作用。元话语促进交际、支持论点和建立同读者的联系。元话语既可以促进交际活动的顺利进行，同时也是交际活动的产物。作者通过了解读者的认知水平，隐去双方共有的背景知识，来提高信息传递的效率。此外，作者在了解读者的基础上，以特定的方式组织论点和论据，维护自己的立场，争取读者的赞同。元话语的使用可以引起读者关注，使其置身其中，帮助建立作者和读者的联系。

元话语属于功能范畴，而非句法范畴。元话语和语言成分之间并非一一对应，语言成分是否充当元话语取决于当时的语境。因此，元话语的判断无法从语言层面给定一个清晰的标准，只能从功能角度识别和分析元话语。如果一个语言成分由作者特意安排以表达作者观点并能影响读者，那么这就是元话语。用于指向现实世界的语言成分不是元话语。这一点增加了元话语的识别难度。

2.2 Hyland 元话语分析模式的建立

2.2.1 模糊语研究

Hyland 对元话语的研究主要开始于 1994 年对学术英语课本和科技英语课本中的模糊语研究。他从作者—读者互动中引出模糊语所起的作用，认为任何语篇，无论其科学性与客观性多强，都会涉及读者态度及其与读者的交流。他还将模糊语的功能落实到具体的语言成分上，研究了充当模糊语的情态动词、实义动词、副词、形容词和名词，对于模糊语的定量研究有重要意义。

Hyland 接下来又对具体领域学术英语中的模糊语的使用进行了研究。他（1996a）将模糊语定义为表达可能性和不确定性的语言策略，认为模糊语帮助科学语篇的作者更加准确地表达观点，让观点更容易为读者所接受。他将模糊语的功能分为两类，分别是内容导向型和读者导向型。Hyland 还将模糊语研究与具体语篇体裁结合，研究了模糊语在 26 篇分子生物学研究文章中的功能、体现形式和分布，为后面具体语篇体裁中模糊语的研究奠定了基础。他（1996b）指出，对模糊语使用特点的解释需要结合社会和语言等因素。例如，科学家通过使用模糊语体现学科内部遵循的价值观、学科话语社区成员之间关于事实的协商（Hyland, 1997）。

2.2.2 语篇元话语和人际元话语

Hyland 将元话语作为一个整体进行研究也是同样起源于对学术语篇的分析。他将元话语定义为组织语篇、介入读者和象征作者态度的一种显性的方式，并研究了涉及四个学科的学术文章中元话语的使用情况，调查了元话语与不同学科社区之间的联系（1998a）。Hyland 不仅关注元话语在学术语篇中扮演的修辞和说服功能，而且还探究了其他语篇中元话语对论证所起的作用。他（1998b）研究了 137 篇公司 CEO 写成的书信中出现的元话语，分析了 CEO 如何使用元话语影响读者对公司形象的认知。

Hyland（1998a, 1998b）曾多次完善了 Crismore 等人（1993：47）建立的元话语分析范式，对其中的元话语类型做了进一步划分。Crismore 等人的元话语范式包含两大类元话语——语篇元话语和人际元话语。其中，语篇元话语又分为语篇标记语和阐释标记语。语篇标记语分为四个子类，分别是逻辑连接语、序列语、提示语和话题标记语。阐释标记语分为三个子类，分别是语码注释语、言外标记语和宣称语。人际元话语又分为模糊语、确定性标记语、责任标记语、态度标记语和评论语。

Hyland（1998a）保留了语篇元话语和人际元话语两大类别，但对其中的子类进行了重新划分。语篇元话语分为五个子类，分别是逻辑连接语（logical connectives）、框架标记语（frame markers）、内指标记语（endophoric markers）、言据标记语（evidentials）和语码注释语（code glosses）。人际元话语也分为五个子类，分别是模糊标记语（hedges）、强调标记语（emphatics）、态度标记语（attitude markers）、关系标记语（relational markers）和人称标记语（person markers）。Hyland 的分类标准更加清晰，和 Crismore 等人最大的不同点在于言据标记语（责任标记语）的归属。Hyland 认为语篇元话语手段在命题与语篇内命题之间、命题与语篇外命题之间建立了联系，因此将言据标记语归为语篇元话语。这一元话语分析模式也用于对课本和学术文章的语篇分析实践中（Hyland, 1999）。Hyland（2000）在对课本语篇元话语进行研究时对这一模式略做了修改，将人际元话语中的强调标记语替换成增强标记语（boosters）。

2.2.3 元话语人际模式——人际式元话语和互动式元话语

Hyland（2004）在一篇研究 240 份硕博论文中的元话语的文章中，提出了元话语理论，这套理论对学术语篇中的元话语研究具有重要意义。下文将详细介绍这套元话语人际模式。与之前的模式（1998a）不同，人际式元话语（interactive）和互动式元话语（interactional）取代了语篇元话语和人际元话语，虽然所指内容与原来相同。同时，逻辑连接语被替换成了过渡标记语（transitions），但是所指未变，这一名称更确切地描述了命题之间的转换关系。第二大类保留了模糊语和态度标记语的名称，但是介入标记语（engagement markers）和自我宣称语（self-mentions）分别取代了关系标记语和人称标记语。这一改变使得元话语的分类更加明确。元话语人际模式还在 Hyland（2005）所著的书《元话语》（*Metadiscourse*）中提到。这本书对元话语做了系统描述，不仅包括对元话语模式的介绍，还包括对元话语的定义等理论问题的探讨，以及对元话语同修辞、体裁、文化和社区等实践问题的阐述。

2.3 元话语教学

元话语对于语言教学具有重要意义（Hyland, 2005）。学习者在写作过程中需要考虑目标读者对写作话题的了解程度，根据读者需要安排语篇结构和组织话语表达方式。只有充分掌握读者的认知水平，合理建构语篇，才能以合适的方式表达作者的观点态度，与读者形成互动，将作者要传达的意义成功传达到读者一方，对读者产生应有的影响，达到写作的目的。因而，培养元话语意识是教学的重要环节。

母语学习者和二语学习者均意识到与读者互动的重要性，然而二语学习者在元话语资源的使用上存在一定的问题。作者和读者通过语篇进行交际，元话语在交际过程中发挥重要作用。作者根据对读者的了解，运用元话语资源和读者进行互动。因为社会文化的差异，二语学习者对目标读者的认识欠缺，同时对相关语言特别是元话语的掌握不足，可能会误用某类元话语。培养元话语意识有三点好处，分别是帮助作者了解读者、提供表达观点的资源以及与读者形成互动（Hyland, 2005：178）。因此，二语学习者需要借助元话语教学来培养自己的元话语意识，从而正确使用元话语和读者进行交际。

学习者可以在语篇实践中培养自己的元话语意识（Hyland, 2005：185）。第一，学习者可以通过分析真实的语篇，识别其中的元话语实例，掌握元话语的使用规则。第二，学习者可以通过改变和删减真实语篇中的元话语，观察和体会意义在元话语改变前后的不同之处。第三，学习者时刻将读者考虑在内，推测和判断目标读者的认知水平和知识储备情况。第四，学习者使用元话语实际创作语篇。这些策略有助于培养学习者的元话语意识，让学习者在实践中理解如何使用元话语。

3. Hyland 元话语分析模式

Hyland 和 Tse（2004：159）列出了学术语篇元话语研究的三条关键性原则。这三条原则在 Hyland 元话语理论中占有重要地位。他们认为，元话语区别于话语的命题内容，只表示话语中作者—读者互动的内容，只包括话语的内部联系。

第一条原则是学术语篇元话语研究的起点。元话语不像命题内容那样可以反驳和讨论，元话语本身就表达了对命题内容的态度。然而，元话语仍然是话语信息的一部分，而且由于语言的复杂性，同一语言成分可能同时充当元话语和命题内容两个角色。这就给元话语的实际分析造成了一定的困难。

第二条原则涉及作者和读者的互动，最能体现元话语的功能，是对以往语篇—人际元话语模式的一种超越。元话语的使用促成交际的成功，任何元话语都是人际互动的要求和产物。原来的语篇元话语同样涉及人际因素，作者将读者的认知程度和知识背景考虑在内，通过组织话语的命题、强调命题之间的关系，引导读者理解作者想要传递的信息。

第三条原则涉及元话语的识别。有些经常充当元话语的语言成分在某些情况下并不是元话语。元话语体现的是话语内部的联系，指同样表示外部世界的命题之间的联系，本身不指代外部世界。他们据此提出了元话语在学术语篇中的分析模式，将元话语资源分为人际资源（interactive）和互动资源（interactional），这也为 Hyland 元话语人际模式的建立做了铺垫。

Hyland（2004，2005：49）提出了元话语分析的人际模式，如表 1-1 所示，将元话语分为两类——人际式（interactive）元话语和互动式（interactional）元话语。人际式元话语主要用于话的组织，作者将读者背景因素考虑在内，通过相应的信息组织方式，让读者最大程度地理解话语的内容。互动式元话语侧重读者与作者的互动，作者借此介入话语世界，对话语内容进行评论，表达自己的观点态度，并邀请读者做出回应。两类元话语又各自分为几个子类。

表 1-1　Hyland 元话语人际模式

类型	功能	例子
人际式元话语	**引导读者阅读语篇**	**资源**
过渡标记语	连接两个主句	in addition; but; thus; and

续表

类型	功能	例子
框架标记语	组织语篇行为	finally; to conclude; my purpose is
内指标记语	指向语篇另一处内容	noted above; see Fig; in section 2
言据标记语	指向其他语篇的内容	according to X; Z states
语码注释语	具体阐释意义	namely; e.g.; such as; in other words
互动式元话语	**邀请读者参与语篇构建**	**资源**
模糊标记语	保留观点	might; perhaps; possible; about
增强标记语	强调确定性	in fact; definitely; it is clear that
态度标记语	表达态度	unfortunately; I agree; surprisingly
自我宣称语	指向作者	I; we; my; me; our
介入标记语	与读者建立联系	consider; note; you can see that

　　人际式元话语包括过渡标记语（transition markers）、框架标记语（frame markers）、内指标记语（endophoric markers）、言据标记语（evidentials）和语码注释语（code glosses）。过渡标记语主要由连接词和副词短语充当，用于帮助读者解读语篇命题之间的并列、比较和因果等关系。框架标记语用于提示命题的开始和表示命题出现的顺序。内指标记语用于表示同样的内容还出现在语篇其他地方。言据标记语表示信息来源，用于借助权威维护作者的观点。语码注释语用于表示对先前提到命题的重新阐释，帮助读者理解命题。人际式元话语通过特定的组织方式减轻读者的认知负担，让读者更容易理解语篇表达的意义。

　　互动式元话语包括模糊标记语（hedges）、增强标记语（boosters）、态度标记语（attitude markers）、自我宣称语（self-mentions）和介入标记语（engagement markers）。模糊语用于表示作者的观点态度，促使读者参与命题的协商。增强标记语帮助作者确定表达的观点，排除其他阐释，申明具体立场。态度标记语用于表达作者对于某一命题的肯定否定等态度。自我宣称语通常体现为表示作者立场的代词。介入标记语指向读者，吸引读者注意力，将读者作为语篇参与者（Hyland, 2005）。介入功能可以由指向读者的代词、疑问语气和祈使语气充当。互动式元话语和人际式元话语的不同点在于，前者更加关注作者的态度和读者的语篇参与活动，重点围绕作者和读者对话语命题的协商。

4. 经典案例分析

Hyland & Tse（2004）说过，"元话语的重要性在于为解读语篇起到说明语境的作用"。Hyland 的元话语理论用于对许多语篇类型的分析，但是最突出的是对科学语篇特别是对学术语篇的分析。其中，最著名的元话语分析是对 240 篇硕博论文进行的分析（Hyland, 2004），下文将对此进行介绍并加以赏析。此外，下文还选取了三篇摘要，利用 Hyland 元话语理论对其进行分析。所选摘要均出自儿童参与编写、面向儿童读者的杂志 *Frontiers for Young Minds*，涉及的学科分别为医学、神经科学和脑科学。

4.1 硕博论文的元话语分析

Hyland（2004）利用元话语分析人际模式，分析了以英语为第二语言的中国香港学习者在论文中使用的元话语资源，探讨了他们如何体现自己的学术身份以及对自己学科所持有的态度观点。

结果显示，论文普遍存在元话语。在 240 篇论文中，共有 400,000 个英文单词，元话语共计 184,000 例，平均大约每 21 个单词就出现一例元话语。就元话语种类而言，人际式元话语多于互动式元话语。模糊标记语、过渡标记语、言据标记语和介入标记语是出现的频率最高的四类元话语。

模糊标记语的频繁使用体现了事实和观点的区分在学术英语写作中的重要性，语篇作者通过使用模糊语争取同一社区成员的肯定和支持。过渡标记语特别是连接语的使用，让作者能够保证读者易于理解语篇内容和作者所要表达的意义。

元话语资源的使用情况受社会环境等因素的影响。不同学位的论文，元话语种类和数量的使用具有一定的差异。硕士论文使用的互动式元话语较多，博士论文使用的人际式元话语较多。总体而言，博士论文使用的元话语超过了硕士论文。这在一定程度上因为博士论文的篇幅长，需要更多的人际式元话语组织语篇、帮助读者理解语篇内容。博士论文更加重视言据标记语的使用，通过引用支持自己的立场，并且展示自己的渊博学识。过渡标记语、框架标记语和语码注释语在博士论文中同样占有很大比例，体现了以读者为导向的语篇特点。这一点也由对作者的访谈得以验证。互动式元话语在博士论文中也占有很大比例，以介入标记语和自我宣称语居多。介入标记语，特别是祈使语气和情态词，暗含着作者对读者的控制，博士论文中出现的更多。自我宣称语通常表示主观态度，而论文要求客观真实，尽管如此，博士论文倾向于使用这类元话语表达观点，申明自己的立场，这在硕士论文中比较少见。元话语的使用情况反映了硕博论文语篇的差异。

同时，不同学科的论文也存在元话语使用上的差异。社会科学领域的论文使用的元话语更多，自然科学领域较少。二者在模糊标记语、态度标记语和自我宣称语的使用上具有很大差异。商务、公共管理和应用语言学等人文社科领域的论文无法像自然科学一样对某些论点进行量化得到更加客观的结论，因此更加注重与读者的交流，从而维护自己的个人立场。然而，计算机科学属于自然科学，却使用了较多的自我宣称语和介入标记语，这是因为计算机科学更加贴近现实生活，处于不断发展的时期，科学家不断提出假设并进行验证。

上述分析表明，元话语的使用情况受到社会因素等条件的影响。通过分析元话语，可以清晰看到不同知识水平的作者在语篇组织方面的差异，而且能够得到不同学科在处理与读者之间的联系上的不同之处。然而，元话语分析主要靠语言形式进行判断，功能视角下对元话语的识别尚未成熟，仍需未来研究进一步探讨。

4.2 摘要的元话语分析

例一

(1) Can eating worms actually make you healthy? (2) Most people do not think of parasitic worms and disease treatments as going together. (3) Recently, researchers have found that a certain kind of parasitic worms, called helminths, may have health benefits, specifically in autoimmune disease. (4)Autoimmune diseases are diseases in which the body attacks healthy cells or recognizes positive "self" cells as dangerous. (5) The idea of using helminths for autoimmune disease treatment goes back to 1989, when a scientist named David Strachan proposed something called the hygiene hypothesis, which is the idea that the immune system is somewhat dependent on the environment. (6) Helminth treatment is also connected to the hypothesis that exposure to bacteria and other microbes can help to build up the immune system. (7) It is possible that helminths help to regulate the functions of the body, particularly in people who are more likely to have an autoimmune disease. (8) So far, researchers have found that helminths—and molecules from helminths—decrease inflammation and symptoms of autoimmune disease in animal experiments and in some humans.

（https://kids.frontiersin.org/article/10.3389/frym.2018.00032 ）

上面的摘要由 8 个长句，接近 200 个单词组成。语篇首先抛出问题，引发读者思考吃虫子和身体健康之间是否存在正相关，并给出大多数人的看法。接着，语篇告诉读者最近有人对此进行了科学研究，证明了两者之间存在正相关。最后，语篇申明立场，支持这一观点，称为 helminth 的虫子可能有助于身体机能的正常发挥。

语篇首句以问题的形式邀请读者参与语篇活动，介入型元话语功能由疑问语气实现。虽然语句出现了指向读者的代词 you，但是它并不能实现元话语功能，而是作为命题的一个成分。同时，其中经常充当增强类元话语功能的副词 actually，在这里因为疑问语气减弱了它的增强功能，更多的关注读者而非作者。第（2）句开头部分的主语间接介入读者，most people 可能包含也可能不包含读者，这一模糊指称同样具有介入功能。第（3）句出现的是言据元功能，借研究者之口提出与前文相反的认识，同时句中的 may 也充当着模糊标记语的功能，这一功能因为命题的直接提出者是研究者而减弱了，但仍然是语篇作者的特意安排。第（5）句讲述了科学家 David Strachan 提出的假设，借助言据功能支撑前文提出的观点，同时，语码注释语 which is the idea that 进一步阐释了所提出的假设。第（6）句 also 是过渡标记语，帮助读者减轻认知负担。第（7）句的短语 it is possible that 是模糊标记语，表明作者对 helminth treatment 的观点和态度。第（8）句借用言据标记语支持作者的观点。

上面语篇运用的元话语类型包括介入标记语、言据标记语、模糊标记语、增强标记语、过渡标记语和语码注释语。其中介入标记语、言据标记语、模糊标记语的使用频率较高。这符合摘要的语篇类型和读者需要，首先介入儿童读者引发思考，然后给出相关问题的科研观点，最后表明作者态度。"吃虫子能治病"这一论点通常不被人接受，而儿童思维灵活，对此的看法一般与成人不同，首先介入儿童读者能够很容易引起他们的阅读兴趣。

例二

(1) When we interact with others, the context in which our actions take place plays a major role in our behavior. (2) This means that our understanding of objects, words, emotions, and social cues may differ depending on where we encounter them. (3) Here, we explain how context effects affect daily mental processes, ranging from how people see things to how they behave with others. (4) Then, we present the social context network model. (5) This model explains how people process contextual cues when they interact, through the activity of the frontal, temporal, and insular brain regions. (6) Next, we show that when

those brain areas are affected by some diseases, patients find it hard to process contextual cues. (7) Finally, we describe new ways to explore social behavior through brain recordings in daily situation.

（ https://kids.frontiersin.org/article/10.3389/frym.2018.00003 ）

上面的摘要共 150 个单词左右，由 7 个长句组成。语篇以一个命题开始，陈述了环境对当下行为的影响，并对这一命题做了进一步解释。语篇接着表明整篇文章的主要内容：解释环境影响思想和行为的方式；提出并阐释"社会环境网络模型"；向读者讲述验证"社会环境网络模型"的实验；描述通过记录大脑的反应来解释社会行为的新方式。

根据现有的元话语理论，语篇首句没有出现任何元话语，其中的人称代词 we 不起"自我宣称"的元话语功能，而是作为命题的一部分出现在话语中。第（2）句出现了两类元话语，this means that 起到语码注释的功能，对首句提出的命题向儿童读者做出解释，便于读者理解；may 是用于表明作者态度的模糊标记语，说明作者对命题的确定程度。第（3）句中的人称代词 we，与首句的 we 不同，起"自我宣称"功能，突出了作者，同时还起到"介入"读者的作用。第（4）句中的 we 同样起到"自我宣称"作用，凸显了语篇行为的施事者角色，同时句首的 then 起到连接作用，延续上句的语篇行为，属于框架标记语。第（5）句的 this model explains 用于增强命题的可信性，属于增强标记语，因为 model 一般经过多次思考和考量，可信度较高。第（6）句的 next 是框架标记语，照应第（4）句的 then 和第（7）句的 finally，这样的安排让语篇的条理性跃然纸上，易于儿童读者清楚整篇文章的脉络。第（6）句和第（7）句的 we 是自我宣称语，告诉读者语篇行为的施事者，同时也起到介入读者的功能。

语篇运用的元话语类型包括自我宣称语、框架标记语、语码注释语、模糊标记语、增强标记语和介入标记语。语篇的特点很明显，前两句首先提出和解释一个命题，后面几句同时通过自我宣称语和框架标记语引导儿童读者理解整篇文章的重要内容。这篇摘要和第一篇摘要的行文风格明显不同，第一篇摘要出现了大量的言据标记语，而这篇摘要大量使用框架标记语。这是因为所讨论的话题不同，第一篇摘要的话题——"吃虫子治病"——无论对于儿童还是成人而言，都是不易被接受的观点，而这篇摘要讨论的话题"环境影响人的思维和行为"容易被儿童读者接受，他们在平常生活中可能对此也深有体会，作者只需要在此基础上论证命题即可，因此较为注重语篇的条理性。

例三

(1) People with complete locked-in syndrome have lost the ability to control any kind of movement. (2) They can't speak, move their hands, or even choose to blink or move their eyes, but the brain is working. (3) Therefore, communicating with these patients can be very difficult. (4) Many groups have developed brain-computer interface (BCI) systems that can provide communication for people even if they cannot move. (5) The BCI system can translate the user's brain activity into signals for communication, such as answering YES or NO. (6) Unfortunately, most of these systems do not work for patients who cannot see. (7) Here, we introduce new results with a system that uses little vibrators. (8) The mindBEAGLE system can vibrate the left and right wrists, and the patient can answer YES or NO by silently counting the stimulations on one wrist or the other. (9) The system is using the wrist, because they are easy to distinguish for the patient. (10) We tested this system with 12 locked-in patients, and we established successful communication with nine of them. (11) We were even able to get two completely locked-in patients to communicate. (12) The successful communication was promising and had a strong impact on some patients' lives.

（https://kids.frontiersin.org/article/10.3389/frym.2018.00024）

上面的摘要 230 个单词左右，12 个长句。摘要语篇开始提出了一种现象——身患"完全闭锁综合征"的人无法控制行为，以及这一现象带给患者的交流问题。接着，语篇介绍了一种解决这一问题的"脑机界面系统"（BCI），并说明这一系统并不适用于盲人。最后，语篇提出了另外一个系统——mindBEAGLE 系统，并阐释了这一系统的原理，以及在实践中的效果。

语篇第（2）句最后通过过渡标记语 but 转变话题，说明了患有"完全闭锁综合征"的人虽然无法控制自己的行为，但是大脑仍然在活动。第（3）句又一次运用了过渡标记语，therefore 用于承接上文，上文提到的症状造成了交际问题。第（4）句再次运用过渡标记语，通过 even if 做出解释，"即使患者无法行动，BCI 系统也能帮助他们进行交际"。第（6）句出现了态度标记语，unfortunately 表达了作者对 BCI 系统的效果持有的情感，进而引出文章要介绍的新系统。第（7）句使用自我宣称语 we，同时也起到介入读者的作用，引出文章要介绍的新系统 mindBEAGLE。第（9）句通过过渡标记语 because 说明因果关系，第（10）句和第（11）句通过自我宣称语 we 指明实验的施事者，同时将读者带入实验过程。第(10)句还使用了过渡标记语 and 连接后面的实验结果。第(11)句的 even 是态度标记语，表达作者对实验结果的正面情感。

语篇的元话语种类包括过渡标记语、态度标记语、自我宣称语和介入标记语。这篇摘要的主题和儿童读者的生活相距较远，科学性也强于前两篇摘要。过渡标记语的使用让文章的逻辑更加缜密，易于儿童读者理解。态度标记语的使用也是这篇摘要的一个特点，因为这篇摘要是围绕"患者交际辅助系统"展开的，有效的治疗系统往往引起积极的情感，无效的治疗系统往往引起负面的情感。因此，元话语的使用在很大程度上取决于文章的主题以及作者想要达到的效果。

4.3 总结

通过上文的分析，我们可以得出三点看法。第一，三个语篇均未出现内指标记语。这是因为摘要本身是概述性语篇，位于正文之前，主要阐述文章的主要内容，不会具体指向文章正文的某一细节。同时，摘要具有简洁性的特点，几乎一句一个重点，很少展开对某一点的详细阐释，即使有，也很少运用元话语，因为摘要本身比较简短，认知负荷较小。第二，语言成分虽然提供了一种识别元话语功能的简便方法，但是不能作为一个普遍标准。语言的复杂性使得语言成分在不同语境中具有不同的功能。因此，元话语分析需要同时从功能和语言成分着手，这样既可以提高话语分析的准确性，又可以提高话语分析过程的效率。第三，不同的语篇，元话语的相关特点也不相同，如果语篇的话题容易被读者接受，可能会重点突出语篇的脉络，相反，语篇将会利用大量的言据标记语，注重阐释语篇的可信度。

5. 不足之处与发展趋势

Hyland 元话语理论研究取得了许多成果，然而仍然存在一些尚待完善的方面。

元话语这一概念的定义向来具有模糊性(Crismore et al., 1993；Hyland, 2005；王强、成晓光, 2016)，谁也无法给出确切的定义。目前只能从元话语的功能出发，尝试界定元话语的范围。

元话语的分类和分析机制不够明确(Hyland, 2017)。同第一点相同，这属于元话语理论层面上的问题。要进一步发展和完善元话语的理论，就要多种研究方法相结合。在语篇分析的基础上，结合对语篇作者的访谈结果，挖掘元话语的功能。同时，研究读者对语篇出现的元话语所做出的反应，探究元话语对语篇理解的促进作用。这方面只有少数研究（Hyland, 2005; Kim & Lim, 2013），还不足以对现有元话语分析模式做进一步完善。

元话语的识别标准仍然存在一些问题。经常担当元话语角色的语言成分可能同时充当话语内容的一部分，某些情况下也可能不是元话语。元话语是一种话语，以语言为载体，虽然有学者对元话语和语言范畴之间的关系做了相关研究，如探讨元话语和名词等语言元素的对应（Jiang & Hyland, 2016），但还没有出现一套完善机制能够解释元话语在语言层面上的体现形式。未来研究可就元话语的限定条件和判断标准进一步探索。

元话语理论在量化分析方面仍然存在一定的问题。量化的实现要求理论足够清晰，判断标准足够明确。但是，元话语的识别标准仍有待完善，无法实现精确的量化分析，这从侧面反映了元话语理论还需要学界继续探索，不仅在实践层面进行摸索，还需在现有的理论层面基础之上继续探讨和研究。

6. 结语

上文讨论了 Hyland 的元话语理论，重点探讨了 Hyland 元话语理论的发展历程，并利用这一理论分析了三个语篇，最后探索了元话语理论的局限和未来发展趋势。元话语是作者为符合读者认知、表达自己立场、论证观点所采取的人际手段，受到学界普遍关注。Hyland 元话语理论是目前应用最广泛、讨论最多的元话语理论，主要围绕学术话语展开分析和研究。Hyland 早期主要就学术话语中的模糊语这一元话语类别展开研究，后来结合自己的研究逐渐完善前人建立的元话语分析模式，最后突破了语篇和交际两类元话语功能，建立了元话语的人际模式。这一模式源于学术话语中的元话语研究，但不限于学术话语分析，适合任何突出作者观点和态度的话语分析。然而，这一分析模式仍存在一些不足，目前主要停留在理论的应用层面。元话语概念的模糊性、不明确的分析机制和识别标准、难以量化的问题是需要学者在未来研究中解决的问题。元话语研究需要将重点重新转到理论研究层面，重点研究元话语实现的功能，并在此基础上研究元话语功能在语言上的体现形式。这就需要结合多种研究方法，在分析语篇的同时，结合访谈等方法分析相关作者的写作思路和意图，了解读者对所出现的元话语做出的反应，最后对照语篇分析结果，建立元话语功能和语言的对应关系，并在语篇分析中验证这一对应关系。

第二章　评价框架分析模式

1. 引言

系统功能语言学（Systemic Functional Linguistic，以下简称 SFL）认为，语言具有三大元功能：概念功能、人际功能及语篇功能。在这一传统框架下，对人际意义的研究主要着眼于小句层面的情态与语气系统（Halliday 1994）。Martin（2000a）提出的"评价系统"①（appraisal system，以下简称 AS），丰富并发展了传统 SFL 人际意义的研究，认为通过对人们所使用的语言进行分析，可以评价语言使用者所持有的观点、采取的立场以及协商的态度。本章主要讨论 Martin 和 White（2005）评价框架的话语分析模式。

评价框架（appraisal framework，以下简称 AF）是 Martin 在 1991 至 1994 年间所主持的科研项目 Write It Right 中对澳大利亚新南威尔士州的中学研究的基础上提出并发展起来的。后来 Martin 与他的学生 White 等人一起将该研究发展成为 AS。AF 是作者所构建的对人物、事件的整体评价。Martin 和 White（2005）在 The Language of Evaluation 一书中指出，在生产语篇的过程中，作者 / 说话者除了再现现实世界中的人、物和事件以外，往往还通过使用某些语篇手

---

① 到目前为止，有关评价术语的界定尚存争议。现有研究中有评价框架、评价资源、评价理论及评价系统。Martin 对此也很谨慎，多数情况下使用 appraisal、appraisal system 或 appraisal resources 等词，偶尔使用 appraisal theory（Martin，2010：324）的提法。Martin（2017）在研究中回应质疑，认为"评价理论"并不能被称为传统意义上的"理论"，系统功能语言学才是指导"评价理论"的理论（informing theory）。"评价理论"仅仅是用以丰富系统功能语言学的描述手段（description）。Halliday 也认为评价系统不是独立的理论（张德禄、何继红，2011：89）。对此，笔者认为，评价研究是基于 SFL 的人际意义范畴而对语言进行描写和分析的基本框架，因而不能被称为理论。本章中评价框架、评价系统、评价资源、评价体系皆指评价，叫法的不同只是为了满足本书表达的需要。

段来表达自己对这些人、物和事件的观点和态度。事实上，人们使用语言时在遣词造句的每个环节上所做出的选择都或多或少地带有某种观点和态度。SFL学派的研究者一般把这种现象称为评价（evaluation/appraisal），把实现评价的资源和手段称为 AS。

Martin 和 White（2005：5）还指出："AS 关注作者 / 言者如何表达赞成和反对，热爱和憎恶，表扬和批评，以及如何定位读者 / 听者使其做出相应反应。"最初，AS 关注的是叙述语篇中的情感，后来逐渐被应用于其他类型的语篇，例如，文学批评、纸质媒介、艺术批评、广告话语以及历史话语等话语类型也进入人们的视野，受到众多学者的关注和研究（Martin，1992；Hunston & Thompson，2000；王振华，2001；Martin & Rose，2003 等），在话语分析领域具有重要地位。通过 Martin & White（2005）对评价的定义，我们可以总结为：评价涉及评价者主体、评价和评价接受者三个主要方面。本章只讨论 AF，不关注评价者和接受者。

语篇中的评价可以从两个维度进行考察：微观评价和宏观评价。前者一方面借助评价性词汇呈现自己的情感、判断和鉴赏，同时也可以通过程度副词、情态等手段调整自己的态度强度。后者通过更大的语篇单位，即阶段和步骤来构建局部态度韵律，并在韵律间协调宏观评价类型和强度，最终构建语篇整体评价结构。语篇中的评价包括三方面：（1）评价类型；（2）评价强度；（3）评价结构。本章将围绕这三个方面论述。

2. Martin 评价框架的理论基础

AS 自 Martin 在 1992 年的专著 *English Text* 中被提出，至体系成熟，历经了初创期、发展期和成熟期。本部分就评价体系的理论来源、发展阶段等基本情况进行介绍。

2.1 理论来源

AS 不是对传统 SFL 研究的革命，甚至没有超越 SFL 的基本理论框架（Martin，2010：143）。AS 继承和融合了传统 SFL 的一系列重要理论或思想，如社会符号视角、元功能理论、系统的思想、意义构建性思想、动态语篇观、社会语境理论、体现与例示思想等等。Martin（Martin & Rose，2003：前言）也承认："对读者而言，Hasan 和 Halliday 给予我们的学术恩惠在每一页上都是显而易见的"。在具体分析框架方面，评价框架与 Halliday（1994）人际框架在取向、量值、归一性以及情态类型等方面都有着一脉相承的渊源关系（房红梅，2014）。

2.2 发展阶段

第一阶段为初创期。Martin（1992）提出了语篇语义学的四大系统：协商系统、识别系统、连接系统和概念系统。该书多处涉及态度、情感这些 AS 的核心范畴。1991 至 1994 年 Martin 主持了 Write It Right 的科研项目，将英语人际意义的评价研究概括为"评价体系"。他的论文"Beyond Exchange: Appraisal Systems in English"（2000a）探讨了评价系统的三个子系统：情感、判断与鉴赏，但未将这三个系统归入态度系统之下。与这三个系统相联系的是增强（amplification）与介入（engagement）。前者关乎情感、判断与鉴赏的强弱，又次范畴化为 enrich、intensity 和 measure；后者关乎说话者／作者对情感、判断与鉴赏所承担的责任程度，又次范畴化为 perspective、attribution 和 expectation。此时，作为人际系统的评价已置于语篇语义学层面，与协商、参与两个系统协同表达人际意义。

第二阶段为发展期。2003 年，Martin 和 Rose 出版了 *Working with Discourse: Meaning Beyond Exchange*，该书明确提出"评价""概念""连接""识别"和"周期"五大语篇系统，"评价"居于首位。"评价"是对态度的磋商，范畴化为态度、介入和级差，三者逻辑合取。其中态度次范畴化为情感、判断和鉴赏，介入次范畴化为单声和多声（多声进一步范畴化为投射、情态和让步），级差次范畴化为语势（语势进一步范畴化为上扬和下降）和聚焦（聚焦进一步范畴化为清晰和模糊）。

第三阶段为成熟期。2005 年，Martin 和 White 出版了专著 *The Language of Evaluation: Appraisal in English*，标志着评价理论的基本成熟。该书明确将评价置于 SFL 框架内，进一步表明了语篇语义学与评价体系的关系。在此阶段，评价体系的范畴化进一步精细、完善，做出评价时，态度、介入、级差三者仍逻辑合取。特别是介入与级差在 Bakhtin 对话主义与复调理论的影响下取得重大进展。其中介入范畴化为单声和多声，多声又次范畴化为收缩（contract）与扩展（expand）；级差仍范畴化为语势和聚焦，但两者的系统网络更为复杂。同时，实现这些态度、介入和级差的语言形式范畴进一步得到丰富和拓展。

2.3 主要代表人物及作品

如果从 2000 年 AS 正式成形算起，AS 至今仅有近 20 年的发展。然而，AS 已不断得到国内外学者的关注，越来越多的学者专门从事 AS 的理论与应用研究，代表性人物有 James Martin、Peter White、Susan Hood、Monica Bednarek、王振华、彭宣维和李战子等人。

2.3.1 国外代表性学者的研究成果及贡献

作为 AS 的创始人，Martin 最大的贡献是补充并完善 SFL 的人际元功能。在语气和情态的基础上，他提出的 AS 与其他两个系统，即语气和情态系统共同构成 SFL 人际元功能。AS 三大子系统的构建为学者更系统地分析文本话语中的态度提供了分析框架。Martin 在创立 AS 后又相继出版了多部著作，如 Martin（2003，2004），他对 AS 做了进一步的阐释。Zappavigna et al.（2010）和 Bednarek & Martin（2010）等学者也是 AS 研究的主要力量。

White 主要从事新闻话语中的态度研究，目前在澳大利亚新南威尔士大学艺术与媒介学院任教。他的博士论文 *Telling Media Tales: The News Story of Rhetoric*（1998）研究了当代新闻话语的语类修辞潜势，分析了新闻话语中的多声互动和新闻话语的叙事语类结构。White 的贡献是为新闻话语区分了三种立场，即通讯记者立场（reporter voice）、驻外记者立场（correspondent voice）和评论员立场（commentator voice），并分别讨论了这三种立场的表征。Martin 和 White（2005）共著的书在分析新闻话语中的多声互动时，将后两种立场统称为作者立场。有关新闻话语中的立场分类的论述使新闻话语中的态度研究更为有条理。White 的其他相关论文还有 White（2001，2008）等。此外，White 还专门创建了评价理论研究的网站，具体网址见 White（2012）。作为评价理论与应用的知识汇聚点，该网站便于学者进行文献查阅与研究动态的跟进。

悉尼科技大学文社科学院的 Hood 教授目前从事教育类语篇中的态度研究，做了较多针对态度介入的专题研究。她的博士论文 *Appraising Research: Taking a Stance in Academic Writing*（Hood，2004a）研究了学术写作语篇中的态度，具体以学生学术写作文本和发表的学术论文为语料，系统分析了该类语篇中的态度类型、级差以及立场站位等。与此同时，此文还为学术论文写作教学提供了参考。Hood 的主要贡献是将评价理论运用于一个特定语类的态度研究中，验证了评价理论的适用性。她的相关论著还有 Hood（2004b，2006，2010，2012）等。

与 Hood 和 White 所关注的重点不同，目前在悉尼大学语言学系任教的 Bednarek 是在语料库基础上来研究新闻话语中的态度的，她将关注的重点落在情感系统。在博士论文（Bednarek，2005）的基础上，Bednarek（2006）在 *Evaluation in Media Discourse: Analysis of a Media Corpus* 一书中提出了“基于参数的评价”（Parameter-based framework of evaluation），包括核心评价参数和边缘评价参数两部分。在 *Emotional Talk across Corpus*（2008）一书中，Bednarek 对

情感的语义分类进行了修改。Bednarek 的主要贡献是在 AS 基础上创立了基于参数的评价，并修订了 AS 中对情感的语义分类，而且还基于语料库的情感研究完善了 AS 的定量研究。相关文献还有 Bednarek（2009，2010）等。

2.3.2 国内代表性学者的研究成果及贡献

在国内较早关注评价理论的学者中，王振华（2001）首次将评价理论引介到国内，其博士论文《介入：言语互动中的一种评价视角》（2003）系统研究了言语互动中的介入。王振华、路洋（2010）分析了介入的嬗变，系统介绍了介入子系统的框架、介入子系统与对话性和多声性以及自言和借言的深化。王振华的主要贡献是将 AS 引介到国内来，并对介入子系统进行了深入研究，使我们对介入子系统的嬗变过程有了更为清晰的认识。其他文献还有王振华（2001，2004a，2004b，2010）、王振华和马玉蕾（2007）等。

此外，刘承宇（2002）、刘世铸和韩金龙（2004）在 Cortazzi 和 Jin（2000）的基础上，给 AS 分析添加了一个层面，认为语篇评价系统包括语篇中的评价和对语篇的评价两个方面。孙铭悦、张德禄（2018）研究了英语社论语篇，建立了评价策略分析框架，其目的是在社会交际中选择最适合交际目的的评价资源。有关多模态评价，国内代表性研究尚不多见。亓元杰和冯德正（2014）通过分析广告语篇对多模态评价提出了分析框架。

国内从事相关研究的其他学者还有杨信彰（2003）、张德禄和刘世铸（2006）、陈瑜敏（2008）、刘世铸（2010）、辛志英和黄国文（2010b）、布占廷（2010）等。他们的研究均扩充了评价理论的应用范围。

通过对国内外 AS 发展的梳理，我们不难发现，AS 的应用研究十分丰富，涉及将 AS 应用到各种语篇类型的分析。而理论性研究却非常欠缺。在理论探索这一部分，研究者关于"评价理论"的探讨可大体分为对现有 AS 分类的完善和 AS 与其他理论的兼容性两个主题。

3. 分析框架

如前所述，本章拟从评价类型、评价强度和评价结构介绍 AS 的整体分析框架，如图 2-1 所示：

图 2-1　评价系统（参见 Martin & White, 2005）

3.1 语篇中的评价类型

语篇的微观评价框架的实现方式是评价性语言，体现为评价类型的选择。Martin & Rose（2003）和 Martin & White（2005）所发展的评价框架将评价的态度体系分为三个主要范畴，即情感、判断和鉴赏。

3.1.1 情感（affect）

情感属于心理学中的反应范畴，是对行为、文本 / 过程及现象的反应。说话者借助这种资源表达情绪或感情。情感分为好的情感和不好的情感。好的情感也被称为积极性情感，它让人愉悦、受欢迎；不好的情感被称为消极情感，它是讨厌的、让人不愉快的、应尽量避免的。对于情感的表达，也有两种方式：直接或者隐含。直接情感即作者直接表达的积极或者消极的情感。隐含的情感是指作者间接表达的情感。

3.1.2 判断（judgement）

Martin & White（2005）指出，判断是依据标准原则对人的行为做出的测量，即羡慕、批评、谴责、表扬。AS 属伦理范畴，根据伦理道德的标准来评价语言使用者的行为。Martin 和 White（2005）将评价系统分为两部分，即社会评判（social esteem）和社会约束（social sanction）。社会评判与行为规范（normality）[①]、做事才干（capacity）和坚忍不拔（tenacity）有关，分正面含义和负面含义。正面含义指的是行为符合社会评判的标准，为人们普遍认可；负面含义的行为则不被人们普遍接受或认可。社会约束属于法律和宗教范畴，关注的

---

① 规范是对一个人或组织行为的正常程度、稳定程度、时尚程度、可预见性、幸运程度等做出的判断（White, 1998）。常用的表示规范的词包括：extraordinary, normal, lucky, odd, dated, conventional 等。

是人们的言行是否真实可靠（veracity），是否正当（propriety）。社会约束也分正面和负面，正面含义是表扬性的，负面含义是谴责性的，有法律含义，是严重的。

3.1.3 鉴赏（appreciation）

鉴赏系统属美学范畴，是对事物价值做出的判断，指对文本 / 过程及现象的评价，同样有正面含义和负面含义。Martin & White（2005）将该系统分为三个次范畴，即反应（reaction）、构成（composition）和价值（valuation）。反应就是情感反应。反应有两个方面：影响（impact）与质量（quality）。影响指文本 / 过程对我们产生的吸引力；质量指事物在我们情感方面引起的反应：我们感觉某物是否漂亮、迷人，是否受欢迎等。构成也有两个方面：平衡（balance）与细节（detail）。平衡指文本 / 过程所构成的均衡性；细节指文本 / 过程是否因复杂而无法被理解。价值指用社会标准来看文本 / 过程时，文本 / 过程是否有创造性、创新性、重要，是否有价值等。

3.2 评价的加强和减弱

态度的一个特征即它具有等级性，也就是说态度具有强弱之分。Martin & White（2005）认为级差（graduation）正是用来表达态度强弱的等级系统。在汉语中有大量的表达程度差异的态度词，如"高兴、欣喜、狂喜"等，英语中对应的表达这种程度差异的态度形容词是 happy，delighted，ecstatic 等。级差系统包括语势（force）和聚焦（focus）两个子系统。语势子系统描述态度或是介入的程度强弱或数量的多少。因此语势又可以分为两类。语势调节可分级的态度范畴的力度（volume），例如是强势（raise）还是弱势（lower）。聚焦是把不能分级的态度范畴分级；聚焦分为锐化（sharpen）聚焦和柔化（soften）聚焦。

3.2.1 语势

语势是通过使用加强词（intensifier）、态度性词汇（attitudinal lexis）、隐喻或诅咒语来调整评价的强度和量，具有强化（intensification）和量化（quantification）两种方式。White（1998）指出强化通过使用加强词[①]、重复、增加色彩等手段对质量和过程进行级别的提升或降低，而量化指通过使用测量词、隐喻、品质词、夸大成分等对态度表达的级别进行调整。

3.2.2 聚焦

聚焦与语势不同，后者是对可分级的态度进行级别调整，而前者是对本身

---

① 加强词就是语言中表示程度的词汇，如 very, little, much, somewhat, utter, too, really, extremely, a little 等（Bolinger & Sears, 1981）。

不具有分级特征的评价资源进行分级处理。聚焦是从经验角度判断人或者事物是否符合原型以及符合程度（Martin & White, 2005）。从运行方向考虑, 聚焦分锐化和柔化两种; 前者表示一种积极态度, 后者为消极态度。通常情况下运用锐化的词有 true, genuine, real 等。

柔化是减轻言者在价值地位上的投入。减缓语气的"模糊表达"（Chafe, 1986）或称"模糊语言"（Hyland, 1994）可以用来降低评价值, 其缓和性方法包括运用 kind of, almost, sort of 和形容词后缀 -ish 等。

3.3 语篇中的评价结构

许多学者指出, 评价理论不仅出现在词汇层, 同时也出现在语篇语义层（Martin & White, 2005; 朱永生、严世清, 2011）, 甚至还出现在音系层（朱永生, 2009）, 并且还需要从整个语篇的角度来审视各种评价性手段的系统性, 评价意义是语言各个系统共同作用而产生的（杨信彰, 2003）。换言之, 评价的实现除了在小句层面调试评价力度外, 也可以在段落或更大的单位优化整体评价, 使其达到交流意图的目的。

受法位学中的粒子、场、波等概念的启示, Halliday（1994）认为经验意义的实现方式为粒子（particulate）结构, 语篇意义为波状（periodic）结构, 人际意义为韵律（prosodic）结构。Martin 和 White（2005）在此基础上针对人际意义提出了韵律结构的三种具体类型（如图 2-2）。

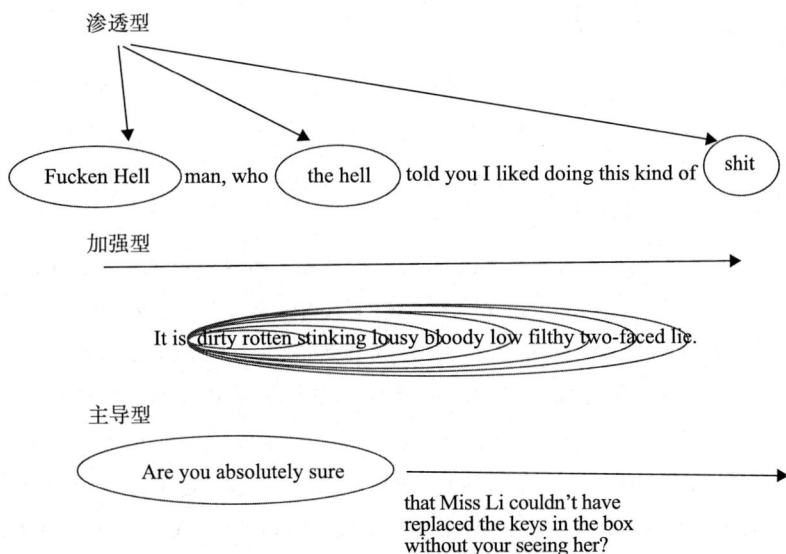

图 2-2 人际意义韵律结构类型（**Martin & White, 2005: 24**）

渗透型（saturation）结构指人际韵律的表达是随机的，可能出现在小句的任何位置，以线性模式扩展；加强型（intensification）结构指人际韵律随着语篇的展开逐渐增强，上升、强调之意往往不会局限于一个句子而是波及周围语篇。加强型的词汇—语法体现方式包括重复、修饰语、感叹句、最高级等；主导型（domination）结构指一定语篇范围内的人际韵律受到某个中心意义支配，或者说，语篇开始设定了基调，随后的人际韵律都围绕着该基调展开（岳颖，2018：47-48）。

以上主要从语篇中的评价类型、强度和结构三个方面介绍了 AS 分析模式。评价类型主要介绍了态度及态度子系统，评价的强度通过级差系统体现，语篇中评价的结构为渗透型、加强型和主导型。

4. 经典案例分析

我们选取 2018 年 9 月 7 日美国前总统 Obama 在伊利诺伊大学的演讲 Obama's Full Speech on the State of American Democracy。通过对这篇演讲的分析，旨在揭示演讲者如何通过语篇建构评价类型、评价强度和评价结构，以及这些评价性资源对讲话者实现交际意图的贡献，总结 AF 分析模式的不足之处和发展趋势。

4.1 态度系统分析

AS 以态度为轴心，其余两个系统为两翼，其最核心的要素为态度系统，本部分着重分析态度及态度子系统的评价。为了便于分析，笔者对本部分分析的句子进行了标号，评价性词汇和短语都做了下划线处理。

(1)I'm here today because this is one of those <u>pivotal moments</u> when every one of us, as citizens of the United States, need to determine just who it is that we are, just what it is that we stand for. (2)And as a fellow citizen, not as an ex-president, but as a fellow citizen, I am here to deliver a <u>simple</u> message, and that is that you need to vote because our democracy depends on it.

(3)Now, some of you may think I'm <u>exaggerating</u> when I say this November's elections are more <u>important</u> than any I can remember in my lifetime. (4)I know politicians say that all the time. (5)I have been <u>guilty</u> of saying it a few times, particularly when I was on the ballot.

(6)But just a glance at recent headlines should tell you that this moment really is different. The stakes really are higher. (7)The consequences of any of us sitting on the sidelines are more dire. (8)And it's not as if we haven't had big elections before or big choices to make in our history. (9)The fact is, democracy has never been easy, and our founding fathers argued about everything. (10) We waged a civil war. (11)We overcame depression. (12)We've lurched from eras of great progressive change to periods of retrenchment. (13)Still, most Americans alive today, certainly the students who are here, have operated under some common assumptions about who we are and what we stand for.

(14)Out of the turmoil of the industrial revolution and the Great Depression, America adapted a new economy, a 20th century economy—guiding our free market with regulations to protect health and safety and fair competition, empowering workers with union movements; investing in science and infrastructure and educational institutions like U of I; strengthening our system of primary and secondary education, and stitching together asocial safety net. (15)And all of this led to unrivaled prosperity and the rise of a broad and deep middle class in the sense that if you worked hard, you could climb the ladder of success.

(16) Here, I must show my thanks to Dick Durbin. I admire all he has done. He's a very accomplished man, and thus he is to be admired.

（https://www.cbsnews.com/news/barack-obama-speech-full-transcript-2018-09-07）

上述选段的第一段由两个句子组成，Obama 在演讲过程中，用了两个形容词 pivotal 和 simple 对当前国家面临的形势和自己在演讲中所传达的信息进行判断。由于这两个词均是对事物价值做出判断，属于鉴赏范畴。第二段中，Obama 通过使用 exaggerating 和 guilty 表达负面情感的方式与听众形成统一战线，可以产生共情（empathy）的效果，为演讲的顺利进行和效果做好铺垫。第三段中，Obama 通过两处（The stakes are higher 和 The consequences are more dire）比较级作为态度资源，表达自己的立场。此处是对人的行为做出判断，属于判断范畴。确切地说，属于负面判断，用来提醒听众：如果袖手旁观，后果会很严重。紧接着，Obama 通过使用一系列的动词，如 argued, waged, overcame, lurched，回顾了美国历史过程历来不容易，表达了积极情感。第四段 Obama 使用了形容词、动词和名词短语等对人的行为和美国历史时刻进行判断，以此来回顾历史。最后一段，Obama 使用 show my thanks to, admire, to be admired 动词短语表达对 Dick Durbin 的感激，对他本人和其行为给予正面判断。

4.2 态度系统分析数据

Obama 的演讲全文共 6 826 个词，其中明确表达态度的词语共有 221 处（包括情感词和并列短语）。在所有三种态度中，表达情感的词汇或结构更有 59 处，表达判断的有 111 处，表达鉴赏的有 51 处。在这些态度评价中，积极评价和消极评价的出现频率如表 2-1 所示。

表 2-1　演讲话语的态度资源分布

态度类型	情感		判断		鉴赏	
	N	%	N	%	N	%
积极	20	33.9	62	55.9	29	56.9
消极	39	66.1	49	44.1	22	43.1
合计	59	100	111	100	51	100

通过以上分析，我们可以得出三点结论。第一，从评价的实现方式看，演讲中的评价几乎皆为显性评价，只有两处涉及隐性评价，这或许与语篇类型有关。奥巴马的演讲目的是呼吁大家能够站起来为他即将参加的美国中期大选投票，这类语言是呼吁性的，更加直白。第二，从态度系统的三个次范畴来看，语篇中出现最多的是判断，最少的是鉴赏。出现这种现象的原因是演讲的目的需要通过自己的判断来影响观众采取行动。第三，评价的加强和减弱可以通过情态词来实现，但此类用法很少，全篇只出现了两次，这也与语篇的功能相关。演讲语篇最主要的功能之一是呼吁功能，应尽量避免使用模糊、不确定的语言，以便获得观众的信心，实现拉选票的目的。

5. 研究不足与发展趋势

评价系统研究取得了许多成果，然而仍然存在一些尚待完善的方面。

第一，态度系统下的情感、判断和鉴赏之间界限模糊。Martin & Rose（2003）认为鉴赏是对事物做出的判断，包括我们对电视节目、电影、书籍、绘画、公园、戏剧表演、公共建筑、游行等所具有的态度和对自然现象如日月星辰、自然景观等所具有的情感。判断是对人的行为做出的测量。因此，对三种态度进行区分的标准是评价者和评价对象。情感针对的是评价主体的感觉；判断针对的是评价对象—人和人的行为；奖赏针对的是人以外的事物—人类创造之物和自然事物。在情感与判断，情感与鉴赏之间，有一个交叉点—情感对象：人还是物。在笔者分析的这篇文章中，比如：

(16) I admire all he has done.

(17) He's a very accomplished man, and thus he is to be admired.

第一句评判对象是人的行为，而第二句评判对象是人。那么，这两句话中的情感表达属于情感、判断还是鉴赏，存在争议。因为在我们的分析中，admire属于积极情感表达，因此归为情感。而 all he has done 有两种诠释：如果我们把它看成人的做事行为时，就属于判断；而如果把它看成人的创造之物就应该归为鉴赏。第二句中被动语态表达的情感的主体是人，所以又属于情感。以上例子证实，情感性词汇在表达态度时是灵活的，语境的不同，甚至读者的不同，都会导致归类的不同，因此区分标准还值得进一步探讨。

第二，仅对书面语篇进行评价难以保证全面客观。演讲属于口语语篇，而我们只是对转写的书面语篇进行评价，难免会丧失语篇的"原汁原味"。因为评价不仅出现在词汇语法层、语篇语义层，也出现在音系层（杨信彰，2003；朱永生，2009），因此演讲者的语音语调、重音甚至在演讲时的眼神等副语言（paralanguage）都会产生评价意义。"交际是各模态单独，同时又是共同作用的结果，因此从某种意义上可以说，所有的话语都是多模态的"（Kress & van Leeuwen，1996：186）。鉴于此，未来有关评价的研究可以向多模态语篇评价发展。目前，国内外学者对多模态语篇的评价研究薄弱，少数存在的研究都只是将评价理论的态度框架简单应用于新闻或电影图片的分析（Macken-Horarik，2004；Economou，2006 等），没有提出阐释多模态环境下评价意义建构的理论框架。而在多模态语篇分析迅速发展的今天，我们亟需探讨实现评价意义的多模态资源并建立能够描述、阐释复杂多模态语篇中评价意义建构的理论框架。

6.　结语

本章讨论了 Martin 的 AS，重点探讨了 AS 的发展历程，并利用这一系统分析了一个语篇，最后探索了 AS 的局限和未来发展趋势。评价是指说话人或作者对其正在讨论的试题或命题所持有的态度、立场、观点或感情的表达，普遍受到学界关注。Martin 的评价系统目前应用广泛，主要围绕各类书面语篇进行分析和研究。Martin 早期主要就中学写作课堂展开研究，后来与 White 等人共同提出了评价系统分析模式，置于 SFL 的人际意义下，与情态系统共同构成人际元功能。这一模式源于对教育语篇的研究，但不限于对教育语篇的话语分析，适合任何语篇的话语分析。

然而，这一分析模式仍存在一些不足，目前的研究主要是对理论的应用方面。评价系统态度子系统下的情感、判定、鉴赏之间界限模糊，判断子系统下的分类是否可以囊括大语料中的所有例子，多模态评价等是未来研究者需要解决的问题。这就需要结合多种研究方法，在分析语篇的同时，不断发现评价资源的体现形式，然后参照评价分析框架，建立框架与实际语篇的对应关系，并在语篇分析中验证这一对应关系。

第三章　语类结构潜势分析

1. 引言

  18 世纪以来,研究者们试图沿袭 Aristotle 和 Plato 的哲学思想,从修辞学角度将不同类型的艺术创作分类,称之为"语类"(genre)。Genre 本是法语词,来源于拉丁语 genus,意为类别、种类。20 世纪以前的语类研究仍局限于文学领域,直至 20 世纪,近代批评家们开始将语类的外延扩展到随社会机构和目的变化而动态变化的惯例,也就是整个语言系统中言语使用的类别。在 Bakhtin(1986)之后,社会学研究的作用开始在语类研究中凸显,语言学家也开始使用语类这一术语来研究非文学的口语和书面语语类,力图探究不同语篇在结构、词汇和句法等方面的特点。不同学派针对语类结构研究提出了相应理论,如转换生成学派的宏观结构理论(van Dijk, 1977),伦敦学派的话语分析模式(Sinclair & Coulthard, 1975),悉尼学派的语类结构潜势理论(Halliday & Hasan, 1985)和流程图理论,以及美国新修辞的社会行为理论(Miller, 1984)等。

  本章将在介绍 SFL 语类研究的研究范式基础上,对代表人物的经典案例进行分析,总结语类结构研究的不足之处,并展望未来发展趋势。

2. Hasan 与 Martin 不同的语境观

  语类作为语类结构潜势的简称,与语境理论的发展密不可分。Hasan 和 Martin 不同的语类结构正是由于二者对 Halliday 的语境理论有不同的理解。Firth(1957: 182)作为第一个从语言学角度对 Malinowski(1923)的情景语境进行阐释的学者，将语境从一种社会过程转变为切实可行的图式结构，但没有对语境进行细致考量。

Halliday（1964：241）则在语篇变化与语境变化之间建立起联系，主要是基于其"建立语言工作机制"的目标，在语言内部和外部之间建立起平衡（Hasan，2014：3），视语言为由三个层次组成的符号系统，包括语义层、词汇语法层和音系层，着眼于研究作为社会符号的语言是怎样表达意义和行使功能的，又以何种方式识解经验的。Halliday（Halliday & Hasan，1985：42）认为语场（field）、语旨（tenor）和语式（mode）是情景语境的三个变量（以下简称为FTM模式），分别体现为语篇中的经验意义、人际意义和语篇意义，进而体现为词汇语法层的及物性系统、语气系统和情态系统、主位结构和信息结构，认为情景语境和文化语境存在于同一连续统两端，以互补的视角存在，因此将二者比喻为天气和气候。Halliday将语域定义为语言使用的变体（variety according to use），位于语义层的连续统（cline）上，不同精密度的语域处在连续统的不同位置，连续统的一端是作为潜势（potential）的系统，另一端是作为实例（instance）的语篇。

Hasan（2014）将语类结构潜势理论发展前的两个阶段分为FTM和CMR。Hasan（1973）认为Halliday的FTM阶段只考察了词汇语法，当词汇语法被Halliday抽象为系统网络中的潜势后，就引发了对语义层系统网络的描写方式的思考。这就进入了第二个阶段，即语境—元功能共鸣假说（context-metafunction resonance，以下简称CMR）。经验元功能通常与语场共鸣，人际元功能通常与语旨共鸣，语篇元功能通常与语式共鸣，由于考虑到了盖然率而不是决定性，该假说发展了语境—元功能耦合假说（context-metafunction hook-up hypothesis）。但是，语境—元功能共鸣假说有明显的不足之处，主要在于缺乏对语境中社会因素的考量，如性别、年龄、社会地位等。由此进入第三阶段的语类结构潜势理论（genre-specific semantic potential，以下简称GSP），GSP为语域的分类提供了具体参数，验证了CMR假说。

值得一提的是，除了Halliday和Hasan，Martin（如2012）也对语类做了研究。他把语境分为三层，即意识形态，语类和语域。意识形态为最高层，语类处于意识形态和语域之间。他所说的语类大致对应Halliday的文化语境，语域大致对应Halliday的情景语境。在他看来，社会活动的"目的"决定了不同语类以及次语类的结构。Martin还进一步解释了语类和语场之间的关系，以便区分不同语类中的相同语场和相同语类中的不同语场。他认为，语场是人们从事的社会活动发生的顺序，而语类是指，人们所从事的社会活动因受到文化的影响而呈现出不同的阶段，不同的阶段的划分依据是社会活动的"目的"。

Martin的语类研究主要分为三个阶段：第一个阶段为20世纪80年代初期

到 90 年代中期,从对中小学写作的观察出发,探究语类的体现以及与语域的关系;第二个阶段为 20 世纪 90 年代到 2000 年,该阶段 Martin 重点建构语境理论在系统功能语言学中的位置;第三个阶段为 2000 年到 2008 年,主要将其语境理论应用于实际语篇分析,同时也区分了宏观语类的边界,探究了评价、态度等如何影响语类。

3. Hasan 的语类结构潜势理论

由于 SFL 的最终目标是将意义解放出来,并建立功能语义学(辛志英,黄国文,2010a),在 Halliday(1985)建立了比较完备的词汇语法功能配置分析体系后,对语义的基本单位——语篇(text)的研究尤为必要,语篇有其自身的结构和组篇机制(texture),Halliday 和 Hasan(1976/2001)总结了英语中的五种衔接手段;随后,Hasan(Halliday & Hasan, 1985)又提出语类这一概念,用来描述语篇结构,其全称是语类意义潜势(genre-specific semantic potential,缩写为GSP)。

就研究对象而言,在传统的文学形式和日常话语之间存在着很多语类(Ventola, 1979),Hasan(Halliday & Hasan, 1985)着重研究日常买卖话语的结构。一方面,因为人们通常没有意识到日常对话也像文学语类一样有结构,另一方面,只有把语言当作沟通的工具,才能更加明晰语言与生活的关系。Hasan对买卖话语的研究同马林诺夫斯基在研究原始部落居民划独木舟时的语言使用一样,将整个研究置于文化语境中。同时,Hasan 和 Halliday 都强调语篇和语境之间的双向预测作用,一方面,情景语境能让参与者知道所要表达的意义,另一方面,交际中所使用的语言的意义会让参与者知道其所参与的情景类型。

为了阐明语境的结构,Hasan(见 Halliday & Hasan, 1985)提出语境构型(contextual configuration,以下简称 CC)的概念,CC 是一组由语境变量 FTM 选择项(options)组成、有入列条件的系统网络,某一特定语境下要分别从语场、语旨和语式中更精确的系统项里做出选择,构成特定的 CC(见图 3-1)。在构建语篇过程中 CC 起重要作用,以言行事就是将语言看作社会活动的一种口说的表达方式,因此 CC 是由一系列社会活动特点组合而成,Hasan 指出,CC 包括必须出现的成分、可能出现的成分、必须出现的位置、可能出现的位置以及出现的频率,这样才能成功预测语篇结构。

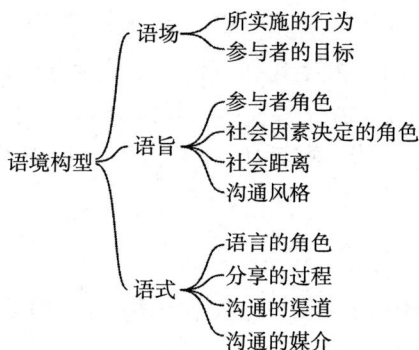

图 3-1　语境构型（Halliday & Hasan, 1985）

在该语境构型模式下，Hasan 分析了一段简单的买卖话语（见表 3-1）。

表 3-1　基本买卖话语的必要成分及对应语类结构成分

话轮	语类构型中成分名称
（1）顾客：你好，我想买 10 个橘子和 1 公斤香蕉。	买卖请求（sale request）
（2）售货员：好的，还需要些别的吗？	买卖依从（sale compliance）
（3）顾客：不了，谢谢。	
（4）售货员：共 40 美元。	卖（sale）
（5）顾客：2 美元。	买（purchase）
（6）售货员：60，80，2 美元。谢谢。	买卖结束（purchase closure）

该买卖话语构型如图 3-2 所示。

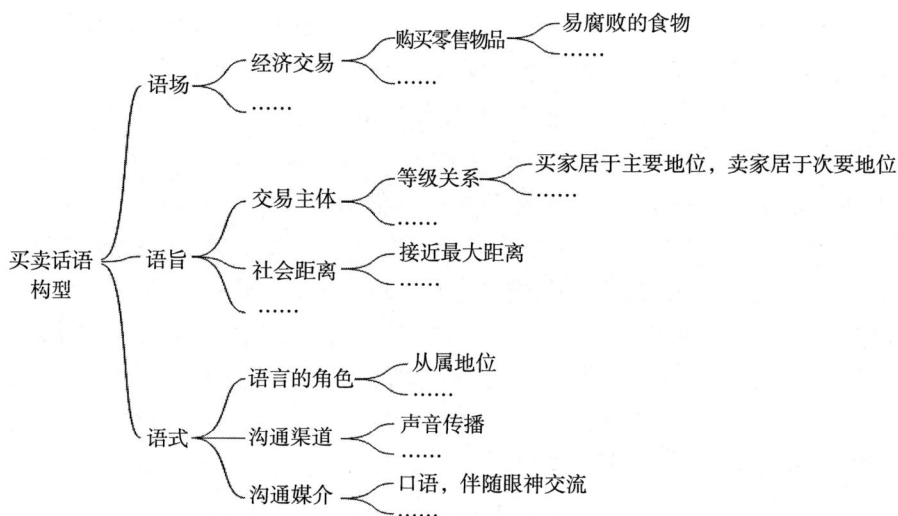

图 3-2　对应表 3-1 的 CC

如表 3-1，该买卖话语的话轮以（1）为开端，买卖请求作为第一个必要成分，是由语场预测的。购买商品的场景意味着要在零售商店里的商品中进行选择，因此买卖请求是买卖话语不可或缺的成分。请求之后紧随的便是同意或是拒绝请求，即买卖依从，在表一中出现的是肯定的买卖依从，需要特别指出的是，这里的肯定回答"好的"并不只意味着"是的，你可以买 10 个橘子和 1 公斤香蕉"，也是鼓励顾客继续购物："好的，再买点别的吧。"换句话说，肯定的买卖依从意味着期待顾客的后续购物，主要目的是促销，而不仅仅是同意买卖请求。如果仅仅是为了允许买卖请求，售货员仅通过为顾客取来商品这一动作就可以表达允许。此处语场和语旨都是激发买卖依从的语境变量，比如售货员的等级地位就意味着她要随时做好用升调的疑问句来询问顾客的准备。

如果表 3-1 没有了（1）和（2）之后的话轮，我们仍可以推测出这是一则买卖话语，即便只有（1）和（2）使得这则话语显得单薄，但一些标语比如"禁止吸烟"仍然是完整的话语。分析到此处，我们看到，（1）和（2）表示的仅仅是给予，而不是买卖，如果要完成买卖活动，不仅要有顾客挑选商品，也必须要告知顾客商品售价以及后续的付款行为。从完整性角度看，只有（1）和（2）使得买卖话语不完整，是因为我们不能据此推测购买过程已经终止，当话轮能够反映该活动结束时，我们才能将其视为完整话语。售卖开始的标志是售货员对顾客进行售价方面的告知，购买的标志是顾客付出了与商品等值的货币，因此表 3-1 的买卖话语结构可以是"买卖请求＾买卖依从＾售卖＾购买＾买卖结束"，其中"＾"符号确立了结构成分的前后顺序。

图 3-1 的结构即完成一个完整的买卖话语的必要成分（obligatory elements），必要成分正是区分不同语类的关键，同时，Hasan 分析了另一组更为复杂的买卖话语（见表 3-2）。与表 3-1 所列的结构名称不同的是，表 3-2 的买卖话语中出现了可选成分（optional elements）[①]，如由（1）和（2）体现的交易前奏（sale initiation），只要话语中有买卖话语的必要成分，即便是缺少交易前奏，它也仍然属于买卖话语，因此，必要成分决定了语类界限；而可选成分也并非随意出现，Hasan 将可选成分定义为"能出现但不是必须出现的成分"。

在某些特定情境下，可选成分更容易出现，如在更为拥挤的买卖场所（语场：购物场合；语旨：制度化代理；语式：声音渠道；口语媒介），更容易出现交易开始的话语，如"下一位？"，但这并不意味着其不再是买卖话语，因为人物角色如售货员和顾客并未发生改变。之所以会出现可选成分，是因为情境中并不一定出现决定该成分出现的变量，比如"下一位？"这种可选成分的出现灵活性较高，可

---

① 很多研究者将 optional elements 译作"非必要成分"，笔者认为这样译存在歧义，仿佛这些成分可有可无，考虑到其在区分 GSP 变体方面的重要作用，笔者将其译作"可选成分"。

以出现在排队办理业务等语境中，当柜台职员办理完队伍中上一位的业务时，就会说出该成分，但如果某次去办理业务并不拥挤时，该成分就不会出现。

另外，表3-2中出现的（25）和（26）作为结束语更容易出现在人际距离较大的交际者之间，实现了Malinowski所提出的寒暄功能，并不是停止买卖的功能，因为停止买卖是由表3-2中的买卖结束行使的；结束语是一种购买行为结束的同时、人际关系继续的标志，这时就会出现诸如"祝你度过愉快的一天"或是表达希望以后再见的愿望。表3-2中未出现的可选成分包括打招呼，它与结束语一样，暗示了售货员认识到对话者可能是潜在顾客。

复现成分（iterative elements）即语篇中可以反复出现的成分，如更为复杂的买卖话语中，买家可以选择复现交易询问以了解商品的具体信息，表3-2中的（6）和（10）就暗示了买家没有同时掌握所有商品信息。"询问"看似是买卖话语中的必要成分，但它在其他语境也会出现，比如在办理业务时可以询问工作人员"我上周登记结婚了，可以用夫姓注册吗？"，因此买卖询问并不是必要成分。售货员也要准备好买家的后续交易询问，而其作为复现成分出现的动因是商品具有多重性质，并且任何一个性质都可以继续细化。

表3-2　较为复杂的买卖话语的语类结构成分

话轮	语类构型中成分名称
售货员：（1）下一位？ 顾客：（2）是我。	SI 买卖前奏
顾客：（3）我想买10个橘子和1公斤香蕉。	SR 买卖请求
售货员：（4）好的，还需要其他的吗？ 顾客：是的，需要。	SC 买卖依从
顾客：（5）我想买些草莓，（6）但这里的草莓看起来没熟。 售货员：（7）已经完全熟了，（8）它们熟了的时候就是那种粉绿色的。 顾客：（9）哦，这样啊。	SE 买卖询问
顾客：（10）过了今晚还会新鲜吗？ 售货员：（11）没问题的，（12）我昨天留了一些，（13）今天仍然是又甜又新鲜。	SE 买卖询问
顾客：（14）好的，我买2斤。	SR 买卖请求
售货员：（15）你一定会喜欢的，（16）质量是真的好。	SE 买卖询问
售货员：（17）就这些吗？ 顾客：（18）对，谢谢。	SC 买卖依从
售货员：（19）一共2.69美元。	S 卖
顾客：（20）我这里有9美分。	P 买
售货员：（21）好的，谢谢！（22）80,3美元（23）2个5分的。（24）谢谢。	PC 买卖结束
售货员：（25）祝你度过愉快的一天。 顾客：（26）再见。	F 结束语

基于对表 3-1 和表 3-2 的分析，Hasan 发现二者关系紧密：处于相同语境框架下，有相同的必要成分，语言在这两例中的作用相同。但二者也存在一些区别：表 3-2 中的买卖话语结构中存在着一些非必要成分，因此 Hasan 认为有必要提出一个公式来穷尽该语境构型决定的所有可能的语类结构，即语类结构潜势（GSP）。简言之，语篇和语境密不可分，在同一语境构型下，语言在社会交际中的作用相同，即便是某些情境下，会出现不同类别、不同频次的可选成分，但它们并未改变语言构型以及语言的社会作用，这一语类就可能有多种结构潜势。Hasan 将买卖话语的 GSP 归纳为：

[(打招呼)·(买卖前奏)^][(买卖询问 ·){买卖请求^买卖依从^} ^卖^]买^买卖结束(^结束语)

其中圆括号内部是可选成分，圆点代表顺序可以调换，但方括号限制着其随意调换。因此，该结构的含义是，打招呼和 / 或交易开始可能出现，如果二者均出现，打招呼可以交易开始之前或之后，弯箭头意味着该成分复现，因此交易询问上方的弯箭头有三重含义：该成分是可选成分，它可以出现在打招呼和交易开始后、购买过程中、购买完毕和结束语前的任何位置。

从该构型的组成可以看出，Hasan 注重对意义进行配置，从意义角度着手分析，而不局限于形式分析如毗邻对（adjacency pair）。另外，任何一个已实现的语类结构潜势都被称作实际结构（actual structure）。Hasan 将表 3-1 和表 3-2 的实际语类结构总结为：

表 3-1：买卖请求＾买卖依从＾卖＾买＾买卖结束

表 3-2：买卖前奏＾买卖请求 1＾买卖依从 1＾买卖询问 1＾买卖询问 2＾买卖请求 2＾买卖询问 3＾买卖依从 2＾卖＾买＾买卖结束＾结束语

Hasan 认为 GSP 与词汇语法层的小句等结构并不是一对一的关系，GSP 中一个结构成分不一定对应一个话轮中一方的话语、一条信息或一个行为。因此，若想建立一个适用于一类句法、话轮和信息的 GSP 并不可行，由于语篇是最基本的意义单位，是在一定语境中使用的语言，因此 CC 必须是在一定语境中决定 GSP 的。从这种意义上讲，不同语类的体现方式不同，GSP 中成分的体现方式标准用语义配置来表述更为恰当，比如上述例子中的交易请求可以由要求、提及物品和物品数量来体现。

另外，Hasan（1978：244）指出，GSP 模型最适用于小型口语语篇，如前文的买卖话语，该时期 Hasan 认为 GSP 模型并不适用于其他语篇，比如小说。但 Hasan（1996：54）随后分析了童话语类，并认为 GSP 模型同样适用于对童话的分析，并总结出如下 GSP：

[(< 布局 >)^)始发事件 ^>] 后续事件 ^ 结束事件 [^（结局）·（寓意）]

通过对该童话语类结构潜势的描写，Hasan（1996：55）总结道，GSP 不仅描述了某一语类已经实现的语篇结构，可以用于创造新的语篇，还创造了对所有语类进行描述的元语言。至于是什么决定一个特定的 GSP，Hasan 通过比较不同情境下的 CC，推理出一类情境（situation）的 CC 决定了 GSP（如图 3-3）。从严格意义上讲，没有完全相同的两个情境，以买卖话语为例，所买物品的类别和数量不同都会出现不同的情境（二级情境），但它们属于同一类情境（一级情境），二级情境是一级情境的变体。一级情境内部的变化并不影响 GSP，只有当 FTM 中的变量发生改变时，GSP 发生变化。因此，在确定 CC 时，要明确该情境中的成分处于 FTM 变量连续体上何种位置的精密度阶上。另外，同一语类的不同语篇变体有相同的必要成分和 GSP，其中必要成分由 FTM 中的语场决定。

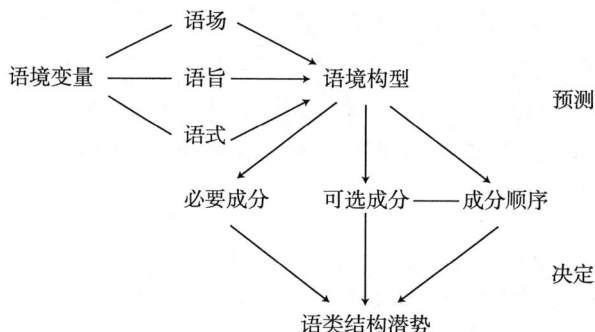

图 3-3　CC, GSP 和语篇间的关系 (Hasan, 1996：55)

4. Martin 的纲要式结构（schematic structure）理论

Martin 将语类定义为一种阶段性、以目标为导向的社会过程（a staged goal-oriented social process）。Martin 进一步发展了 Halliday 的语言理论，提出了由意识形态、语类、语域和语言组成的模型，意识形态体现为语类，语类体现为语域，语域体现为元功能，元功能体现为词汇语法，其中语类和意识形态共同构成文化语境。Martin 语类分析框架主要由整体类型（global pattern）和局部类型

（local pattern）组成，当整体类型的出现频次很高时，就成为一个语类，如记叙文和评论文章等；局部类型就是纲要式结构，如实验报告的纲要式结构就由实验目的、实验器材、实验步骤、实验结果和实验结论组成。

Martin 语类模型与 Halliday 和 Hasan 模型有以下几点不同：（1）Hasan 认为语类和语域同属语义层，而 Martin（1992）视语类和语域间为体现关系（图3-4）。（2）Martin 认为应将语篇内容与目的分开，并借用了 Bakhtin 的术语，在语类层之上建立了意识形态（ideology）层，是组成文化的，以编码为取向的系统（Martin，1992），从动态视角看，涉及到权力的再分配，要实现特定语类的意义，要逐步生

图 3-4　元功能与语言、语域和语类的
关系（Martin，2009）

成意义，如果缺少中间环节，语篇将不完整，讲母语者只要听到其中一个步骤，就可以推测出与之相关的语类。（3）Martin 视 Halliday 的语境变量 FTM 为语域范畴。（4）Martin 提出与 Hasan 的 GSP 相对应的语篇结构模型，即纲要式结构，但不同的是，Hasan 的"语境配置"在 Martin 的理论中是"语境配置"，强调 FTM 三者都影响了语类结构，而不是只有语场起决定性作用；另外，Hasan 的 GSP 理论对语类结构的分析也更为精密。（5）Hasan 认为 CC 决定的仅仅是 GSP，要形成一个完整语篇还需要组篇机制，而 Martin 认为重复、近反义词等词汇间的语义关系属于语场，显然，在 Martin 的模型中将 Hasan 的语篇结构和组篇机制进行了交叉。（6）Hasan 所言的同一 GSP 的不同变体由其中的可选成分决定，但 Martin 的模式中并未作相关分析。

Martin 模型和 Hasan 模型的主要区别在于，Martin 将语类看作独立于语域并位于语域之上的一层，主要原因在于二者模型中"体现"的方向（directionality）不同。

Martin 认为语类由语域体现，而 Hasan 认为语类结构是语境构型的体现，主要是因为体现关系不是一种单向的关系，A 体现了 B 意味着：（1）A 显示了 B（A 使 B 物质化）；（2）A 组成了 B（A 使 B 出现）；（3）A 重组了 B（A 逐渐更新 B）；（4）A 象征着 B（A 隐喻了 B）（Martin，1992：378）。Martin 和 Hasan 都赞成 Halliday 的观点，认为层间体现关系是辩证（dialectic）关系，Hasan 认为这种辩证关系是 A 激活（activate）B 的同时 B 也识解（construe）A。

Martin 注意到另一个来自语法学家的研究倾向，也就是与表达和演绎的动态式（dynamic）相对立，偏爱概要式（synoptic）。Martin 认为问题的焦点在于，

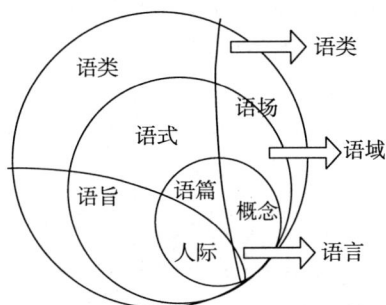

语法学家为了获得一般性概括尝试了多种与线性演绎大相径庭的方法，尝试将功能顺序和结构序列相分离，如 Hasan 提出的 GSP 理论以及 Martin 提出的系统/结构体现图，分离的结构和顺序所组成的结构潜势没有时间上的直观感受。Martin 用系统网络（如图 3-5）的方式描述语类结构潜势，并列出了相应的体现规则（如图 3-6）。

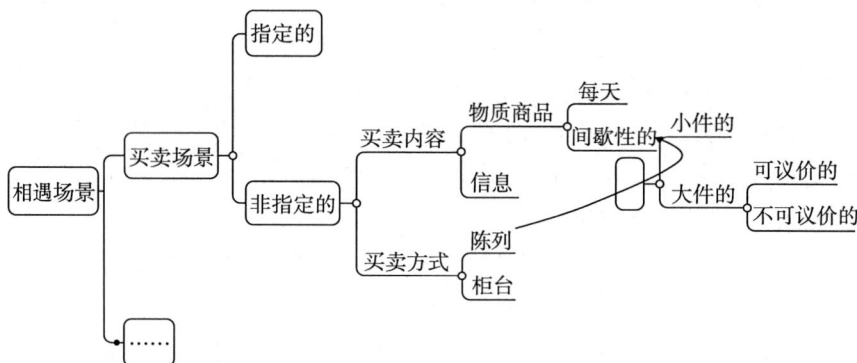

图 3-5　买卖话语的同源语类（genre agnation）系统网络（Martin, 2009）

相遇场景	+打招呼；+再见
买卖相遇	+服务；+决定；+结束
指定的	+等待
不指定的	+开价
物质商品	+价款；+商品移交
有柜台	+顺序分配
间歇性的	+买卖说服；+确认商品
大件的	+搬运
可议价的	+议价

图 3-6　买卖话语的体现规则（realization statements）（Martin, 2009）

图 3-5 表明，买卖服务可能是指定的（appointed），如去看医生，也可能是不指定的（unappointed）。这时就面临进一步选择，可能是咨询信息（information），如去旅行社咨询，买卖对象也可能是物质商品（goods），物质商品交易可能是每天都进行的（day-to-day），如便利店，还可能是间歇性的（intermittent）。另外，当同时满足陈列物品（display）和间歇性时，交易商品类型可能是小件物品（minor）如衣服，也可能是大件物品（major），当是大件物品时，可能是可议价的（negotiable）如二手汽车，也有可能是不议价的（not negotiable）如冰箱。

图 3-6 列出了纲要式结构的成分以及对应的体现说明，必须插入（insert）

体现说明才能对特定选择作出反应，如所有的买卖话语都有"服务""决定"和"买卖结束"成分，但有"等待"（Wait）这个"指定的"买卖话语成分时，就会由一些特定小句或小句复合体来体现，如"你先坐着等一下吧"或"过一会儿医生会接诊您的"；"不指定的"买卖话语有"开价"成分；交易对象是物质商品的买卖话语有"付款"和"商品移交"等成分。总之，Martin 的语类系统网络及其体现说明继承了 Halliday 在 *An Introduction to Functional Grammar*（1985）中对词汇语法层的系统和体现说明的描写方法。

Martin（2009）提出的系统网络和体现说明虽然能在一定程度上将不同语类区别开来、展现语类之间的关系，但并不能详尽描绘买卖话语的纲要式结构。语类结构中的有些成分可以出现不止一次，因此描述语类结构潜势时要考虑到成分"复现"的情况。该话语中顾客或售货员至少有三次可以选择退出：顾客可以拒绝开价，可以说自己只是看看但不买；售货员在店里没有顾客需要的产品时也可以退出；当顾客没有满意的产品时可以选择退出。

这些问题在一个由系统网络和体现说明所组成的静态概要式模型中并不能得以解决，因为语类的纲要式结构和小句结构不同，因为纲要式结构更加灵活，当交集双方中途退出时仍是完整话语，并且"复现"的方式也不同于小句，例如在一则买卖话语中"服务"可以复现多次，但在一个小句中主语或者动作者仅有一个。

5. SFL 语类理论评价

Ventola（1987）这样评价 Hasan 的语类模型：系统地描述了语境和语篇间的关系，并为语篇类型化做出了卓越贡献。Hasan 的语类研究关注语篇对情景语境的体现，而非情境语境与文化语境间的关系，通过将 FTM 三个语境变量看成一个相互关联的整体来研究其对语类结构的作用，同时也注意到一些语篇变化并不因语域改变而改变，并探索了发生这种情况的情境（Halliday & Hasan, 1976/2001: 23）。

Hasan 的 GSP 理论主要做出了以下几方面贡献。首先，Hasan 的 GSP 理论对语类研究有重要意义，她将语篇置于一定语境中来讨论语篇结构，使抽象的语篇结构有迹可循——受语境变量 FTM 影响，其研究表明所有实际的语类结构都是某个已知 GSP 所实现的变体，其中必要成分决定了 CC，进而决定 GSP，这种决定机制使在一定语境中语类划分提供了理论依据。

其次，可选成分的提出为语类变异研究提供了理论基础，可选成分发生改变时，语类也将随之变化，这种变化是文化和社会的作用之下，处于一定语境中的动态变化。

最后，GSP 从社会符号学角度阐释了语类结构和语境的关系，为语类结构分析和语类定性提出了明确框架，在语类教学方面做出了重大贡献，使学生更容易从"限制语码"向"精致语码"过渡，从一定程度上解决了教育不公平问题。

Martin 的语类观中有两种方式描述纲要式结构：形式和功能，Martin 和其他系统功能语言学家一样采用功能方式，将语篇划分为若干功能成分，如科技论文语类可以被划分为摘要、引言、理论框架、研究方法、实验过程和研究结果等几部分，并体现为不同的语言形式，同时，不同语类的纲要式结构的体现方式也不同，如"菜谱"和"新闻"在这两个步骤使用的词汇语法结构就差别很大。

Martin 认为该模型的优势在于，系统网络既可以被看作是动态的又可以被看作是静态的，从静态视角看就是一个概要式语篇，从动态视角看就是一个过程，还通过与打桥牌进行类比，说明动态静态之间的区别。Martin 的语类系统网络中语类是静态的概要式系统，是从客观视角去观察语篇，将语类与文化的关系展现出来，从系统中选择系统项，再由体现说明体现为具体话语，通过该体现过程形成的既是一个语篇又是一个过程。

然而，Hasan 毫不客气地抨击了 Martin 的动态语类结构模型，认为 Martin 将语篇开展过程按时间推进的方式存在缺陷，动态模型合理的前提是既能处理话语实例，又要能从诸多实例中抽象出模型，这样的模型才能适用于所有实例，她注重研究语类可变性以及可选择性，从概要式模型中将动态理念概念化。

Martin & Rose（2008）的语类分析为语言教学做出了一定贡献。传统的语言教学法自下而上教授学生单词、句子和段落，而儿童语言发展的顺序并非如此。语言学习是一个社会过程，学习者逐步总结经验并运用。

Martin 通过调查发现澳大利亚悉尼地区的小学生在课堂教学中接受的语类写作指导过于单一，局限在记叙文，这也就促成了教育不公平现象。要想实现公平就应该建立更为全面的语类讲授机制，如历史、数学、英语和学术语篇等。首先要培训语言教师以帮助学生建立语类意识，自上而下地从识别语类开始，到体现为语篇语义结构，再进一步体现为词汇语法。教师不盲目要求学生独立完成作文，而是先解构范文，然后和学生共同创作，最后在学生掌握该语类的特点后，让学生独立完成写作。

悉尼学派的语类教学法为英语教学注入了一定活力，使学生注意力由日常口语转移到获得学历、工作等需要的学术语篇，在一定程度上促进了教育公平的实现。

Martin 的语类模型在教学中的应用也存在部分不足。在理论方面，首先，

Martin 将语域术语和语境术语混淆使用，在他的模型中语域指的是语言型式和其他语语言相关因素的变体，这与"语言本身就是其变体的表达层"的观念相违背；

其次，Martin 的理论模型本身带有强烈的实践色彩，也就意味着其本末倒置，注重对语言之外的层次进行研究，而忽视了对语言本身的研究。

再次，尽管 Martin 的语境理论考虑了文化语境、情景语境、语篇语义层，但并没有将语类结构与情景语境层联系起来，没有明确 FTM 与纲要式结构的关系。这种脱离情景语境的模型违背了 SFL 语言观（Halliday，2004）。

最后，在实践方面，Martin 语类模型还需进一步在实践中验证，并不具备广泛的适用性，而 Hasan 的 GSP 理论已被应用于英语教学和计算语言学等领域。尽管这种教学法能使学习者掌握一些语类特征，但不能系统地、批判性地鉴别一个学科的全部语篇，也会使这些隐藏在教育不公平机制后的主流语篇继续繁衍；这种教学法未带来根本性的宏观社会变革，也并不能解决语篇背后的权力不平等；该教学法的普及和推进也受资金和政策等方面的约束，实施起来困难重重。

6.　结语

Hasan（2014）提出对 GSP 理论的进一步发展——ARC 假说（action，relation and contact hypothesis）。该假说建立在 Vygotsky（1978）的符号调解（semiotic mediation）基础上，从个体发生中非语言触发机制的角度探究语义交换，质疑婴儿期的非语言但能传达意义的符号是否与语境相关。如果相关，又怎样重新设定语境参数。确切地说，话的语境不能被应用于更广的社会实践，并由此提出了行为（action）、关系（relation）和接触（contact）三个新的参数。Hasan（2014）本人认为该假说考虑了 Gregory 的功能语旨，对 CMR 假说的验证更具说服力，对语境参数的界定更为清晰，但该假说并未被 SFL 学界广为接受。

另外，尽管多年来 SFL 语类结构的争论焦点都徘徊在 Martin 和 Hasan 之间的诸多矛盾之处，但未来研究者需要用大量的系统性实证研究才能进一步验证语类结构潜势理论的解释力，主要研究方向应在根据 Martin 的详细分类来探究语境变量之间的关系、不同类型的意义模式，跳出预先默认的与元功能之间关系的藩篱，才会解决这些争议问题，并发展出语类结构潜势的新理论甚至元理论。

第四章 专门用途英语（ESP）语类分析
——从学术语言教学到语篇分析

1. 引言

专门用途英语（ESP, English for Specific Purposes）角度的语类分析从建立之初就基于语言教学的需要。Swales（1990）在 *Genre Analysis* 一书第一页就开宗明义道：本书的目的在于为学术研究英语教学提供一个方向。自此，学术英语教学就成了 ESP 学派语类分析的立身之本。同时语类分析框架的建立也紧跟教学应用这一目标。但是，随着语类研究和分析框架的逐渐丰富与完善，特别是为了描写纷繁复杂的书面语世界（Bhatia, 2004），ESP 语类理论不限于学术英语教学的单一目的，旨在成为独具特色的语篇分析方法。但我们认为，因为服务于学术英语教学的初衷，作为独立的语篇分析流派，ESP 语类分析模式仍有其固有缺陷。本章将在梳理其发展过程的基础上着重介绍这一转变。

2. 理论概况

ESP 语类分析的主要代表人物为 John Swales 与 Vijay Bhatia 师徒。Swales 于 1990 年出版的 *Genre Analysis*: *English in Academic and Research Settings* "标志着话语分析领域一个新的方法的诞生"（Master, 1992：287）。

在这本书中，Swales（1990：13）强调了 ESP 学派语类分析与其他学派，如文化人类学、社会语言学、话语分析、功能语言学等的继承与发展关系："不论一个学术方法的创新多么的微小，都很可能建立在将数个不同的学术传统整合进新思想的基础上。"对于 Swales 而言，语类分析涉及三个关键因素：话语社区（discourse community）、语类（genre）和任务（task）。而贯穿三者的关键性原则是交际目的（Communicative Purpose）：

交际目的是驱动话语社区的语言活动的力量；交际目的是语类身份确定的原型标准；交际目的是决定任务属性的主要因素。（Swales，1990：10）

也就是说，在给定的话语社区中，为完成特定的任务，人们需要进行特定类别的话语实践和修辞行为（rhetorical action），以达成交际目的。可以看出，交际目的是 ESP 学派语类分析的核心，也构成了该学派相比其他学派的独特之处。而这一独特之处与 ESP 学派的教学相关性密不可分。

由于 ESP 学派建立的初衷是教授学术英语，对象"常常是非母语英语学习者"（Bawarshi & Reiff，2010：41）。揭示语言使用和社会功能之间的关系，以帮助非母语学习者是其一贯目标。因此，ESP 学派需要建立"可见的教学法"："（ESP 学派）旨在为写作者提供关于目标语篇结构的明确解释，以及目标语篇写作方式的原因"（Hyland，2004：11）。从目标的角度而言，ESP 学派与 SFL 的话语分析目标，特别是悉尼学派是类似的，即将社会实践背后隐藏的语类结构明确化、可视化，使之可以成为语言教学的材料，并为学生的未来发展服务。根据 Barwashi（2010：43）所述，ESP 学派的语类框架服务对象为较高年级的学生或专业人士，他们需要学习的语类适用于专业性较强的场景，因此边界较为明显，且容易分辨，有明显的学科界限，如学术论文、文献综述、会议摘要、研究汇报、求职申请、法律文件等等。

从 ESP 的建立初衷和描写目标语类可以看出，ESP 试图描述的是成人世界的，具有较强书面语特征且目的性较强的语类，因此交际目的非常适合作为贯穿其中的原则。除此之外，ESP"强烈的语用色彩"（Bawarshi & Reiff，2010：44）也使得交际目的成为限定描写范围的合适工具。

根据交际目的这一原则，话语社区、语类和任务三大概念连接在了一起。Swales（1990：24-25）给出了话语社区的六大区别性特征：第一，话语社区有经广泛同意的一组目标；第二，为完成目标，话语社区内部各成员之间需要有相互交流的机制；第三，话语社区的成员独立地使用这些机制参与社区的交流；第四，为了在交际中达成目标，话语社区拥有并使用一个或更多的语类，且这些语类能够被话语社区的成员辨认和定义；第五，除了对语类的使用之外，话语社区还获得了一些具体词汇，它们的使用日益广泛并逐渐专业化；第六，话语社区中必须存在一定数量的话语使用专家，他们可以将关于交际目的的知识传递给新成员。

根据话语社区的特点，语类不但帮助了话语社区的成员达成目标，更重要的是，语类是帮助话语社区新成员了解共同目标，成为合格社区成员的重要教学工具。因此，语类作为"交际事件的集合"（Swales，1990：58）被定义为语言和修辞行为，涉及"在某时，某个给定的语境中，使用语言和某人交流某些事情，以达成某些目的"。值得注意的是，虽然交际事件可以是随机的，杂乱的，但语类是特殊的交际事件集合，其特殊性就体现在共同的交际目的。具体而言，话语社区的成员将一些较为稳定的语言和修辞事件典型化，以达成共同的目的。

因此，交际目的成为语类的原型识别标准。也就是说，最符合交际目的的交际事件会被视为对应语类的核心成员。根据交际目的，"诸如形式、结构、观众的期待等特点都可以作为判断特定例子的原型性的参数"（Swales，1990：52）。更为重要的是，语类的图式性结构（Schematic），也就是话步（Move）也是由交际目的决定的："语类背后的基本原理决定了语篇的图式结构，并限制了语篇的内容和风格"（Swales，1990：58）。

对于语类分析而言，分析者对话语社团的成员如何理解语类的了解是十分重要的，因为作为教学工具的语类需要首先建立在正确的基础上。而以交际目的为准绳，语类分析得以建立起简洁有效的框架，对目标语类进行分析，并较为精确地将语类知识传递下去。可以说，语类分析者的功能类似话语社区的资深成员，将给定话语社区的语类知识传递给新成员。但是不同的是，语类分析者需要在课堂环境中，在相对有限的时间里精确传递书面写作知识，且作为分析者，他们的语类知识往往并不如资深成员丰富。以上种种因素使得基于交际目的的语类结构和语言、修辞特征的分析至关重要。而以 Swales 语类理论为基础的 ESP 的语类框架成功地做到了这一点（Flowerdew，2015）。具体而言，Swales（1990）开发了 CARS（Creating a Research Space）模型，其中包含三个主要步骤：建立领域（Establishing a territory），建立缝隙（Establishing a niche），占领缝隙（Occupying a niche），并据此进一步讨论类似时态选择、主语选择等的具体特征（Devitt，2015：45）。Bhatia（2004）在此基础上开发了语类分析的七步分析法，我们将在下一部分介绍。

但是书面语的世界是复杂多变的，以交际目的为标准定义语篇虽然可操作性较强，但也因此具有较小的适用范围。上文中我们提到，ESP 的分析目标大多是书面语篇中的学术语篇。对于一个学派的发展而言，这是远远不够的。因此，这个服务于学术语言教学的语类分析理论，在面对当代世界快速的语类变化，纷繁复杂的书面语世界的时候也力求变化，试图涵盖语类的变与不变，在描述的同时加强语类背后的理论解释等。这些变化意味着，ESP 语类理论越来越向语篇分析理论靠拢，向普通语言学理论靠近。在这些变化中，首先需要提到的是 Swales（2004）关于语类之间关系的理论。

Research Genres：*Explorations and Applications* 一书标志着 Swales 的语类构建转向，逐渐弱化为语言教学服务的目的。在该书中，Swales（2004：12-22）

以语类星座（Genre Constellation）概括语类之间的关系，即决定语类之间内在联系的系统。Swales 提出了四个系统：第一，语类等级（Genre Hierarchy），即根据语类之间性质的不同为标准的等级排列；第二，语类链条（Genre Chain），即根据时间顺序排列的语类序列；第三，语类集合（Genre Set），即作为个体或群体的机构实践一部分的语类集合；第四，语类网络（Genre Network），指从任何共时时刻的角度看到的特定部门（如学术世界）可用的语类之和。

Swales（2004：22）明确了语类之间关系的理论是为了互文性描写服务的。这一点不难理解。从语类的角度来看，互文性可以解释为不同语类之间的融合，以达成具体的交际目的。而 Swales 的语类星座理论可以作为互文性分析的标准。也就是说，分析者可以检视融合的语类之间的具体关系。

Bhatia（2004）在 *World of Written Discourse: A Genre-Based View* 一书中进一步发展了语类杂合的描写理论，并在此基础上发展了批评语类分析（Critical Genre Analysis）（Bhatia, 2008），旨在透过语类分析揭示语类背后的行业实践。这也意味着 ESP 语类理论进一步脱离学术语言教学的藩篱。正如 Bhatia（2004：xvii）在该书的前言中所写："我有意识地走出教室，面对真实的话语世界：复杂、动态、变化、不可预测甚至有时混乱的世界。在本书中，我旨在发展一个语类分析模型……整合多个语类理论的框架和视角。"这首先意味着语类定义和内涵的改变。在承认 Swales 对以可辨识的交际事件为语类的判断标准的同时，Bhatia（2004：23）强调：

> 即使语类被视为习俗化的产物，学科和话语社区的专家成员常常利用语类资源达成机构意图和"个人"目的，它们处于"可被社会性识别的交际目的"的建构范围内。

也就是说，在进行交际的时候，话语社区的成员往往超越交际目的本身，在此基础上增加了机构和个人的意图。在真实世界中，人们常常将个人意图隐藏在交际目的的背后，甚至为了个人目的扭曲交际目的，如煽动性的政治演讲等。

这就意味着交际事件往往具有多重目的性，且它们处于不同的时间维度，因此可以互补性地存在。语类背后的目的是多维度的，甚至是相互矛盾的目的整合的结果。由于个人目的往往是隐藏的（Thibault, 2016：30），因此，对于分析者而言，准确地获知所有时间维度的目的是有相当困难的。这也是 Hasan（2014）认为目的不能作为语类判断标准的原因。

除了语类背后目的的多维度整合性之外，Bhatia 还在此基础上发展了语类之间的关系，试图建立真实世界的语类框架。Bhatia（2004：29）认为，区别于课堂，真实世界中的语类一方面"常常与其他语类产生一定程度上的重合，甚至矛盾"，另一方面，真实世界中的语类"有时因为语类的进化和发展而变异"。这二者无疑强调了真实世界语类的动态性：尽管对语类的识别往往建立在其内部完整性的基础上，这是习俗性的反映，但它们绝不是静态的。绝大多数语类都是动态的，因为它们可以被新的修辞语境所利用，因此它们有创新和进一步发展的倾向。

　　根据真实世界中语类变异的特点，Bhatia 辨识了语类混合（Genre Mixing）和语类嵌入（Genre Embedding）两种语类变异的现象。前者指的是对语类习俗的操纵。一般而言，这种操纵是"将个人意图与社会性辨识的交际目的混合"（Bhatia，2004：73），是多维度的语类目的整合的结果；后者指的是交际目的不变基础上的形式变化。Bhatia（1997：191）对此的解释是："在语类嵌入中，人们常常找到一种特定的形式，可能是诗歌、故事或论文。它们作为模板表达另一个具有特定习俗性的语类形式。"基于真实世界中的语类动态性，Bhatia（2004：30）认为语类理论应当有所改变，需要从传统上的"具有较强学科差异性的机构化的、学术的和专业场景中的语言行为研究"转变为"注重对跨学科话语，甚至学科冲突的构建、解读和使用的研究"。

　　从对课堂语言的静态描述到对真实世界中纷繁复杂的交际事件进行动态的描述和解释，语类分析任务的改变促使 Bhatia（2004：19）提出了相应的话语分析模型，即"多视角四空间话语分析模型"（见图 4-1），并根据该模型确定语类分析的理论位置。

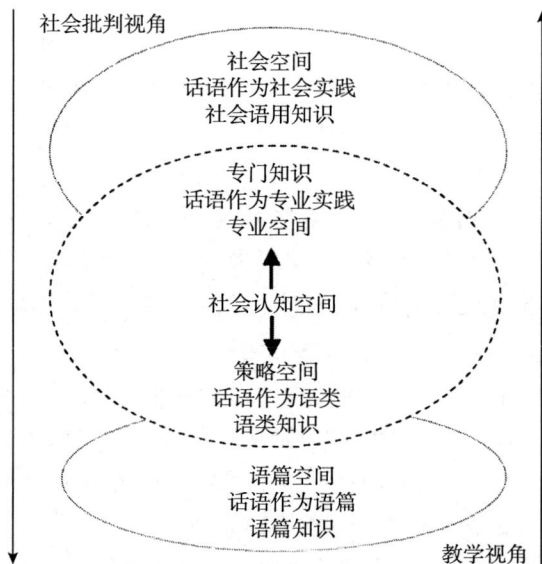

图 4-1　多视角四空间话语分析模型（Bhatia，2004：19）

根据 Bhatia（2004：18）的解释，该话语分析模型是整合多个关于空间的概念的结果：

> 起始于 20 世纪 60 年代早期的语篇空间；然后，在言语行为理论、交际民族志、会话分析、语用学和认知心理学的影响下，以及对于 ESP 英语教学和专业性交际的兴趣的影响下，转至社会认知空间（不仅是技巧性的，也是专业性的）；最后，在社会批评思潮日益明显的影响下，转移到社会空间。因此，多种语篇分析框架反映了如上所述的学术思潮，而且无论话语作为语篇、话语作为语类、话语作为专业实践以及话语作为社会实践，它们都可以整合在话语分析的多视角四空间模型中。

从该模型中，我们可以看到两个突出特点。首先是鲜明的互补视角。该模型所表明的互补的两个视角，即教学视角和社会批评视角，反映了 Bhatia 的话语分析模型旨在兼顾的双重目的，即服务于语言教学和对真实世界中交际事件的描述和解释。在双重视角的指引下，从语言本体到社会批评的多学派语篇分析框架各司其职，服务于话语分析所需的不同部分，四个空间意味着完整的语类分析所需的四个步骤。具体而言，第一层面的空间是指语篇的空间，即作为语篇的话语。限于话语的浅层属性，既包括话语的形式也包含话语的功能特征，即音位的、词汇—语法的、语义的、组织性的（包括句际衔接）和其他语篇结构方面（如"旧"与"新"，"主位"和"述位"）或信息结构（如"一般—特殊"，"问题—解决"等等），一般不考虑宽泛意义上的语境，但主要考虑上下文……这一层面的分析强调语篇产品构建的属性而不是语篇产品的解读或使用。而策略空间的分析，即作为语类的话语，将分析从语篇产品扩展出去，包含宽泛意义上的语境，不但解释语篇构建的方式，也解释语篇在具体的机构或专业语境中达成具体的学科目标的解读与使用方式……该层面的分析常常既包含语言学分析也包含社会认知和民族志分析……语类常常在策略空间中运行，允许话语社区的成员利用语类资源对重复出现的和新的语境做出回应。类似的，专业空间分析这个层面是对作为专业实践的话语分析。语类在该阶段的有效运行除了需要语类知识外，还需要专业知识和专业实践经验，它在专业空间中运行。而第四个空间，即社会空间，则分析作为社会实践的话语。这个层面上，分析者更关注社会语境，分析语篇产品与社会语境的关系。分析重点从语篇输出的结果转到语境特点，如参与者变化的身份，社会结构或语类所维持或改变的专业关系，以及这些语类可能为特定读者群体所带来的好处和坏处……作为社会实践的话语因此在更广阔的社会空间中行使其功能，需要社会和语用知识。

Bhatia（2004：21）认为，在话语分析的教学视角与社会批评视角之外，还存在第三个视角，即语类视角。一方面，该视角将话语视为社会认知空间中的语类，并着重分析语言使用的语篇特征，特别是一些具体词汇—语法的语篇化过程以及语篇组织；另一方面，该视角注重对社会实践的，尤其是那些与专业实践紧密联系的特点的分析。Bhatia（2004：22）认为该视角的特点和优势在于：

> 它虽然注重书面语篇，尤其是它在专业实践中的建构与使用，但是该视角并没有完全忽略语篇特征。相反，它必要地关注了语篇形式的相关特征，却没有将它们仅仅视为语篇空间的形式属性。类似的，该视角的核心关注点虽然是专业实践，但它并没有忽略社会空间的问题。它将具体的专业实践置于宽广的社会实践、过程和步骤的语境中，却没有迷失在宽泛的社会—文化现实中。

可以看出，Bhatia 试图在语类分析中加入语篇形式特征、语类特征和社会实践特征，在统一的专业实践空间中予以整合。在此基础上，Bhatia 提出了著名的七步分析法。

在提出分析框架后，ESP 语类分析进一步走向语篇分析，这也是 ESP 语类分析的发展趋势。在最新的发展中，ESP 语类分析涉及了多模态图画分析（Swales，2016），计算机辅助话步分析（Moreno & Swales，2018），语篇内外因素的整合性分析（Bhatia，2008），语料库辅助话步分析（Swales，2011）等。

3. 分析模式

根据 Bawarshi & Reiff（2010：46），典型的 ESP 语类分析路径首先需要在给定的话语社区中辨识语类，并定义该语类所要达到的交际目的。其次，分析者应当检查语类的图式结构，即话步。最后，分析者进一步分析体现话步的语篇特征。这样的分析顺序遵循从语境到语言，从图式结构到词汇语法特征的顺序，兼顾四方面的语篇内外因素（见图 4-2）。

图 4-2　专业语境下的语类分析模式（Bawarshi & Reiff, 2010: 46）

　　Bhatia（2008：164）指出，对任何行业话语的综合分析都需要整合这些资源：文本资源、体裁惯例、行业实践、行业文化，忽视其中的任何一点都不能全面而深刻地理解特定体裁如何在行业实践中实现既定目标。

　　关于分析的具体步骤，Bhatia（1993：21-34）提出了七步分析法。第一步，分析者需要将语篇放置在它的语境中，这使得分析者理解语类背后的交际习俗，以理解语类背后的理据。这一步需要分析者具有过往经验和一定的百科知识；第二步，分析者需要对所分析的语类做文献检索工作，包括对目标语类的其他语篇分析，也包含对社会结构、历史、目标等目标语类所在的话语社区的分析；第三步，改善分析者关于语类背后话语社区的理解。这一步包括辨识使用语类的社区成员、他们的目标、他们之间的关系以及背后的物质条件；第四步，分析者需要选择对应的语料库。这样做的前提是分析者根据交际目的将目标语类与其他相似的语类区分开；第五步，分析者需要对语类背后的机构语境做民族志的研究，包括规则、习惯、习俗等，以获得语类使用的"我者"视角；第六步，分析者需要从语境下移到语篇分析，包括词汇—语法特点的分析（如屈折词素的使用）、语篇模式的分析（如名物化的语类分布差异）、结构性解释（如话步）等；第七步，分析者需要找到目标语类所在话语社区的专家成员，对分析结果加以确认。

4. 经典案例分析

我们以一篇 Bhatia（2004：71）所用的前言为例说明批评语类分析的具体过程。

例 1. Introduction Discourse

Discourse analysis examines how stretches of language, considered in their full textual, social, and psychological context, become meaningful and unified for their users. ...

This book aims to explain the theory of discourse analysis and to demonstrate its practical relevance to language learning and teaching. Section one examines .... Section two explores ...

There are several people I want to thank for their friendship and help...

批评语类分析是从专业文化到语篇特征的双向过程。因此，分析者可以从任意一边入手，并不一定要严格遵循 Bhatia 提出的七步分析法的顺序。分析者可以先从语篇特征入手，走向语类描写，即通过描写语篇特征划分语步。话步的划分没有统一标准，需要依靠句子结构、语篇理解以及对话语社区目标和期待的理解进行划分（Singh et al., 2012）。在例 1 中，我们可以看到明显的主题变化，反映在衔接链和主位推进模式的变化上。因此，根据语篇特征，该语篇可以分为三个话步。在上升到语类分析后，分析者需要根据每一个话步目的的不同，为其标注。这需要分析者有相应的语类知识和百科知识，但最为关键的是辨别每个话步目的的不同。在例 1 中，从上到下的三个话步的目的依次是陈述话语分析的研究背景，强调话语分析的重要性、对全书内容简要描述，让读者知晓行文逻辑和目标、表达对帮助本书写作的该话语社区其他成员的感谢，建立话语社区的联系。根据目的的不同，分析者可以为这三个话步做出标注：建立领域（establishing field）、书籍描述（book description）和表达感谢（expressing gratitude）。在语类分析过后，分析者可以走向行业实践分析。具体而言，分析者需要知道语类背后的规则、习惯、习俗等，以便确定目标语篇的"原型"程度。就例 1 而言，根据 Bhatia（2004：68），学术书籍的介绍部分主要的交际目的是"将书的内容置于其所属研究领域的语境之中，通常会明确正文的提纲，并告知读者如何阅读"，是"信息性的"。因此，从例 1 看，"表达感谢"这一话步并不是典型的学术介绍该有的话步，而属于致谢部分。因为致谢部分的主要交际目的是"对该书写作过程中对作者有过帮助的人表达感谢"，是"公共关系性的、推销性的"。因此，例1的语篇并没有完全遵守语类背后的规则、习惯和习俗，而是语类混杂的结果。具体而言，学术介绍语类受到了推销性语类的"语类殖民"（Genre Colonization），在主要的交际目的，即提供研究信息，的背后隐藏了个人交际目的，即通过找话语社区中其他学者背书的方式增加研究的权威性，从而推销书籍。当然，在这一步的分析中，有条件的分析者还可以检索语料库，从数据分析的角度确定目标语篇的"偏离"程度。在分析完行业实践后，分析者可以继续行业文化的分析，这需要对话语社区有所理解。例1中的信息提供语类受到推销性语类的语类殖民和学术研究话语社区受到越来越大的市场压力有关。在市场压力下，单纯提供信息已经不足以吸引读者购买，因此采取多种手段吸引读者注意逐渐成为学术话语社区的共识，而部分地杂合致谢和简介部分以增加学术简介部分的推销性内容正是这一共识的体现。

在例1的分析中，我们从语篇一端入手，逐步上升至话语社区背后的行业文化。分析者同样可以反向进行，从典型的行业文化入手逐步下移，直至语篇特征的分析。在实际的分析中，四个层面的分析是来回反复进行的，直至建立目标语篇和行业文化之间的联系，批评语类分析方才完成。

5. 研究评价及展望

上文中提到，ESP语类分析建立的初衷在服务学术语言教学，其对象常常是非母语的语言学习者，以期在机构化的课堂学习中，学习者能够在较短时间内获得语类知识，参与话语社区的社会实践，赢取职业机会。强烈的教学需求决定了ESP语类分析理论建构的实用导向，同时也使得ESP语类分析通常将学术性、专业性、具有较强学科分界的交际事件作为分析对象。而这些交际事件往往具有单一的目的性，因此交际目的非常适合作为语类分析的核心原则。

从语言教学的角度看，这样的语类分析框架是卓有成效的，并一直延续发展至今（Flowerdew, 2015）。但是，当该框架走出语言课堂，走向普通语言学，成为语篇分析的流派时，服务于学术语言教学的目标从某种程度上成为理论建构的桎梏。这一点我们将详细解释。

该路径的好处是减轻了实际分析者的负担。分析者只要首先学习相对较简单的语类分析框架就可以从事语类教学工作，并在此基础上根据自身的需要加深理解，走向对真实世界语类的语类分析。但是，理论的复杂性不会凭空消失，在走向语篇分析的时候，分析者将被迫整合多个视角与理论，而这些理论的术语往往有研究范式的系统性区别，会给分析者带来较大困难。这也是 ESP 语类分析即使宣称其目的在于分析真实世界的语类，很大程度上仍然主要关注机构语篇、学术语篇，如 Bhatia et al.（2012）和 Swales（2016）等。

另外，从种系发生和个体发生的角度看，语类的发展是从一般到特殊，从与日常生活相关的非专业的"前语类"，如 Martin & Rose（2008）所研究的语类，如解释、说明、阐述、记叙等，到专业性较强的语类，也就是 ESP 的主要研究范围的分化过程。因此，对于专业性较强语类的解释必然需要追溯到它们的"前身"，也就是对那些"前语类"的解释。而 ESP 语类分析缺乏对这些"前语类"的解释。因此也就不难理解为什么 ESP 长于静态描写，而对语类的动态变化过程缺乏理论解释了。

当然，这并不意味着 ESP 没有宣称从动态的角度分析语类。上文中提到，Bhatia（2004）对语类的混合和嵌入做了描写。但是我们认为，这样的描写实际是缺乏理论说服力的。一方面，语类的变化是以交际目的的变化为核心的。而就如 Bhatia（2004）自己承认的那样，真实世界中语类背后的目的往往是多维度目的的整合的结果。因此很可能不为分析者所知。这样看来，交际目的这个概念本身在真实的世界中也应该是一个多维度复合的概念。那么，交际目的的变化才是常态。因此，假定以交际目的的不变性为基础，以交际目的的"混合"或形式的改变来解释语类的变化，其本质仍然是静态式的描写，是对复杂的真实世界采取简化主义的结果。

最后，交际目的这个核心原则本身也不是没有问题，这导致了 ESP 批评语类分析未来发展的瓶颈。正如 Hasan（2014：41）所说的那样，虽然每一个行为背后都有一定的目的，但目的这个概念本身并不是语类理论构建值得信任的标准。特别是当语类的描写扩展到真实世界之中，对多维度整合性较为明显的话语，比如口语中的随意性会话进行描写时，目的本身很难称得上是合格的判断标准，甚至语类本身的界限也很模糊，很难界定其"原型"。那么，对于这些语类与社会过程和专业实践的联系，单纯凭借交际目的这一个参数是不够的。因此，当 ESP 语类描写扩展到真实世界的交际活动，并试图找寻语篇、语类、专业实践和专业文化之间的关系时，其所能描写和解释的交际活动是比较有限的，且难以解释交际目的不明显的语类，如随意性会话之类。

6. 结语

上述问题林林总总，其根源在于 ESP 服务学术研究和语言教学的初衷导致其过于重视交际目的。从某种意义上来说，这是书面语偏见的产物。视语篇为产品，可以将其从周围的环境中提取出来，作为独立的符号物体，并因此忽略语篇的具身性和交际本质，这些都是书面语偏见的后果（Linell, 2015a：10-11），而 ESP 的理论构建符合这些特点。

可以看到，ESP 正试图从语言教学的视角构建语篇分析理论，并且取得了丰硕的成绩。但是，交际目的作为其核心原则已经受到了质疑和挑战。我们相信，这一瓶颈并不会阻碍 ESP 语类分析发展为语篇分析理论。如果能够摆脱书面语偏见，针对语言的具身性和物质性进一步理论化，ESP 语类分析模式一定能走得更远。

第五章　语篇结构分析模型

1. 引言

话语分析模型对于话语的分析和量化具有重要意义，语篇的量化让语料处理、分析和解释更加直观与客观。以三位语言学家 Hoey、Mann 和 Ventola 的研究为代表的三种话语分析模型均以语篇组织或话语结构为核心，注重语篇总体架构对语料分析的作用。三种话语分析模型的最佳适用语篇类型有所差异，但是它们的基本理念相似——语篇都有特定的架构，通过特定架构分析能够反观语篇意义。

Hoey 的话语组织模型主要针对叙事语篇，Mann 的修辞结构模型主要适用于议论语篇，Ventola 的话语结构模型围绕的是日常会话。虽然三个模型针对的情景和语类有差异，但是它们的出发点相似——通过分析话语的结构阐释话语的意义。Hoey 和 Mann 的分析模型围绕的是书面语，Ventola 的分析模型针对的是口语，而书面语和口语具有共性，均涉及语言交际。因此，书面语分析可以借鉴口语分析模型，反之亦然。本章将综述三个话语分析模型的发展和应用，找出其共性，以对话语分析的理论和实践有所贡献。

2. Hoey 话语组织模型

Hoey（1983，2001）注重语篇的互动性特征，建立了最小语篇结构理论，并提出了话语组织的整体和局部分析模型。鉴于最小语篇结构理论蕴含众多语义关系，是对语篇组织的深入分析，我们可以称之为话语组织模型。话语组织模型为语篇分析，特别是叙事语篇提供了一个有利的工具，同时也对语言的学习具有积极的指导意义（冯宗祥、郑树棠，2000）。我们可以这样理解 Hoey 话语组织模型：Hoey（2001）将语篇看作作者和读者进行互动的场所，语篇是双方共同创造的；根据一定的交际目的，语篇出现各种语义关系，这些语义关系使得语篇呈现出一定的组织和结构。下文将对 Hoey 的话语组织模型做进一步介绍。

2.1 Hoey 话语分析观

语篇是一个或多个作者与一个或多个读者双方互动的产物，这一点可以说是理解 Hoey 话语分析理论的关键。Hoey（2001）认为，书面语篇主要由作者产出，通过各种语言手段引导读者阅读。语篇可以说主要涉及两个过程，即作者创作过程和读者阅读过程，作者和读者在这两个过程中都会有意无意地遵循一定的创作模式和阅读模式。Hoey（1988）指出，读者不是处于被动接受的地位，作者在创作过程前后会同时考虑语篇目的和读者需要。这些是制约语篇组织的重要因素，可以总结为三个方面。第一，语篇交际双方，特别是作者，存在潜意识上的创作习惯或方式，这种习惯必然或多或少在文中体现。第二，作者需要根据语篇目的和读者阅读需求进行创作。第三，作者必须运用一定的组织方式引导读者阅读。这三点均体现了语篇的互动性元素，决定了语篇必定显现出一定的结构和特点。

Hoey 的理论模型源于对各类书面语篇的分析实践，各类书面语篇反映出语篇互动过程的多样性，这也许是 Hoey 要强调的一个重点。如果阅读 Hoey 的学术专著，我们就会发现其中涉及的语篇模式不止一种。其实这并不奇怪，因为不同的语篇因为不同的目的必然会显现不同的语篇结构。此外，一个语篇模式的适用性必然受到具体语篇实例的限制。我们会发现，Hoey（1983，2001）提出的多个语篇模式具有一个共同点，那就是语篇都存在一定的结构，每个结构内部又呈现一定的层级性特征。由于 Hoey 做了大量的语篇分析实践，所以提出的语篇模式可以解释任何书面语篇。换言之，任何书面语篇在某种程度上都可以在 Hoey 提出的几种语篇模式中找到最适合的分析模式。

2.2 模型建立过程

Hoey（1983）提出了最小语篇结构理论，进一步发展了 Winter 的语篇分析理论。最小语篇结构是局部语篇结构，实现语篇的其中一个目的。一个语篇可以包含一个至若干个最小语篇结构，这取决于语篇互动的复杂性和语篇整体的目的。最小语篇结构对应语篇模式。Hoey 最初提出了三种主要语篇模式，分别是问题—解决模式、匹配模式和一般—具体模式。无论哪种模式，都会存在语篇的层级性特征（Hoey，2001）。三种模式体现的语义关系不同，其中问题—解决模式是最主要的语篇模式，指的是首先陈述遇到的问题，然后陈述问题的解决方法，后者围绕前者展开。匹配模式主要靠重复和平行结构实现，匹配语块整体及其组成部分之间通常也有类似的匹配关系。一般—具体模式体现的是概括具体的语义关系，通常存在于对事物的描述中。有的语篇可能存在不止一种模式，还有可能以一种模式为主展开语篇，而在局部采用另外的模式。

语篇模式的理论为书面语篇提供了一种有力的分析工具。语篇既具有整体模式，又具有局部模式。通过分析局部的语篇模式，我们可以得到整体的语篇结构，进而阐释语篇的意义。尽管如此，话语组织模型也有它的局限性。我们一般会提出疑问，三种模式能否穷尽所有书面语篇的结构。Hoey 也认识到了这一点，在 2001 年的一本书中提出了另外四种语篇模式，分别是目的—成就模式、机会—对策模式、欲望刺激—实现模式、知识补充模式。虽然在语料分析实践的过程中，还会出现新的语篇模式，但是 Hoey 的话语组织模型仍然为书面语篇分析提供了一个很好的工具。

2.3 话语组织模型及其应用

话语组织模型旨在对最小语篇结构进行标记，分析语篇运用的所有结构类型或话语模式。上文已经提到，话语组织模型主要包括七类分析模式，这七类模式基本可以描述任何最小语篇结构。鉴于篇幅有限，下文仅对其中最主要的模式——问题—解决模式及其应用做介绍。

问题—解决模式是最常见的话语模式（Hoey，2001：123，140），通常以情景—问题—回应—结果的型式出现，包括以下五方面的特点：第一，问题—解决模式通常暗含着作者在回答一系列问题；第二，这一模式通常提供某些语言信号供读者识别；第三，经常伴有情景要素；第四，问题和回应之间可能存在计划等中间阶段；第五，消极的结果往往引起话语模式的循环，直到出现积极的结果。Hoey（2001：131）运用这一模式分析了一则爱情故事，原文和分析如下。

(1) One wet day Mary was bored and decided to go up into the attic to see what she could find. (2) After a while she came down looking very excited, she had an idea she couldn't go in the attic, it's too dirty for she had her best dress on. (3) She went to the swimming baths and learnt how to swim. (4) She learnt how to do it very well indeed. (5) She learnt the backstroke and the front stroke. (6) She learnt the doggy paddle as well but she got bored soon and went to find something else. (7) She found a sports class and she won three races and lost one, but soon she got bored of that too. (8) Then she found a church and she thought, I haven't got a husband and she got married and you know what? (9) They did all those things which she thought she would enjoy with her husband, and she didn't get bored at all. (10) In fact she really really really liked it and her husband did really really really much. (11) They even went to the seaside and they enjoyed living together evermore.

这则故事围绕 Mary was bored 的问题展开。故事开头是情景要素，其中的 bored 是问题—解决模式的信号。如图 5-1 所示，问题—解决模式因为消极结果的原因循环了四次，前三次解决方式以消极结果告终，随之又回到问题阶段，紧接着开始下一次回应，第四次解决方式的结果是积极的，语篇结束。

上述分析很好地诠释了问题—解决模式的语篇分析潜力。问题的重复、解决方式的对应、结果的比较和对照清晰地呈现了语篇的特征。此外，通过分析话语模式的重复次数可以得到语篇的量化特征，所以说问题—解决模式是对语篇量化分析的重要工具。问题—解决模式是话语分析模式的一个代表，其他模式在一定的情况下同样可以重复多次。因此，话语组织模型能够为语篇提供一个量化分析的视角。

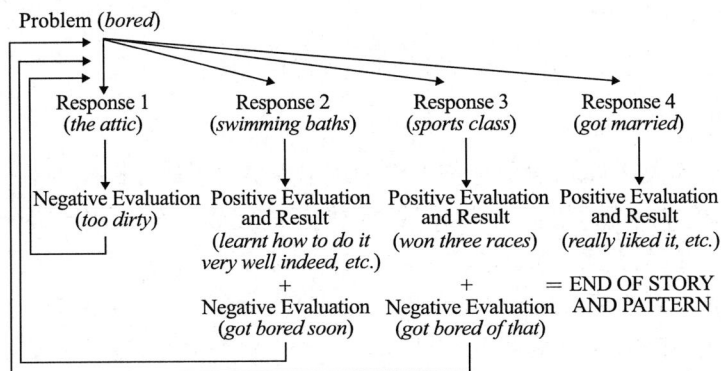

图 5-1　问题—解决模式分析（Hoey, 2001: 132）

2.4 小结

话语组织模型是书面语篇分析的重要方法。话语组织模型的核心概念是互动，即语篇是作者读者互动的产物。语篇互动可以看作话语组织模型的基础，决定了语篇的结构组织。话语组织模型包括多种语篇模式以及语篇的层次性概念。每个语篇模式都代表了一种局部语篇结构，是对相应语篇结构特征的抽象。话语组织模型基本可以覆盖任何局部语篇结构的分析。通过分析语篇的组织模式，可以得到出现最为频繁的模式，从而得到语篇的特点，是量化分析的重要方法。通过分析语篇的层级特征，可以知道作者如何引导读者阅读，简化阅读难度。

话语组织模型是识别语类特征的重要工具。在话语组织模型中，每个话语模式都体现着一定的意义。一个语篇可能出现多种话语模式，话语模式的种类和数量受到语篇目的的制约。不同的语篇体裁，其语篇目的也存在差异，因此分析其中话语模式的类型和频率可以识别语类特征。目前，话语组织模型还未充分运用到语类的比较和对比中，但这是未来值得探讨的一个领域，特别是当量化分析语篇实践的时候。这就意味着，话语组织模型的各个话语模式需要进一步明确的界定，这样才能更好地为语篇量化分析提供帮助。

话语组织模型是书面语篇的创作模型。它是大量语篇分析实践的结果，可以体现很多书面语篇的组织特点，不仅能够为读者提供预测语篇下文的思路，还能为人们提供创作的模型。话语组织模型的任何话语模式都可以作为某类语篇的创作脚本，对于语篇生成具有重要意义。当然，话语模式还需要进一步发展，其定义越明确，就越容易指导文章创作，创作指导和步骤越明确，就越容易应用到语篇生成领域。

3. Mann 修辞结构模型

Mann 等人（1988）创立的修辞结构理论为书面语篇分析提供了一个更加细致的描述和阐释框架。与 Hoey 话语组织模式相似，修辞结构理论同样重视语篇成分之间的关系（陈忠华、邱国旺，1997）。不同的是，后者不仅关注语篇的总体结构，还重视对总体结构分析之后的成分做更进一步的阐释。修辞结构理论关注语篇结构内外的关系，其所定义的众多语篇语义关系和系统功能语言学的元功能有很强的对应性（王伟、董继平，1995）。修辞结构理论具有很强的实践性和应用性，可以说是语言学领域和计算机自然语言处理领域结合最紧密的语篇分析模型。基于修辞结构理论开发的 RST 文本分析工具能够很好地用于语篇结构的切分和标记（刘世铸、张征，2003）。下文将进一步介绍修辞结构理论的发展和语篇分析模型。

3.1 话语分析观

修辞结构模型属于功能语篇分析（Mann & Thompson，1988）。语篇存在一个整体功能，这个功能又可以分为众多局部功能。整体功能和局部功能的构成结构相似，均具有一定的层级，不同的是，后者因为为前者服务所以层级不如前者复杂。此外，处于同一层级的成分之间的关系是功能上的关系。修辞结构模型旨在对语篇结构做全面细致的分析，通常以小句为最小的分析单位。

3.2 模型建立过程

修辞结构模型是语篇组织模型，旨在为计算机语篇生成提供理论基础

（Mann, 1984）。Mann（1984：1）认为，语篇生成的实现需要依靠语篇组织理论，这样的语篇理论需要满足一些条件：（1）适用性不受语篇类型限制；（2）能够实现作者的写作目的；（3）适用性不受语篇篇幅限制；（4）其分析过程和结果足够明确并可用于程序运行；（5）可同时用于语篇建构与语篇分析。修辞结构模型从三个问题出发，进而建立一个集描述型和建构型为一体的语篇组织理论，这三个问题分别是：哪几个部分组成了语篇？这些部分是如何安排的？又是如何联系在一起形成整个语篇的？修辞结构模型注重语篇结构的深层分析，通常将整个语篇分为核心成分和边缘成分，再对分析得到的成分进一步描述，得到新的核心成分和边缘成分，最后得到语篇的整个结构框架。目前，这一模型不但在语篇分析和语篇生成领域具有较强的实用性，而且已经广泛用于理论语言学、心理语言学和计算机语言学等领域（Taboada & Mann, 2006a, 2006b）。

3.3 修辞结构模型及其应用

修辞结构模型首先分析语篇的核心目的。语篇核心目的由语篇单元表示（Mann, 1984），称为核心成分，核心成分以外还有外围成分作为辅助说明，核心成分与外围成分构成语篇单元对，称为图式。在一个图式中，核心成分与外围成分通过某种关系联系在一起。一个语篇可以同时存在多个图式，其中的核心成分肯定出现，所有外围成分都是可选的，但是必须存在一个外围成分。此外，核心成分与外围成分之间的关系多种多样，每种关系在语篇中可以多次出现，对应多个外围成分。如果图式中的两个成分由多个语篇单元构成，那么各自可以做进一步分析，重复相同的分析步骤。在修辞结构模型中，图式具有递归特征，对一个图式进一步分析可以得到相同的图式，这一点是修辞结构模型操作性强的重要因素。修辞结构模型含有 20 余种图式和 30 种关系，这些为语篇分析提供了丰富的分析资源。修辞结构模型已经应用于分析多种多样的语篇分析实践中，包括政治语篇、广告、私人信件、新闻与杂志文章等语篇类型。我们可以通过语篇分析实例进一步了解修辞结构模型是如何应用于语篇分析的，下文是分析对象和结果（Mann, 1984：4）。

1. I don't belleve that endorsing the Nuclear Freeze Initiative is the right step for California CC.

2. Tempting as it may be.

3. We shouldn't embrace every popular issue that comes along.

4. When we do so

5. We use precious, limited resources where other players with superior resources are already doing an adequate job.

6. Rather, I think we will be stronger and more effective.

7. If we stick to those issues of governmental structure and process, broadly defined, that have formed the core of our agenda for years.

8. Open government, campaign finance reform, and fighting the influence of special interests and big money, these are our kinds of issues.

9. (New paragraph)   Let's be clear:

10. I personally favor the initiative and ardently support disarmament negotiations to reduce the risk of war.

11. But I don't think endorsing a specific nuclear freeze proposal is appropriate for CCC.

12. We should limit our involvement in defense and weaponry to matters of process, such as exposing the weapons industry's influence on the political process.

13. Therefore, I urge you to vote against a CCC endorsement of the nuclear freeze initiative.

(signed) Michael Aslmow, California Common Cause Vice-Chair and
UCLA Law Professor

如图 5-2 所示，分析结果图表从上到下一共 5 层，竖线表示核心成分，箭头表示核心成分和外围成分。所分析的语篇通过修辞结构模型首先可以得到第一层的请求图式，句 13 是请求图式的核心成分，句 1—12 是外围成分，二者关系是动力关系。第二层是证据图式，核心成分是句 1，两个外围成分是句 2—8 和句 9—12，两个语篇关系均为证据关系。第三层有两个图式，分别是对应图式和证明图式。对应图式的核心成分是 6—8，外围成分是 2—5，二者之间是对应关系。证据图式的核心成分是 10—12，外围成分是句 9，二者之间是证明关系。第四层有三个图式，分别是证据图式、告知图式和让步图式。证据图式的核心成分是 2—3，外围成分是 4—5，二者是证据关系。告知图式的核心成分是 6—7，外围成分是 8，二者是阐述关系。让步图式的核心成分是 11—12，外围成分是 10。第五层有四个图式，分别是让步图式、条件图式、条件图式和对应图式。让步图式的核心成分是 3，外围成分是 2，二者是让步关系。条件图式的核心成分是 5，外围成分是 4，二者是条件关系。第二个条件图式的核心成分是 6，外围成分是 7。对应图式的核心成分是 12，外围成分是 11。

我们可以看到，修辞结构分析具体到小句的量化分析。语篇被分为多个层次，每个层次由若干个图式构成，层次越深入，图式数量越多。核心成分和外围成分均可以由若干个小句组成，超过一个小句的成分又能继续分析得到新的图式。因此，修辞结构理论能够照顾到更小的语篇单位——小句，可以清楚地描述语篇结构。

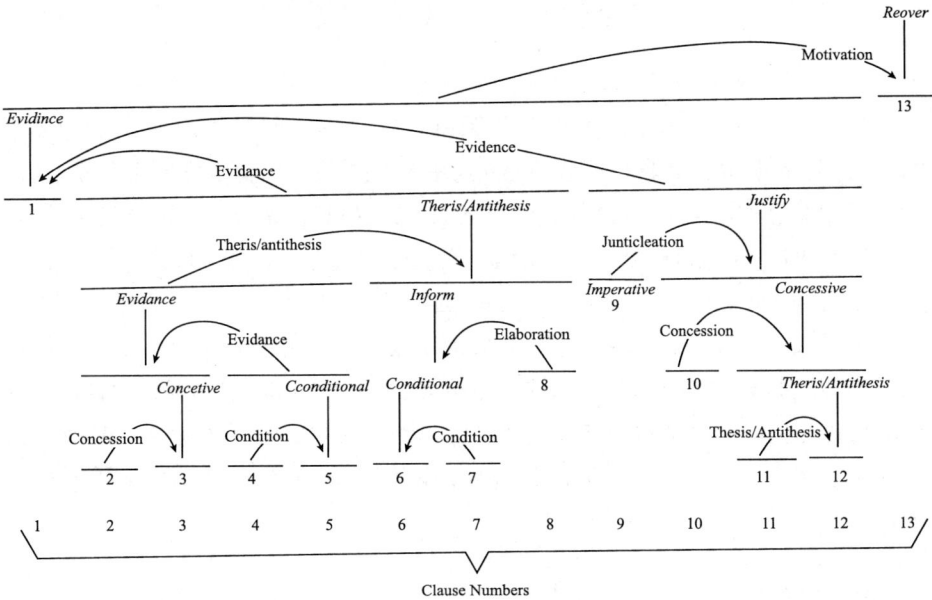

图 5-2　修辞结构分析结果（Mann, 1984: 9）

3.4 小结

修辞结构模型是很实用的书面语篇描述与生成工具。修辞结构模型是功能的分析，适用性不受书面语篇类型和篇幅长短的限制，分析单位可以详细到每个小句。这一模型首先要求分析者定义整个语篇的图式及其关系，然后再对由若干个小句组成的核心成分和外围成分继续分析，直到成分是单句为止。目前，这一模型提出的图式和关系比较全面，基本可以用于实际语篇图式和关系的定义。此外，修辞结构模型也为创作者提供了一个实用的创作模型，其图式和关系的明确性特征也为语篇生成提供了一个适用性很强的指导理论。

修辞结构模型定义的图式和关系是语篇实践的结果，是对语篇功能的阐释。这些图式和关系基本涵盖了各种语篇类型可能出现的功能，了解这些可以帮助读者降低语篇的阅读难度。

修辞结构模型是一个开放的和不断发展的理论，需要在大量语篇实践中不断完善。在实际语篇分析过程中，可能会遇到修辞结构模型没有定义的图式或关系，这些将帮助模型进一步完善。此外，修辞结构模型的图式和关系定义有待明确，图式和图式之间、关系和关系之间的界限还需要做进一步区分。无论如何，修辞结构模型是一个实用性很强的语篇描述和生成理论。

4. Ventola 话语结构模型

Ventola 的话语结构模型称为流程图模型，为日常会话分析提供了一个很好的工具，这一模型也对非日常会话分析具有一定的启示。流程图模型是系统功能语言学理论和日常会话分析结合的产物，也是对 Hasan 和 Martin 各自会话分析理论的改进（Ventola，1983）。流程图模型是动态分析模型，能够描述和分析复杂的话语交际（朱永生，2005），并且更加接近真实话语活动（张德禄，2000），一些学者如 O'Donnell（1995）进一步发展了会话分析的动态模型。此外，流程图模型涉及的每个环节都可以看作一个变量，其中涉及的结构和组织可以视为语言在语篇上的变量结构（辛志英，2010）。因此流程图模型对于语言的量化分析具有重要意义。下文将从话语分析观、模型建立过程、模型及其应用三大方面对 Ventola 流程图模型展开综述。

4.1 Ventola 话语分析观

Ventola（1979）从功能的角度出发，认为日常会话语篇作为一种语篇类型，首先需要通过 Hasan 的五个语域变量展开描述，分别描述当下话语的交谈话题、即时情景、参与者角色、交谈方式和媒介，因为这些变量影响着日常会话的结构和发展。Ventola（1983）认为，每个语篇都涉及特定的交际目的、交际情景和交际双方，某些语篇会呈现出相似的语言特征和语篇结构。此外，Ventola（1984）指出，语篇的结构并非是固定不变的，其中某些成分是重复的，这些对于语料分析至关重要。Ventola（2005）注重购物会话语篇的分析，认为购物会话虽然平淡无奇，但是能够很好地体现人与人之间的互动，互动语篇对于计算机语篇生成具有一定的启示。

Ventola 主要对购物会话语篇进行了分析，并建立了一个和语境相关的动态流程图分析模型。虽然流程图模型建立在对购物会话语篇的分析上，但是购物会话语篇是日常会话语篇的子类，而子类和母类语篇之间具有千丝万缕的关系，正如 Ventola（1995）所言，语类和语篇之间的区别本来就不明显，因此我们可以推断，流程图模型同样适合其他日常会话语篇分析。

4.2 模型建立过程

流程图模型是动态分析模型，其基础是静态语篇结构。Ventola（1979）运用 Hasan 的语域变量对四篇真实日常会话语篇展开描述和分析，得出了日常会话语篇的基本结构，并对结构成分进行了命名。Ventola（1979：274）通过对日常会话的分析，建立了一个日常会话链：

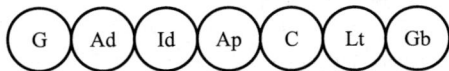

图 5-3　日常会话链（Ventola, 1979: 274）

图 5-3 展示了日常会话的基本结构，包括基本元素及其出现的顺序，即日常会话通常以问候 Greeting、称呼 Address、自我介绍 Identification、深入寒暄 Approach、话题中心 Center、告别语 Leave-taking 和再见 Goodbye 的顺序构成。根据交际双方社会关系等交际情景的变化，上述七种元素的顺序和数量可能会发生变化。日常会话链为日常会话分析提供了一个基本框架，会话情景不同，会话链的起点和终点可能不同，会话元素本身的数量和重复也会有所变化，会话元素之间的顺序也会不同。

Ventola 对上述情况做了详细分析。但是，日常会话纷繁复杂，情况多变，简单的会话链仅能作为日常会话的初步分析框架，仍然需要后续大量的解释工作。尽管如此，会话链对于复杂的会话分析、实际情景中的会话都具有一定的指导意义。Ventola（1983）认识到了这一点，回顾了 Hasan 和 Martin 关于购物会话的线性分析模型之后，发现线性模型不适合解释某些特殊的购物情景语篇，原因在于其缺乏动态元素，于是把其他可能发生的购物情况考虑在内之后提出了流程图（Ventola, 1983, 1984, 1987）的分析模型，流程图模型能够更好地体现购物会话的互动性特征。

4.3 流程图及其应用

Ventola（1983：245-246）流程图模型是对购物会话语篇的动态模拟。流程图模型含有九个主要阶段，其一般顺序为问候 GREETING、开始面对面前期 TURN-ALLOCATION、服务前期 SERVICE BID、服务 SERVICE、决定 RESOLUTION、支付 PAY、交接商品 GOODS HANDOVER、结束语 CLOSING 和再见 GOODBYE。其中服务 SERVICE 是核心阶段，涉及服务的要求、提供以及协商。贯穿这九个阶段的两条主线分别围绕服务人员和顾客展开。这九个阶段有些是可选的，有些会提前发生或者重复多次。随着科技的发展，交际媒介的改变，九个主要阶段可能发生拓展，如中文网络购物对话可以分为11个主要阶段（陈晓燕、姚银燕，2015）。在每个阶段中，服务人员和顾客可能同时参与其中，也可能只有一方参与。这些情况用流程图（Ventola, 1983: 250-256）清晰地表现了出来。

Ventola利用流程图模型对旅行社会话英语语篇做了分析，证明了该模型对于分析语篇的可行性。语料和分析见下文。

Text I A: travel agent, female, 30–40 yrs
       C: customer, male, 18−25 yrs
(The customer enters and walks up to the counter; the assistant interrupts her work and starts serving the customer.)

A	1	can I help you/rising intonation/
C	2	yes
	3	I'm after uh... a quote on a trip to Cairns ... student concession
A	4	high school or *tertiary[1] /rising intonation/
C	5	tertiary
A	6	tertiary to Cairns
		/2-second pause: A looks up the price/
	7	one forty-three sixty one way
	8	just double that for return
	9	two eighty-seven and twenty
		/1-second pause/
C	10	say two twenty
A	11	yeah
		/2-second pause/
C	12	okay
A	13	okay /rising intonation/
C	14	thanks a lot
A	15	thank you
	16	bye bye

上述会话发生在一个旅行社中，一位顾客进入旅行社，走到柜台。问候环节没有发生，因为顾客看到服务人员在忙，所以就等她忙完手头的工作，服务人员因为忙也没有问候。面对面前期环节也没有发生，因为顾客无须排队，直接走到服务人员面前。会话从服务前期环节开始，第1行表示服务人员准备好可以为顾客提供服务了，第2行表示顾客肯定了服务人员的问题，服务环节开始。服务环节从第3行持续到第11行。如上文所述，服务环节是最核心也是最复杂的环节。第3行，顾客提出服务需要，4—6行表示服务需要的进一步明确。7—11行表示服务需要的满足。12—13行表示双方对此都很满意。决定、支付、交接商品三个环节没有发生，因为服务不涉及物质商品。14—15双方相互致谢，完成结束语环节。16行是再见环节，由服务人员执行，以表示礼貌，交际活动结束。

通过上述分析，我们可以发现，Ventola 流程图模型适合真实日常会话语料的分析。流程图模型每个环节的发生和缺失都有一定的情景意义，可以反映交际双方各自所处的状态。流程图模型和情景的联系比较紧密，可以模拟真实的会话情景，对于日常会话分析和模拟具有重要意义。

4.4 小结

流程图模型的分析对象是日常会话语篇。日常会话是多变的语类，包含众多子语类，每个子语类也是多变的。日常会话语篇的分析需要一个动态的分析框架，流程图模型符合这一条件，能够为多样的日常会话语篇提供一个相对全面的分析工具。虽然流程图模型建立在购物会话语篇的基础上，但是购物会话语篇是日常会话语篇的一个子类，流程图模型适用于包括购物会话语篇在内的任何日常会话语篇的分析。此外，我们可以将流程图模型借鉴到书面语的分析中。日常会话情境可以看作一个包括非语言因素和语言因素的语篇，这些因素呈现出一定的结构和顺序，其中每个环节都呈现出一定的规律。因此，在书面语分析过程中，我们可以借鉴流程图模型的思想，将语篇分为几个环环相扣的阶段，并对其中的阶段特征与结构反映的意义进行阐释。

流程图模型基本能够体现日常会话语篇特别是购物会话语篇的特点。这一模型是通过众多购物会话语篇的分析抽象出的分析模型，模型背后隐藏着纷繁复杂的购物情景，能够相对全面地体现购物会话语篇的结构和特征。了解这一模型，可以帮助交际双方熟悉购物会话规则，预测对方接下来的话语，从而使会话顺利进行。

流程图模型是日常会话语篇实例的脚本。它建立在综合分析各种购物情景及其语言特点之上，是实际购物语篇形成的模式（Ventola, 1983）。根据具体情景，人们可以利用流程图模型创建购物会话语篇。同理，购物会话语篇是日常会话语篇的子类，通过改变流程图模型中的某些元素，人们可以将其作为任意日常会话语篇写作的脚本。Ventola（2005）指出，流程图模型作为计算机语篇生成模型的研究尚未得到充分研究，而互动是语言交际的重要元素，因此流程图模型和语篇生成的结合将会是未来一大研究趋势。

5. 结语

通过对以上三个话语分析模型的综述，我们可以发现三者存在一些共同点。首先，三个话语分析模型均能帮助读者预测下文，降低语篇的阅读难度。

其次，三个模型均对语篇的结构作了详细剖析，为语篇的量化分析提供了很好的工具。最后，三个分析模型均为人们提供了一个创作模型，对于语篇生成领域具有一定的启示。同时，我们会发现，三个模型均涉及语篇结构的重复和递归模式，说明递归是语篇广泛存在的规律和特征（王勇、黄国文，2006）。

鉴于此，三个分析模型的发展趋势是概念的明确和相互的融合。Ventola 语篇分析模型针对的是显性的双方互动话语，Hoey 话语分析模型针对的是隐性的双方互动，更加倾向于对单方的话语进行细致的分析，以 Mann 为代表的修辞结构模型是对论述语篇更加详细的描述。我们可以看出，三个模型既具有共同点，又各有独特之处，三者的融合是语篇描写理论的一个发展趋势。

第六章　文本世界理论

1. 引言

文本世界理论（Text World Theory, 以下简称 TWT）是从认知科学和认知语言学角度进行话语分析的新尝试，旨在将语篇处理所涉及的各种过程纳入一个分析框架下，它主要"阐释语言和概念化的关系，探索人的交际的心理过程，包括语篇在线生产和接受、语篇的心理表征、人类大脑对语篇的概念结构的管理以及语言交际中各种语境因素对语篇认知加工的作用"（马菊玲，2010）。

最初，Werth 在可能世界理论的基础上构想出 TWT 的理论框架。他的作品 *Text Worlds: Representing Conceptual Space in Discourse* 由兰卡斯特大学 Short 教授于 1999 年整理出版，此书也成为文本世界理论的重要著作。之后，其他研究者不断探索该理论，其中就包括英国谢菲尔德大学 Gavins 教授。她的 *Text World Theory: An Introduction* 于 2007 年问世。该书是作者近年来对 TWT 进一步完善的成果，在融合 Werth 的理论的基础上另辟蹊径，以各种语篇类型来丰富并介绍此理论，在实践中全面阐释该理论。

本章从 TWT 的理论来源开始，介绍其研究方法和分析框架，并对该理论的最新进展进行总结，最后概括该研究现存问题并展望未来研究趋势。

2. 理论概述

2.1 理论基础

TWT 发端于 20 世纪后半叶兴起的认知科学，以及在此基础之上建立的认知语言学。作为一个充满活力和影响力的认知话语理论，其理论渊源可以追溯到许多不同的学科，如可能世界理论、心理空间、隐喻和文学理论等。

认知科学认为，人类在认识过程中，首先与现实世界发生接触，从而产生互动体验，在此基础上形成意象图式等认知模型，再在此基础上对现实世界进行范畴划分，从而形成概念（王寅，2006：171-172，203）。认知科学最重要的两个要素为意象图式和基本范畴。意象图式是一种认知模型，是认识过程达到范畴化的一种途径或方式。基本范畴是指帮助人们形成观察世界所必需的基本概念的那些范畴，是概念形成、意义理解的基础。认知科学的这两个要素是人类形成概念的过程中经历的最重要的阶段。认知语言学与这两个要素相关的主要理论有意象图式（Image Schema）、心理空间（Mental Space）和范畴化（Categorization）。意象图式与心理空间都是认知模型，是人类从体验上升到范畴并形成概念的必经之路。范畴化是概念形成的基础，每一个概念都有对应的范畴。

在对阅读过程的研究中，TWT 与心理空间理论相关。心理空间是人们进行思考和交谈时为了达到当下的理解和行动的目的而建构的，是通过框架和认知模型所形成的结构，是由意象图式建构的（Fauconnier，1985：16-22；王寅，2006：214）。Fauconnier（1985）提出心理空间理论之后，越来越多的认知语言学家认识到，人类在解读文本时头脑中会建立一种关于文本内容的心智表征。Werth 将这种观念应用到对文学文本以及非文学文本的解读之中，从而建立了TWT。心理空间理论更多地应用于对词、句的分析，而 TWT 将这种思路扩展到了语篇的分析之中。从这个角度上讲，TWT 是心理空间理论的延伸，它仍然是认知语言学的一个理论模式。另外，可能世界理论（Possible World Theory）（Bradley & Swartz，1979）也对 TWT 的发展有一定的促进作用。

2.2 TWT 建构的要素

文本世界是读者对文本内容的心理表征，所以文本世界的建构过程是在文本和读者二者的共同作用下完成的。TWT 认为，文本世界的具体内容和结构由两个要素决定：文本中所包含的语言信息，参与者根据自己的百科知识和经验所作出的推断。因此，要全面揭示文本世界的建构过程，首先要对这两个要素做深入细致的分析。可能世界理论和 TWT 用不同的模式对此问题进行了阐释。

2.2.1 文本世界建构的框架——文本的文字信息

文本是文本世界的物质载体，读者只有先接触文本的文字符号，才能在文本信息的刺激与限制下开始文本世界的建构。Stockwell（2005）指出，为了决定话语参与者知识中哪些成分与话语世界相关,文本会提供语言和指示信息,将搜寻的范围缩小到一个或者一些具体的知识领域。TWT 和可能世界理论没有明确地探讨文本提供的文字信息,但 TWT 中的"世界建构元素"(world-building elements)和"功能推进命题"(function-advancing propositions)两个概念实际上指称的就是文本中的世界建构信息。"世界构建元素"描写语篇中主要事件发生时的场景,具体包括"时间"(time)、"地点"(place)、"事物"(objects)和"人物"(characters)(梁晓辉、刘世生,2009)。在 Werth 的理论中,世界建构元素和功能推进命题被视为文本世界的两个基本构成要素。但是从这个概念的定义中可以看出,它们指涉的并不是已经建构出来的文本世界的成分,而是文本激发文本世界建构的文字信息。如功能推进命题定义中的"描写""介绍""推断或论断",显然是指文本中的内容,指涉的是叙述者的行为。所以,本文中把世界建构元素和功能推进命题定义为文本中的世界建构信息。世界建构元素规定了文本世界中成员,而功能推进命题则主导了文本世界的发展方向,在两者共同的指示作用下,读者建构出一系列内容丰富且变化着的世界。

2.2.2 世界构建"原材料"——读者的背景知识

由于语言的符号性,文本的文字信息提供给读者的只是抽象的概念,读者要建构出生动的文本世界,就必须把抽象的概念转化为一个个具体的形象;同时,由于作者在创作时故意保留一些信息,文本只对它描述的世界提供有限的信息,而留下了许许多多的空白,读者在阅读时为了建构连贯的文本世界,就需要对这些空白进行填补。要完成这两项工作,建构出一个内容丰富的文本世界,必须调用储存在读者头脑中丰富的背景知识,这些背景知识就是文本世界的"原材料"。可能世界理论对这些背景知识的范围和类别进行了界定,它认为文本世界建构中利用的背景知识包括关于现实世界的知识和关于文本的知识。

Ryan(1991)在 *Possible Worlds, Artificial Intelligence, and Narrative Theory* 中指出,我们尽可能地依照我们对真实世界的表征去重构一个文本宇宙的中心世界。我们把我们知道的关于现实的所有事物都投射到这个世界上,并且只会在文本指示的地方进行调整。她将这种现象称为"最小背离原则"。甚至在读者面对不可能的情况时——比如一个人可以把他碰过的所有东西变为金子,这个原则依然适用,他们依旧猜测这个人受制于地球引力法则,需要吃喝才能存活,等等。也就是说,除了叙述者明确交代小说世界与现实世界不同的地方,如现实中不存在的实体、超自然想象等等、在其他方面,读者都会依照现实世界的面貌进行建构。

3. 主要代表人物及作品

TWT 自问世以来，得到了迅速发展。许多研究（如 Bridgeman，2001；Hidalgo，2000，2003a，2003b）都基于此理论，使其在实践中逐步发展。Gavins（2000）分析了荒诞小说 *The Third Policeman* 中叙事结构的心理过程。她从认知学的角度分析了当离奇的事件被感知时，复杂心理过程突然出现的情形。三年后，Gavins（2003）用 TWT 分析小说 *Snow White* 的三个世界层面，揭示该小说"在作者和读者之间存在不合作的现象"。(刘立华、刘世生，2006：76) 在 Gavins 看来，这些心理表征随着世界切换（world-switching），会产生功能推进和认知情态词。

2007 年，Gavins 的著作 *Text World Theory: An Introduction* 问世，奠定了 TWT 的权威性和可行性。Lugea（2013）用 TWT 分析诺兰的电影 *Inception*，他的文章 "Embedded Dialogue and Dreams: The Worlds and Accessibility Relation of Inception" 探究了叙事的多层结构，分析了语篇中的"行为者话语"并解释了对盗梦空间的各种反应如快乐、悲伤、恐惧等。

Browse（2015）用语篇世界理论详细描述了 Werth 对于扩展隐喻（extended metaphor）的研究。在 "Text World Theory and Extended Metaphor: Embedding and Foregrounding Extended Metaphors in the Text Worlds of the 2008 Financial Crash" 一文中，他对扩展理论进行了 TWT 的解释，并把它看成语篇层的概念效果。当读者解读语篇时，他会根据语篇提供的信息在大脑中建立自己的文本世界。最近几年，TWT 也广泛应用于一系列文学体裁来解释各种各样语言学现象或认知现象。

国内 TWT 的发展虽然已有十年之久，但仍处于起步阶段，在如下研究中有所体现。黄红丽（2007）用此理论分析披头士歌曲的歌词。马菊玲（2008）用该理论分析了黑色幽默小说的认知机制。刘世生、庞玉厚（2011）分析了电影 *A Beautiful Mind* 中的文本世界。梁晓辉（2012）在专著《元小说技巧》中采用了认知诗学的视角分析了作品 *The French Lieutenant's Woman*。贾晓庆、张德禄（2013）用世界文本理论分析了 *Found Objects*，展示了读者在阅读过程中建构文本世界和亚文本世界的进展。

综上所述，对 TWT 成体系的介绍主要是 Werth（1999）和 Gavins（2007）的两本著作，但应用此理论的分析性文章正在逐渐增多。

4. 分析模式

一部文学文本往往会投射出不止一个世界，而是多个世界。比如一部小说，特别是采用全知叙事的小说，除了描述一个虚构的真实世界之外，还涉及人物的心理活动，包括他们对自己所在的世界的判断、希望和幻想等，而这些思想意识的内容就构成各种各样的"世界"，它们是虚构的真实世界的一个可替换的版本。读者在阅读时就会建构出多个文本世界，这些文本世界构成一个系统。关于文本世界的系统内部的结构，不同学者提出了不同的划分。正如梁晓辉和刘世生（2009）所言，不论是 Werth 的模式还是 Gavins 的模式，在对文本世界这个核心层次的界定上还没有一个统一的标准。在此，我们首先介绍他们的划分法。

4.1 Werth 的 TWT 模式

Werth（1999）提出的可能世界理论发展了文本世界的理论框架。根据 Werth 的 TWT，文本是一个交流的语篇，其中蕴含了三个层次，即：语篇世界（discourse world）、文本世界（text world）和亚文本世界（sub-world）。

4.1.1 语篇世界

Werth（1999）认为语篇世界是最上面的层次：它包括两个及以上参与者的口头对话或书面交流。这种交际可能是面对面的，也可能是长距离的。如果是面对面的交流，参与者享有共同的外部环境；如果是长距离的交流，参与者在时间与空间上是分离的。他们一般会遵循会话中的合作原则。

在解读信息的时候，他们一方面要依据口头或书面交流的信息内容，另一方面要参照共享的外部环境或是头脑中的知识图示。例如，在文学语篇中，作者和读者分别是语篇的创造者和语篇的接受者，他们所处的语篇世界是指双方处在不同时空维度的远距离交流。

4.1.2 文本世界

Werth 把文本世界界定为当作者和读者在创作和解读语篇时，根据语篇提供的信息在各自的大脑中建立起的文本世界。因此，文本世界是在语篇文本信息的基础上在交际双方心中建立起的一种信息概念化的心理表征和心理再现。文本世界是 TWT 的核心层次。它是语篇的指示项（deictic and referential elements）定义出的空间（Werth, 1999：51）。

通常情况下，文本世界由"世界构建元素"和"功能推进命题"组成。"功能推进命题"交代促使语篇发展的行为、事件、状态及过程。"世界构建元素"描写语篇中主要事件发生时的场景，具体包括"时间""地点""事物"和"人物"（梁晓辉、刘世生，2009）。

4.1.3 亚文本世界

随着文本世界的发展，语篇定义出的空间会在时空维度上发生变化，这便是 TWT 的第三个层次即亚文本世界。梁晓辉和刘世生（2009）指出因不同原因而形成的亚文本世界可以分为三种：（1）指示性亚文本世界（deictic sub-worlds），这主要包括文本世界中指示词标示出的新的时空维度，例如倒叙、直接引语、对其他场景的窗口化窥视。（2）态度性亚文本世界（attitudinal sub-worlds），这是语篇参与者的观念，而非他们的行为。一些如愿望、信仰、目的等命题式态度都属于态度性亚文本世界的范畴。（3）认识性亚文本世界（epistemic sub-worlds），这是指语篇参与者表达的情态化命题，包括从否定到肯定的所有可能性猜测，或者是当前文本中的人物或话语参与者对事件的可能性的把握。

TWT 的另一位代表人物 Gavins 对亚世界的分类（Gavins, 2007）与 Werth 稍有不同。Gavins 把对文本世界的偏离归为两个大类：世界切换（world-switches）和情态世界（modal worlds）。世界切换是指由于话语的中心焦点被切换时（比如切换到一个不同的地点），读者创造的与切换到的景象相对应的一个新的世界。叙述中时间上的闪回或者闪前就有着类似的效果。直接引语和直接思想的例子也会引起世界切换，因为它们通过在一个过去时态的叙述中引入一个现在时态的话语而改变了文本世界的时间参数。Gavins 把情态世界进一步区分为意愿情态世界、义务情态世界和认识情态世界。

4.2 TWT 的分析框架

4.2.1 世界构建元素和文本世界的构建

如前所述，文本蕴含三个层次：语篇世界、文本世界和亚文本世界。在实际操作中，文本世界的构建需要三个方面的要素：空间性词汇、时间参数和其他的指示性要素。首先，空间性词汇包括方位词，如 in China, at home, in the west；空间副词，如 near, up, far；指示词，如 this, that, these, those, 表移动的动词，如 go, leave。其次，时间参数也可以由方位词表示，如 in the near future, 时间副词 now, today, 和动词的各种时态和体的变化。语篇中其他指示性要素可以帮助参与者在语篇开始时构建文本世界，这一类词有定冠词等，如 the cat, Mr. Right.

我们通过节选自 *New Concept English* 的一段文字来展示文本世界的构建过程。

例一

On Wednesday evening, we went to the Town Hall....A crowd of people had gathered under the clock.

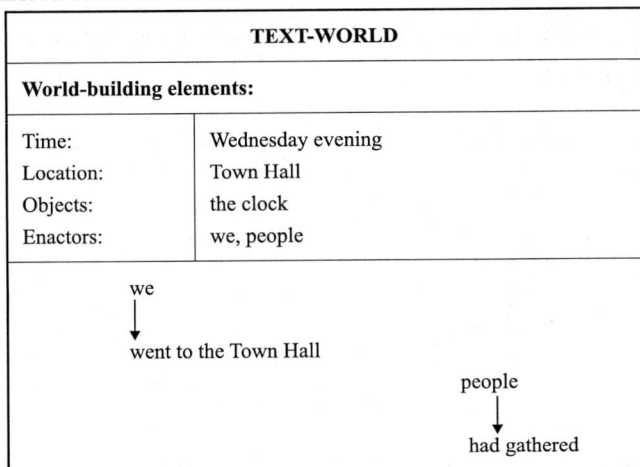

图 6-1　例一的文本世界发展图

图 6-1 中，主要时区为 Wednesday evening, 地点为 Town Hall, 角色分别是 we, people。文本世界中有生命或无生命的实体在读者的大脑中得到表征。在此文本世界中，人物的所有行为都被认为是有意的。这些行为用 SFL 的术语表征为物质过程，例如，we went..., a crowd of people had gathered... 都是物质过程。垂直箭头（↓）表示文本世界开始从最初的世界构建要素向前推进。在 TWT 中，图表 6-1 中的垂直箭头表示功能推进命题。角色指出现在不同的语篇概念层面的相同的人物的不同身份。

4.2.2 情态世界

说话人 / 作者会在交际中表达各种情感或态度，即情态（modality）。这些情态在听者 / 读者大脑中建立偏离原文本世界的情态世界，由表示情态的语言系统表达。如前所述，Gavins 把情态世界分为：意愿情态世界（boulomaic modal-world）、义务情态世界（deontic modal-world）和认识情态世界（epistemic modal-world）。

4.2.2.1 意愿情态世界

意愿情态世界表示愿望、希望、要求等情态。通常情况下会采用 wish 这一类动词，情态副词 hopefully，和形容词结构 be...that 或 be...to 来构建意愿情态世界，例如 it is expected that he visits Latin American nations。句中每一个情态短语构建一个不同的情态世界，和最初的文本世界有别。我们依然通过 *New Concept English* 中的选段在图 6-2 中来展示意愿情态世界的构建过程。

例二

After putting the dress on, Mrs. Richard went downstairs to find out if it would be comfortable to wear.

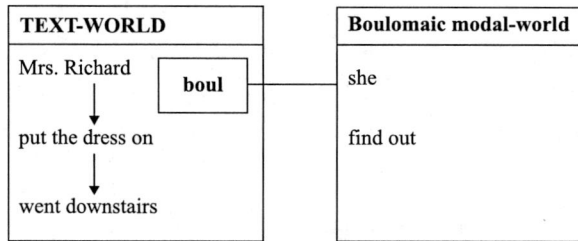

图 6-2　例二的情态世界发展图

图 6-2 展示了例二语篇中的文本世界。在文本世界中，角色 Mrs. Richard 身上出现了两个功能推进命题 put the dress on 和 went downstairs。由于功能推进命题比世界构建元素更突显，文本世界和意愿情态世界中的世界构建元素就未被列出。文本世界可以由参与者或读者体验，因此具有参与者可及性[①]的特点。意愿情态世界来自文本世界，因此也具有参与者可及性。这里的意愿情态世界展示了角色 Mrs.Richard 的心理活动。图 6-2 中，垂直箭头代表命题的推进，文本世界和意愿情态世界的连线表示后者来源于前者。

4.2.2.2 义务情态世界

义务情态世界（deontic modal-world）表达应允、责任、要求等义务概念。除此之外，否定也属于意愿情态世界。这些情态世界描写的通常是与当下世界有一定时空距离的非现实情景。在义务情态世界中，大脑的概念性表征也是参与者可及的。此类态度通过助动词、形容词结构实现，例如：he must do it。

---

① Werth（1999）认为在所有的文本世界或者亚世界中，有些内容是话语参与者能够真实感受到的，可以辨别真伪的，那么这些就是话语参与可及性（participant-accessible）；而有些内容只有亚世界中的人物才能够有机会接触，并对其真假做出判断，这些就是人物可及性内容（character-accessible）。

我们通过例三中 SAT 考试中 Q & A 题目介绍来展示义务情态世界。

例三

To make the best of this report, do the following：

Read each question, focusing on the tape of question, the correct answer, how you answered it, and the difficulty level. Analyze test questions you answered incorrectly to understand why your answer was incorrect. Check to see whether you misread the question.

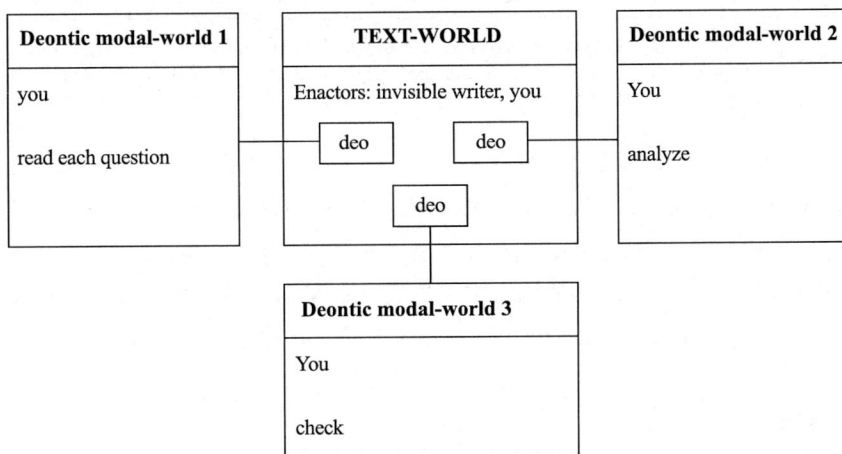

Deontic modal-world 1	TEXT-WORLD	Deontic modal-world 2
you read each question	Enactors: invisible writer, you [deo]　[deo] [deo]	You analyze

Deontic modal-world 3
You check

图 6-3　义务型情态世界图（注：deo 为 deontic 的缩写形式）

图 6-3 中，文本世界和情态世界都是参与者可及的，因为这两类世界都是由未知的指令者创建的，不涉及其余角色的想法。中间的文本世界是面对面交流的再现。三个新出现的义务情态世界构建更遥远的场景。考生的第一个指令是 you read each question，因此，随着指令的推进，另一个世界得到建构。第二个义务情态世界中，建议考生分析文本问题。第三个中，建议考生核查他们是否误解了问题。

4.2.2.3 认识情态世界

认识情态指在认识上与当前的文本世界比较遥远的世界。按照 Gavins 的观点，knowledge and belief, perception 和 hypotheticals 分别表达认识情态世界建立的不同模式（如表 6-1）。

表 6-1　三种认识型情态世界

Types	Meaning	Linguistic expressions
Knowledge and belief	Knowledge expresses varying degrees of confidence in the truth of a particular subject; Belief ranges from absolute certainty to complete lack of confidence	(1)Modal verbs: believe, think (2)Modal adverbs: possibly, certainly (3)BE... THAT or BE... TO structure: it's sure to be..., it is doubtful that...
perception	To offer evidence that human beings understand abstract concepts of certainty via their physical experiences	(1)Adverbs: apparently, obviously (2)It seems..., it was obvious that...
hypotheticals	To image, describe, and discuss innumerable situations which are not actualized in the reality	(1)If-clause (2)Inverted modal or auxiliary

　　表 6-1 列出了认识情态世界建立的模式。就 knowledge and belief 而言，认识情态对读者来说要么是确定的，要么是怀疑的，确定还是怀疑取决于个人的先验知识和语境。Perception 表示人类通过身体的感知来理解抽象的概念和知识。Hypotheticals 通过语言帮助人类产生遥远的文本世界。我们通过 *Corpus of Contemporary American English* 上面的一段节选来构建认识情态世界。

例四

　　The present results support the notion that when these relationships take a more personal character with more open communication they may enhance the mental health of the patients and may possibly influence staff stress and job satisfaction.

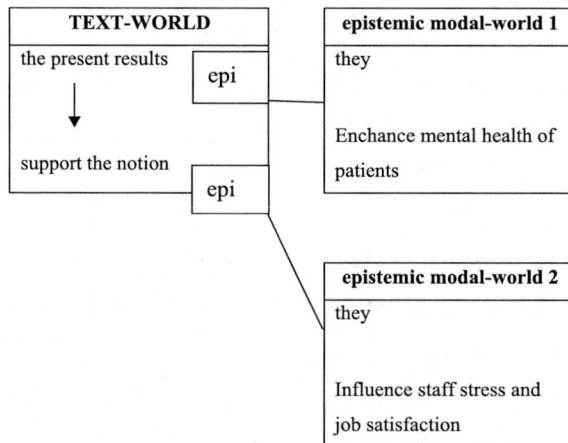

图 6-4　例四认识型情态世界图（注：epi 为 epistemic 的缩写形式）

图 6-4 中，当前文本世界中的 the present results 受到 they support the notion 这一命题的推进。两个认识情态世界通过情态词 may 和 may possibly 引出，被认为是非现实的。

5. 经典案例分析

本部分由两小节构成，第一小节用 TWT 框架分析 *Cosmopolitan* 杂志上的文章；第二小节用评价框架来分析同一篇文章，从分析中展示 TWT 的优点和不足之处。

5.1 TWT 语篇分析

我们将要分析的第一段文字节选自 *Cosmopolitan* 杂志 2016 年第一期的文章。

> Men who take quickies are practical and reliable —they look at showering as a basic necessity to be banged out first thing in the morning. 'This guy takes care of business' says New York City psychologist Belisa Vranich, PsyD, coauthor of *Dating the Older Man*. He'll likely be there for you when you need a foot message after a tough day.' There's just one catch: He's not all that inventive. His idea of a great date is dinner and a movie. So if you crave more adventure in your romantic life, you may have to be the one to spur it.
>
> (Heitman, 2016)

首先，由于该语篇来自杂志，且伴随着各种图片和标题，读者并不能确定其内容。尽管第一个句子确实涉及要谈论的话题——men's showering habit，然而，俚语 take quickies 和 bang out 很具迷惑性。当然，如果是在一个人读报纸的真实情景下，迷惑性会降低。如果对 *Cosmopolitan* 杂志很熟悉，这一背景知识对于理解篇章可以起到推波助澜的作用，比如，此杂志的读者几乎全是时尚圈的女性。

这一小段节选用了五个世界的切换给我们展示了文本世界。语篇世界由记者 Heitman 和这类特殊杂志的读者所组成。文本世界可以是以下二者之一：对文章作者的采访报告或书评。虽然没有指明是采访，但是我们可以根据风格来判断其为非正式采访。我们会说文本世界的地点是纽约，因为那是作者生活和工作的地方。尽管没有确切指明写作时间，我们可以推断是 2015 年的某个时间。角色是记者和 Belisa Vranich。这里包含五个情态世界转换，四个认识性情态世界转换和一个义务情态世界转换。大脑中首先出现的场景是一个认识情态世界，即一个精神病学家认为快速沐浴的男人都是实用主义者，也很可靠。接着，Bethany Heitman 通过解释第一个断言的发出者把我们带入情态世界中。接下来是关于快速淋浴男人的两个认识性情态世界。紧接着是通过词汇 crave 表达愿望的一个条件句。最后是由 you may have to 所引起的意愿世界。图 6-5 为这篇文章的文本世界图。

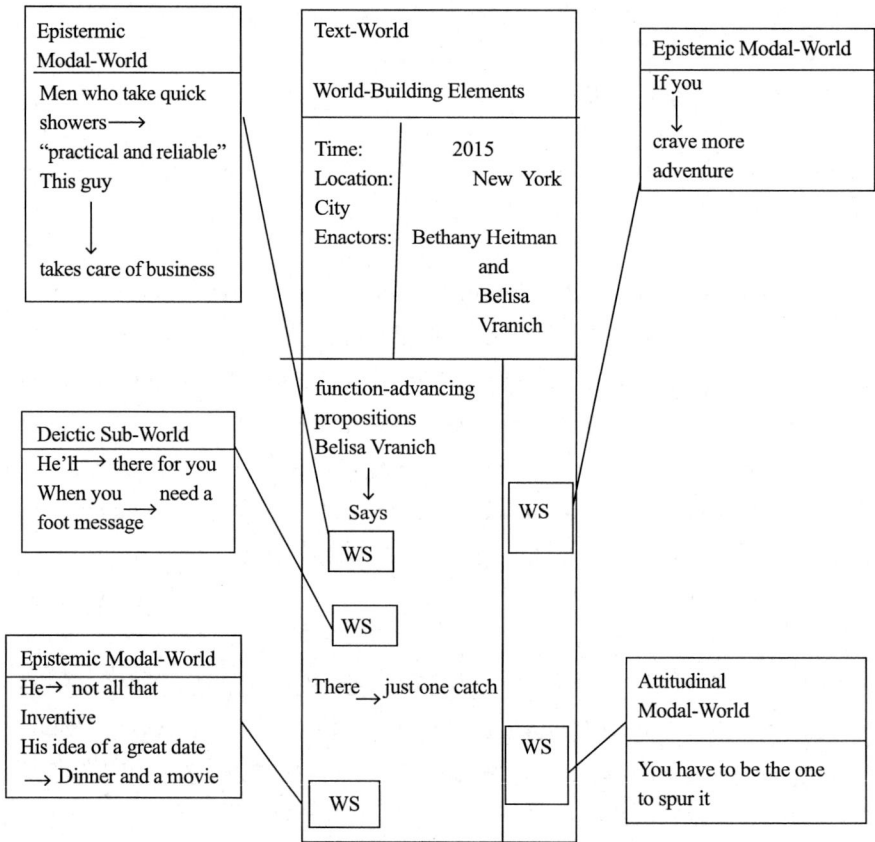

图 6-5　选段 TWT 整体发展图

5.2 评价框架语篇分析

　　评价框架是 Martin 与 White 等人一起创立的语篇分析框架。起初，评价系统关注的是记叙文语篇中的情感,后来涉及其他类型的语篇,在话语分析领域具有重要地位。评价框架次系统化为态度、态度的强弱即级差和态度的来源即介入。

评价系统的中心是"系统",焦点是"评价"。语言在该系统中是"手段",透过对语言的分析,评价语言使用者对事态的立场、观点和态度。换句话说,评价不只停留在语言的表层意义上,而是通过表层意义看深层的意义取向,就是我们常说的"通过现象看本质"。在这一部分中,我们用评价系统对5.1小节中的例文进行分析,以便进行两个理论的对比。

语篇的微观评价框架的实现方式是评价性语言,体现为评价类型的选择。态度是语言使用者对描述对象(物、事和人)的态度。Martin和Rose(2003)以及Martin和White(2005)所发展的评价框架将评价的态度体系分为三个主要范畴,即情感、判断和鉴赏。

5.2.1 语篇中的评价

Martin和White(2005)指出,判断是依据标准原则对人的行为做出的测量,即羡慕、批评、谴责、表扬。判断系统属伦理范畴,是根据伦理道德的标准来评价语言使用者的行为。

（1）Men who take quickies are practical and reliable.

（2）He'll likely be there for you when you need a foot massage after a tough day.

（3）There's just one catch: He's not all that inventive. His idea of a great date is dinner and a movie. So if you crave more adventure in your romantic life, you may have to be the one to spur it.

在上一小节的分析中,我们提到 Cosmopolitan 杂志的读者一般为时尚圈的女性,所以作者在写作中站在读者的角度在审视问题。在例(1)中,作者的判断是那些快速洗浴的男人通常是实际而可靠的,表达了积极判断。在例(2)中,作者用到了隐性判断的表达,同样是积极性的。例(3)中用到了消极判断,人际意义的展开属于主导型(domination),指一定语篇范围内的人际韵律受到中心意义支配,或者说,语篇开始设定了基调,随后的人际韵律都围绕着该基调展开。本句中首先表明态度,即这样的男士并不具有创新意识,后面的句子围绕这个中心进行论述。

5.3 两个框架的结合对语篇分析的促进作用

TWT 被用来分析文学语篇时，它主要解释为什么在时空上、文化上相隔很远的对话者即作者和读者能够通过文本走进同一个世界—文本世界，实现有效的交流。评价体系关注作者 / 言者如何表达赞成和发对，热爱和憎恶，表扬和批评，以及如何定位读者 / 听者使其做出相应反应。二者的共同点在于，交流对象都涉及作者和读者，而且目标都是实现有效的交流。

不同之处在于，文本世界视域下的语篇分析重视读者通过语篇如何构建一个内心的文本世界，读者将自己带入语篇中；评价系统侧重语篇中的评价性资源，二者侧重点不同。TWT 所涉及的面较多，但到目前为止，应用到的语篇范围较窄；而评价系统所涉及的方面较为单一，即评价，所以应用到的语篇范围更宽。用本文分析的语篇为例，TWT 的应用加深了我们对语篇的理解，而评价系统的应用凸显了作者的态度。二者的结合可以使读者更加深刻地理解语篇。

6. 结语

总体而言，基于 TWT 的研究自理论创立起从未止步，并且有蓬勃发展下去的趋势，且会与其他学科交融。我们不难发现，TWT 有着潜在且强大的认知启发性和理论阐释力。

6.1 不足之处

TWT 有其自身的缺陷。第一，TWT 具有表面性和肤浅性。比如，我们在分析 5.1 中的文章时，我们不会去深究为什么 Men who take quickies are practical and reliable，take quickies 和 practical and reliable 按照我们的理解没有任何因果关系。又比如，在分析幻想小说如 *Harry Potter* 时，读者读到里面的人物骑着扫帚在天空中飞行，或者变化成其他人物或者物体时，不会对这些违背自然规律的现象感到困惑。读者也不会从科学的角度对其进行批判，而是很自然地建构出这样的场景，享受着阅读的乐趣。

第二，TWT 的不足之处也显而易见。尽管 Werth 宣称 TWT 是一套科学理论框架，可以用来分析各种文体，但在此理论的发展过程中，被分析的文体大都属于小说文体。Gavins 的著作中对这一点有所体现，如：

在最初对文本世界理论的表述中，Werth 声称自己的框架可以涵盖所有话语形式。时至今日，文本世界理论的研究者继续在他们的研究中对此雄心勃勃的说法进行验证，力求在多样化的交流形式中应用该理论。迄今为止，文本世界理论的适用范围限制尚未被发现，Werth 文本世界理论框架的普遍性的仍然有待证实。

(Gavins, 2007：174-175)

因此，TWT 适用于分析的语篇类型相对单一。

6.2 未来发展趋势

首先，TWT 与评价系统的结合。TWT 考虑到 Semino（2003）所说的"个人包袱"——在语篇世界的核心层具有影响共同协商（小组讨论）的潜能。它可以在微观层面发挥作用，帮助读者理解导致变化的重要句型和语法结构，在实际的分析过程中领会不同的语篇类型中所呈现的不同的语篇世界。评价系统可以让读者迅速抓住作者的态度变化，从宏观把握态度走向。未来研究可以继续将两个理论结合，在具体的语篇分析中做进一步的验证。其次，文本世界理论亦可以与其他理论相结合，取长补短。最后，由于文本世界理论目前适用于分析语篇的单一性，未来的研究者可以拓宽这一理论的研究领域，比如新闻法律语篇、政治语篇、经济类语篇等。

TWT 从创立以来已有 20 余年，许多研究者都围绕它展开研究。本章从 Werth 的 TWT 的理论来源出发，介绍其研究方法和分析框架，梳理了其理论和具体的分析路径，并对该理论的最新进展进行总结，最后概括该研究现存问题并展望未来研究趋势。然而，这一理论仍存在一些不足，目前主要停留在理论的应用层面。TWT 的主观性及应用于文本的有限性是需要学者在未来研究中解决的问题。

第七章 话语心理分析

1. 引言

话语心理分析(Discourse Psychology, 以下简称 DP)是一种对社会生活进行全面观察并研究的范式(Potter, 1996: 130), 一种通过心理学来理解认知的理论(Edwards & Potter, 1992), 是从参与者视角对心理问题的研究, 将话语看作人类的一种实践并将其置于核心位置, 如在哭泣话语的 DP 分析中将啜泣、吸鼻涕等行为视为话语分析中不可忽视的部分, 使一些抽象的概念变得更加详尽且易操作, 进而为一些心理学话题的理论和分析做出贡献, 如情绪(emotion)、意图(intent)和施事(agency)等。

DP 的语料主要来自人们的日常谈话, 而不是来自实验室。DP 在具体的分析步骤中将行为构建和心理状态研究置于核心地位。DP 将传统心理学、社会学、社会心理学和其他话语分析中常常被忽略的话轮中的细微变化作为研究对象; 同时也从动态角度观察社会情景变化怎样引起人的态度变化, 而心理学研究范式的弊端之一就是并未使这种动态变化得以显现。

以 Potter & Wetherell(1987)为代表的话语心理分析范式, 在吸收以往会话分析和社会心理学的理论与实践的基础上, 发展出了一种秉承建构主义并以行为为导向的, 社会化的, 超越内在心理的个人观。

2. 理论基础

DP 分析方法具有多样性, 从其历史发展进程来看, 主要分为以下三个发展阶段。20 世纪 80 年代时期, 话语分析的心理学研究注重对人的语言技能(interpretative repertoire)进行研究, 如范畴、术语和习语等, 分析材料主要来源于受访者关于不同主题的开放式采访（open-ended interviews），如性别和国别，认为"人类语言技能就是对社会行为的构建"（Potter & Wetherell，1987）。20世纪90年代初期，话语心理分析开始登上话语分析的舞台，它以人类自然交际（naturalistic interaction）为语料，如日常谈话、新闻报道、法律文件和议会辩论等，重点研究如何对人类生存的外部世界和内心世界进行描述，以发现二者在构建行为时所起的作用。早期的DP研究被称为DA，后来Edwards和Potter（Edwards & Potter，1992）在研究中首次使用DP这一术语，该阶段DP已经有了明显的话语建构主义（discursive constructionism）倾向（Potter & Hepburn，2008），和认知建构主义以及其他社会建构形式产生显著区别。直到20世纪90年代中期，社会心理学的发展出现了一系列的危机，包括理论上的止步不前；研究方法单一，过于依赖实验；缺少对受试对象的社会性的关注等。受到20世纪哲学向语言学转向的影响，前两种话语心理分析的形式开始融合，话语心理分析进入第三阶段。该阶段的分析主要有以下理论特征。

（1）行为导向（action-oriented），即将话语视为实施行为的中心资源，解决了言语行为理论面临的窘境。首先，言语行为理论是一个哲学理论，出发点不是针对真实对话，而真实的普通谈话具有多样性，其实施的言语行为往往很模糊、间接；其次，当言语行为很复杂时，该理论无法解释话语和行为之间的"非一对一"特性；最后，由于忽略了对话语的回答进行研究，对该话语所实施行为的研究就是片面的。同时，Potter & Wetherell（1987）用行动取向（action-orientation）来替代"功能"，不仅体现了Austin等人强调语言行动的取向，即认为话语是建构社会和个体的媒介，也将其与社会学和人类学中机械含义的"功能"相区分，更加关注话语的意向和目的，展现更为动态的建构。这里所说的行为可能是与言语行为动词相联系的分散行为，也可能是没有言语行为动词出现的复杂行为；相比于显而易见的言语行为，此处的行为往往是间接实施的；更加注重行为是如何实施的，而非将行为视为研究个体内在精神的途径。

（2）情景化（situated）。一方面，注重即时话语语境（immediate conversational context）与话语参与者之间的相互作用，即话语行为被置于何种即时即地（here-and-now）的话语序列中，以及话语行为如何为后续话语产生新语境；另一方面，话语是机构性的，这些话语因为重复出现在一些机构场景中而被收集起来，但它们其实和更广的社会实践相联系，只是被限制在该场景中，因此，机构话语往往涉及多重机构身份。DP要求分析者能够解读语境，比如话语在实施"请求"行为时，是语境使其成为"请求"，而非语言内在的性质导致的，当关于语境的信息不断被添加时，对话语的阐释更为合理。

（3）被建构与建构（constructed and constructive）。这种建构不具有

Foucault 的消极内涵，而是从中立立场来评价行动者的建构过程；同时，它也不同于社会建构和认知建构，前者注重个体是如何在社会化和社会关系内化过程中形成的，后者更加关注精神实体和精神过程。而 DP 认为认知空间是由参与者管理的，如估价（evaluation）可以被建构为"宾语一边"（object side）的或者"主语一边"（subject side）的。DP 使用建构一词是为研究语言变异性服务的，意味着对事件的陈述是建立在事先存在的语言素材之上，人们根据谈话目的对其积极筛选，并产生一定结果，这就解决了心理学家夸大陈述一致性以及将一致性等同于真实性的问题，同时也解决了传统社会心理学对变异性的压制问题，如限制、粗编码（gross coding）和选择性解读。DP 分析者所要关注的中心是话语是如何被建构的。

（4）带有修辞学和诠释学色彩。不同于符号学将各种符号都视为话语，DP 对话语的定义更接近于修辞学中话语的概念，认为话语包括各种形式的书面文本和正式、非正式言语互动；不同于后结构主义对宏大历史进程中语言实践的关注，DP 的研究对象是具体的话语过程，如 Potter & Wetherell（1987）从微观角度研究话语的意义和语境的关系，并做出超越个体心理的诠释，和 van Dijk（1993）的分析方法大相径庭。沿袭诠释学传统意味着 DP 研究者更加明确自己作为社会心理学家的定位，虽然将话语置于核心地位，但并非像语言学家一样对语法进行结构式分析，而是注重分析者的主观解释和移情。

（5）社会化的、超越内在心理的个人观。与传统社会心理学认为心理以实体状态存在不同，DP 将心理实体转化为社会存在，通过研究者对话语的社会认知模型的建立，探究宏观社会和微观个体、群体之间是如何以话语为媒介相互作用的。一方面，宏观社会结构通过文本和话语建构社会认知，对个体和群体产生作用；另一方面，个体和群体激发社会认知各要素，建构日常话语，反过来影响宏观社会结构，如图 7-1 所示。从这个意义上来讲，话语实践获得本体论地位，社会认知成为连接宏观社会结构和微观的个体、群体行为的桥梁，这也是对个人和社会的二元划分的有力反驳。

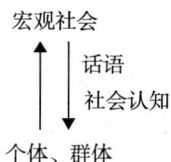

宏观社会

↑ 话语
↓ 社会认知

个体、群体

图 7-1　宏观社会和个体、群体之间的互动关系

3. DP 和会话分析（CA）、话语分析（DA）、批评话语分析（CDA）之间的关系

DP 和 CA 的关系错综复杂，DP 虽然延续了 CA 的分析传统和研究发现，但其研究潜势和张力又和 CA 存在诸多差别。首先，DP 描述了话语中行为的建构过程，并建立了系统研究的路径。DP 学者认为，人通过不同的话语建构思想和感受，思想和感受等又反过来建构人的思想和感受，这一点在 CA 中很少涉及；同时，DP 借鉴了 Billig（1999）的修辞学研究，给出了多种与现实相反的或者是潜势的选择。其次，DP 采取的是非认知式方法，没有涉及认知实体和过程的存在方式，也没有从技术性和不同文化中的心理视角进行分析，而是关注互动实践中构建的认知实体。虽然 CA 采取的也是非认知式方法，但其方法往往很矛盾，经常将互动现象和他们理解的认知行为建立联系。最后，二者虽然都涉及话轮转换和序列组织，但二者侧重点有所区别，DP 对参与者的形成、范畴研究以及序列研究相对并不透彻，而 CA 擅长通过语料库来探究特定现象的序列组织，以及其与思想建构和世界建构之间的关系。

DP 和 DA 之间主要有两点区别。一方面，DP 注重识别话语互动背后的组织资源，如 Wetherell & Potter（1992）对于种族话语的研究就不同于以往的人类学和心理学研究将文化视为一种墨守陈规的文化遗产（culture-as-heritage），通过分析者对治疗文化（culture-as-therapy）的诠释，认为人们灵活建构文化来实施不同活动。另一方面，DP 从一开始就批判传统的社会学和人类学的研究方法。有别于传统的研究，DP 注重对自然话语的研究，注重开放式访谈。

DP 和 CDA 之间主要有三点区别。首先，语言学理论扮演的角色不同，CDA 往往采用 Foucault 的话语分析、认知心理学和 Halliday 的 SFL 理论，而 DP 注重对社会实践的研究，注重范畴如何被用于理解这些实践，以及如何与参与者的取向相联系。其次，二者对语境的理论化不同，CDA 用历史和社会学方法考察语境，而 DP 认为语境是参与者动态建构的结果。最后，二者对话语实践的理解不同。CDA 将话语视为一种事物，如"咨询话语"，而 DP 认为这种语篇组织只是一定场景中建构行为过程产生的副产品。CDA 尝试建立语篇结构和社会结构之间的联系，而 DP 关注话语和语篇中实现了哪些行为，以及在某些实践中这些行为的协调出现。

4. 分析步骤

DP 分析要求分析者具备一定的 DP 理论基础和话语的社会建构观（social constructionism），手中的语料可能是无需转写的，也可能是需转写但未转写的，研究问题可有可无，但无论如何，有一个完整的 DP 分析流程作为指引十分必要。DP 分析不是对流程的机械式重复，而是需要在不同阶段之间灵活循环进行，初学者按照如图 7-2 所示的流程环节进行分析可以提高自信和熟练程度。

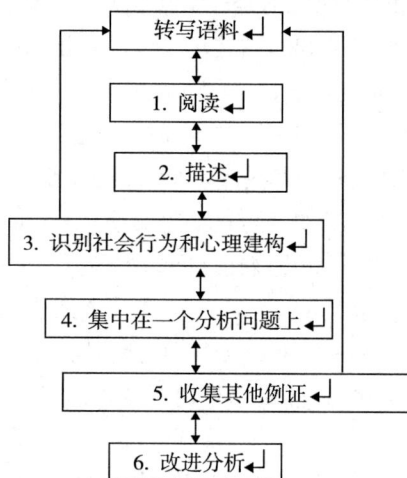

图 7-2　DP 分析流程（Wiggins，2017）

4.1 转写语料

DP 分析注重对短小话语的细致研究，转写过程十分精细，必须包括停顿、语速、重叠部分，并且注重对单词的分析。只有当我们能够识别该话语中的社会行为和心理建构时，我们才会重新进入语料库，对下一则中的话语进行分析。第一步是看、听或阅读语料，可能多数人都没有意识到该阶段意味着研究已经开始，这一步会发现一些在后面转写时可能被忽略的东西。由于语音材料以低速播放，因此研究者在转写过程中要放慢速度，细致分析，避免错过细节。如果是视频资料，还要注意交际者的副语言，如手势、眼神和身体位移等，反复观察会使研究者提高观察能力，而反复听一个单词或短语并不能为我们的研究提供帮助；只有当我们把其当成交际的互动的一部分，我们才能识别其背后的社会行为和心理建构。如果语料是已经转写好的材料就可以忽略这一步。

DP 的语料来源主要有三种方式：录像录音、访谈和线上论坛互动。DP 访谈与传统访谈主要有两点差别：一方面，在进行一致性研究的同时，也注重对变异性的观察。面对多样性的语料，DP 的初衷并不是消除这种多样性，而是将多样性融入研究。DP 分析者认为只进行一致性研究并不能全景展现话语中参与者的建构作用，实际上在传统话语分析的访谈中都会展现这种差异性，但往往由于粗范畴化或预编码而被忽略了。由此，DP 倡导研究者在访谈中对研究问题进行设计，在同一主题下多次提问同一问题，以更加清晰地展现话语实践和功能语境（functional context）之间的变异性。另一方面，将访谈者视为话语的积极建构者，访谈者经问题引导，对同样问题作出自然的开放性回答，这就要求研究者要对问题提前规划并能根据需要进行适时修改，也要有转写访谈的前期经验，这样反复训练之后才能顺利开展 DP 访谈。

话语分析中需要对语料进行反复观察，因此转写访谈环节至关重要，在DP 中，转写被视为研究者在一定规则下对话语进行的主动建构活动。Potter 模式在将有声材料转写为文字材料时采用了杰斐逊式的"全文转写"（Jefferson Transcription Style）来展现语音特点，其特点为易于掌握，用普通键盘就可以成功操作，缺点是耗时耗力。一般磁带时间与转写时间的比率为 1:10，即每转写一小时的磁带要转写十个小时，但用杰斐逊式"全文转写"的比率要远高于1:20；如果要关注停顿、语调等信息，其比率将更高。一方面，要想获得高质量的转写语料，就必须灵活使用该体系的符号，主要符号如表 7-1 所示（Jefferson，2004）；另一方面，研究者在转写之前要明确要进行什么层次的分析以及要获得哪些有效信息。

表 7-1　Jefferson 的转写符号（Jefferson，2004）

符号	含义
（.）	短于 0.2 秒的最小停顿
（1.2）	以秒或者 0.1 秒为单位的停顿或沉默
=	封闭的谈话，词与词之间没有间隔
： ：	声音的延长；冒号越多，声音持续时间越久
大写字母	与周围环境相比声音更大
下划线	强调单词
°	出现于单词的左上方和右上方，表示安静；句号越多表明声音越小
<>	比周围语速更慢
><	比周围语速更快

续表

符 号	含 义
↑ ↓	向上箭头表示升调，向下箭头表示降调
£	英镑符号表示微笑声或抑制的笑声
#	当人沮丧时的沙哑声
[ ]	重叠话语的起止
hh	可听到的呼气声
hs(.h)	吸气声
'ye(h)s'	说话时发出的笑声，h 越多气息越长
Huh/heh/hah	伴随辅音发出的呼气笑声
?	明显升调
, .	，代表轻微升调，．代表词末降调
'yes'	单引号代表间接引用的话语或思想
(())	（斜体）双层括号代表包含一些未能转写的细节
(Unclear)	单层括号代表转写者对于所说内容的猜测，如（unclear）和（inaudible）代表"未说清"和"听不到"

转写时务必要遵守一些原则以避免产生错误。转写者不需要逐词转写全部数据，不要像书面语篇那样使用标点符号，要对对话进行仔细编号，对话语参与者的名字要进行匿名处理（最好选择与真实名字读音相近的名字加以区分），即便是使用了付费软件也要留出足够时间反复检查。听不清的部分，一定要选择使用不同的耳机以减小误差，在转写工作伊始就要创建电子版文档以避免后续工作变得繁琐。我们从表 7-1 中的转写符号和图 7-2 中的 DP 转写可以看出，转写后的语料应尽最大可能地展示实际对话中出现的语音特征。

4.2 阅读

在正式进入第一步时，研究者要反复多次阅读转写好的语料，这样才能建立一种话语顺序概念（sequential discourse），熟练使用转写符号可以大幅提高转写效率；如果是笔语材料，就要注意其中使用的大写字母、省略号、表情符号以及一些重复的话语，这一步无需将任何细节都写在纸上，要注重观察语料的组织结构和大体内容，也不需要确定一个主题，因为 DP 和其他质化研究的区别是其更注重社会行为而不是主题。

另外，还要提出研究问题。对于心理学研究来说，在实验初期就有明确的研究问题可以避免混淆不清的状况，对于 DP 这种采用自然语料的研究方式，其主要目标是阐释场景中的社会实践或是对整个场景展开分析，并且自然语料激发研究者的观察力和创造力，进而提出新颖的问题。因此，提出一个 DP 研究路径能解决的、适合具体研究的研究问题十分必要。提出研究问题的阶段要明确作为研究者想了解什么，其重要性何在，具体在每一步如何开展研究，以及研究的时间、地点、方式等。只有进行了这些思考才能提出具体可操作的问题，避免提出理想化的抽象问题。

首先要选择一个易获得语料的主题，比如监狱中服刑人员的话语就很难获得；选题的灵感可以来自前人的研究，这样不仅可以向前沿研究靠近，还可以避免进行重复研究。另外，研究问题还可以来自对周围世界的观察，从新闻媒体报道到人们的日常交际都可以激发我们用 DP 来研究的灵感。

基于以上原则，我们还要提出具体的研究问题，研究问题不能过于宽泛也不能太局限。像一般学术研究问题一样，它不能简单地由"是"或者"否"来回答，而应该是在研究过程中不断丰富和发展，逐步产生若干子问题并依次解答，使研究得以展开。以 DP 为路径的研究问题必须选择一个特定交际语境下的主题，如游戏玩家的网上交流而不是所有人群的全部线上交流。此外，研究问题是随着研究的开展，对数据的理解不断深入，在实验开展过程中不断改进的。

4.3 描述

第二步是对数据进行描述。该环节注重话语是如何被建构的以及话语所处的具体情景语境，因此有必要仔细研究转写后的语料，包括话语建构的时间、方式和内容等，如用了什么词性的单词、用了什么俚语、说话时的音调是升调还是降调、大声还是耳语、笑着说出还是哭着说出，以及研究对象出现在话轮中的什么位置。

对话语进行描述可以避免研究者的主观假设，就像一个工程师在面对一个大厦时先用机器将其解构才能知道怎样建构。很多 DP 初学者在研究初期就想一步到位，迅速分析话语，这容易弱化分析。因此初学者应该按步骤分析。实际上在分析过程中，随着熟练程度逐渐增强，1、2、3 步是融合在一起开展的，这样识别社会行为的速度越来越快。接下来要做一些笔记，对话语进行编号，避免遗漏，DP 分析关注的语境主要是上下文语境，即 indexicality，分析者不仅要进行局部分析，还要注意在该句前后出现的内容。如果在这个过程中发现了一些表达情感态度的线索，就要停下来去推测是什么推动其发生发展，也许此时的推测并不一定在最终分析中起作用，但诸多这样的推测过程对形成独立分析至关重要。

4.4 识别社会行为和心理建构

第三步是识别社会行为和心理建构，这一步也是将 DP 与其他话语分析相区别的关键，主要关注话语通过何种方式实现了哪些社会行为，以及哪些心理因素促成了这些行为的产生。DP 认为话语不仅是话语本身，如问问题、做请求、谈论天气、抱怨等，还是以言行事，与社会行为密切相关，即 Austin 所说的言外行为（illocutionary act）也是间接言语行为（indirect speech act），如当一个人说"外面下雨了"时并不仅仅是想表达认知，而是想有人能回应"你可以搭我的车"。需要说明的是，这些行为是在人们实际的交际过程中产生的，又反过来指导、影响着我们的社会交际。另外，有些话语本身并不是行为，只有在一定的语境中出现才可能产生交际行为。例如，仅仅说 I do 并不意味着答应别人的求婚。它不仅需要一定语境，还需要合适的人群才能够产生交际行为。

DP 要做的就是"拆解"这些行为以及其背后的心理依据，因此需要通过对话语组成成分进行考量，才能知道它们是如何被组织成话语的。为了这个目的，DP 选用的不是"分析者"视角，而是"参与者"视角。DP 分析使用了一些"话语策略"（discursive device）来实现这一目的，主要分为三类：基础（basic）策略、中级（intermediate）策略和高级（advanced）策略。基础策略常见于一般性话语中，有较强的规律可循；中级话语则更少见，但一旦出现就应该直接识别出来；而复杂的高级策略则要求研究者有更多 DP 分析经验，三者一道构成 DP 分析强有力的工具。

4.5 集中应对一个研究问题

第四步则是集中应对一个研究问题。在阅读和描述了语料之后应该在笔记的基础上提出研究者自己的结构，在这一阶段会发现一些具体的问题，进而衍生出更多待研究的问题，如从食物偏好到儿童与父母相比怎样建构食物偏好话语。在这个过程中研究问题不断细化，这也是 DP 分析的魅力所在；另外，在该步骤中研究者可能会想到很多研究问题，需要尽量将这些问题与对语料的理解联系起来，找到其间的重叠部分；同其他研究一样，在开展 DP 研究时，要在文献回顾之后能发现待解决且能解决的问题。

4.6 收集其他例证

第五步是要收集语料库中其他相似的例子来解决研究问题，如在搜集图四中与食物偏好评估相关的语料时，我们可以选取主观评估，即"我喜欢 xx"和客观评估"他喜欢 xx"，在切分目标语料时也要将与其相关的上下文包括在内，将不相关的上下文切除。另外也要回到初级语料库中去检查是否遗漏了相关语料，由于不同研究者对同一现象可能使用了不同单词，就要使用语料库的查找功能。

4.7 改进分析

最后一步则是改进分析。该过程主要是重复步骤三，在对大量相似语料进行分析之后，尽力发现更有深度的问题并形成笔记，以修正之前的分析，但是这个过程没有严格的规则，尽量选取有分析价值、相关性高的语料即可，最后还要检查一下所筛选的语料是否都切题。选取其中的一段语料，用一个新文件来对其进行系统、清晰的分析，呈现出经观察分析得出的社会行为和心理状态，以及二者是怎样被话语策略实现的；写出的草稿开始会比较潦草，但在不断修正后，最终将呈现一则完善的 DP 分析。

5. 经典案例分析

DP 的特点之一就是对社会心理学的一些概念进行细化和重新考量（Potter & Wetherell，1987）。随着量化分析手段的进步，DP 开始凸显其研究优势，对传统社会心理学所忽略的语言建构性方面和核心概念——态度进行研究。如某人在一定场合下持态度甲，在另一场合下持态度乙，分析者研究的对象则是态度本身，而不是用参与者的态度去还原事件和认知过程；在自然谈话中让参与者进行评估会强迫其对语言进行语义区分；这些表示评估的表达是由 DP 研究者定义的，参与者自己的理解和倾向则占据很小一部分，比如不给参与者营造去想什么是"美味""好吃"的空间，这样使参与者和分析者各司其职，进而得到更加客观的分析结果。

另外，DP 关注的是文本建构方式的差异性及选择某一种方式所造成的后果，这就避免了传统态度研究造成的三个问题：（1）预设"态度对象"的存在，用量表对态度进行测量意味着将态度看作静止不变的，无法考察陈述的细节内容，也未能将话语建构对象的过程呈现出来；（2）将模糊的参与者话语转化为模糊的分析者话语；（3）将话语视为态度的指示（Potter & Wetherell，1987）；（4）只用单词层面的区别来揭示产生不同态度的原因。我们以 Patterson 和 Potter（2009）对有学习障碍的青年的电话话语的分析为例，进一步了解 DP 的分析模式及其如何建构结束语来为对方着想（caring）。

Patterson 和 Potter 考察了 50 几则有学习障碍的青年及不同家庭成员之间的电话话语。之所以选择这个语料，是因为当这些青年离家在外时，电话是他们与家人唯一的沟通途径，当交际中的一方有结束话语的倾向时，另一方则会认为对方已经感到厌倦对话或者是对自己有不满情绪。以往研究者如 Schegloff & Sacks（1973）也同样重视对结束语的分析，但 DP 研究者更倾向于将这部分语料看作对话语进行心理分析的自然实验。通过观察发现，家庭成员之间的电话有三到四个结束语，并穿插着一些对话。

如表 7-2 所示，首先 Sue 的妈妈给了 Sue 一个可以离开的选项。虽然双方都想继续对话，但受到电视背景音和餐饮时间的限制又不得不终止对话，因此

表 7–2　有学习障碍的 Sue 和母亲的电话话语（Patterson & Potter，2009）

序号	说话者	转写内容
(1)	Mum:	>You're going to be an. idn-<indep endent?
(2)		young la: dy aren't yer an'i- it's great
(3)		to talk to mum: but there'll be times
(4)		when y- .h you'll think,
(5)		↓|ooh:? I want to↓do my own↑thin:g:, ↑
(6)		(1.7) ((TV in background))
(7)	Sue:	Yea:h:. ↓
(8)		(0.3)
(9)	Mum:	Yeah? ↑
(10)		(1.5) ((TV noise in background))
(12)	Sue:	Strictly- > is it ?< the uh:m, is i'th- a-
(13)		>I can hear it in the< background.=
(14)	Mum:	O: kay- > did you want to go
(15)		and try and < wa: tch i:t.
(16)		(0.9)
(17)	Mum:	[D'y' want to::?] ↑
(18)	Sue:	[M u m: m y:. I h] aven't voted for!
(19)		I haven:'t.

Sue 的妈妈在建构使 Sue 离开的理由。此时 Sue 的妈妈考虑到 Sue 正在看她喜爱的电视节目，而电视节目的特点是按时播放，不会因为观众的特殊情况改变播出时间。该语料库中出现的该类型话语中，交际者都以电视节目的时间为理由开启结束语。结束语不仅是终止谈话，还涉及更深层次的东西，比如对方的志趣爱好和生活需要等因素。Sue 的妈妈对 Sue 有一种特殊态度，当电话接近尾声时，我们可以看到她用了一个疑问句 9 对 Sue 的立场进行评估，为 Sue 着想。这种话语分析的方式从心理因素出发，对其在话语中的体现进行考量；如在这则电话话语中，研究的主要内容是结束电话的行为是如何被建构的以及其又如何建构讲话者的心理。

　　我们以 Potter（2012）对一段 NSPCC 在线咨询电话中哭泣话语的 DP 路径分析为例，具体考察 DP 数据分析的实际展开情况。（见表 7-3）

表 7-3　一段哭泣话语的 DP 转写（Potter, 2012）

序号	说话者	转写内容
（1）	Caller:	>. Hhih .hhihhh<
（2）	CPO:	D'you want- d'y'wann'avc [a break for a] moment .=
（3）	Caller:	[Hhuhh >. hihh<]
（4）		=>hhuhh hhuhh<
（5）		(0.6)
（6）	Caller:	.shih
（7）		(0.3)
（8）	Caller:	00k (hhjay00
（9）		(1.8)
（10）	Caller	.shih >hhuh hhuh [h]<
（11）	CPO:	[S]'s very har: d when
（12）		they're not there with you isn't it. =
（13）		and [you're-] (.) you're tal:kin about it.
（14）	Caller	[>.hhih<]
（15）		(0.8)
（16）	Caller:	>. Hhuh . HHuh<
（17）		(2.1)

续表

序号	说话者	转写内容
（18）	Caller:	.shih
（19）		(0.2)
（20）		°.shih (.)° (NEED) hhelp (h) °°
（21）		(2.5)
（22）	Caller:	. HHhihh ° hh°
（23）		(0.5)
（24）	Caller:	HHhuhh >. hih .hih<
（25）	CPO:	(0.7)
（26）		. Htk. Hh Well you're doing what you can now to actually offer them
（27）		protection and help through
（28）		are: n't you.
（29）		
（30）		.Skuh (.) Huhhhh (0.5)
（31）	Caller:	°° I:'m not the (hehheh)re. Hh°°
（32）		(3.2)
（33）	Caller:	.Shih
（34）		(0.4)
（35）	Caller:	~ I'm sorry ~
（36）	CPO:	An they als- well E-E-Eddie obviously al-thought
（37）		you were the person to contact to get he:lp.
（38）	Caller:	Yeh. hh
（39）	CPO:	F'which (.) ye know he turned to you: .hh
（40）		(0.7)
（41）	Caller:	.Hh [h° hhh °]
（42）	CPO:	[T'help ʻim.]= didn't he.
（43）	Caller:	° °Yhhehhh° °

续表

序号	说话者	转写内容
(44)	CPO:	So 'e saw you as a person who could help in this
(45)		situa[tion] for him:.
(46)	Caller:	[.Shih]
(47)		(0.9)
(48)	Caller:	. Hdihhhh hhhuhh
(49)		(0.2)
(50)		H oh: s(h)orry.↑
(51)		(0.4)
(52)	CPO:	. Htk s' oka:)'. kay.
(53)		(1.3)
(54)	Caller:	.SKUH
(55)		(0.3)
(56)	CPO:	It's distressing but it's also quite a shock
(57)		isn't it I guess [[(for you)]
(58)	Caller:	[. HHHHhih] hh HHHhuhhhh
(59)		(1.7)
(60)		((swallows)) °Hhhoh dhear. °

NSPCC 是英国防止儿童虐待协会的简称，主要负责将接到的虐童电话移交给警方或社会机构，接听电话的都是经过专业培训、具有丰富工作经验的工作人员，我们称之为儿童保护职员（Child Protection Officer，以下简称 CPO）。CPO 在来访者同意的条件下，引导他们回答一些问题。问题是由英国心理学组织设计的，CPO 可以根据具体的情况稍作调整。问题的设计不仅要照顾到来访者的情绪变化，还要考虑到更深层次的伦理道德问题。因此，设计者在设计问题时，不仅参照前人的相关研究，也更加重视实际情景中出现的新问题。例如，CPO 反馈他们在与来访者进行电话沟通的时候，最大的困难是无法应对来访者情绪失控的情况。对此，研究者在问题的设计上充分考虑了 CPO 的引导作用。

Potter 在分析这则哭泣话语时用 A（Apology）来表示道歉。在第 35 句出现了来访者的道歉，我们推测来访者是因为觉得对一个陌生人哭泣有些冒失。根据对哭泣话语的仔细研究发现，道歉往往是因为打断了正在进行的行为，或者是没有作出预期的回应。Potter 用 TYT（Take Your Time）表示放松和舒缓（来访者）情绪，告诉来访者放松，慢慢来。2 句的 TYT 以 1 句的来访者的啜泣为背景，一直持续到 4 句。TYT 发挥了作用。尽管来访者在啜泣，还是在第 8 句以 khhay 对 CPO 做了回应。在 Potter 的分析中，用 ER 表示感情移入（Empathic Receipt），该术语来自心理学，意即和他人有共同的认知经验，主要包括来访者的情绪状态（如哭泣）、对情绪状态的判断（如紧急程度、可疑等）以及情绪状态的一些外部呈现，例如，后者在哭泣话语中表现为哭泣者对先前痛苦经历做出哭泣和擤鼻涕等行为。感情移入不是一种抽象的读取对方意图的行为，而是对即刻谈话做出的一般性真实反应，并且为了树立权威，CPO 的提问多使用 I guess 和 isn't it，如 12 句和 57 句。这些手段都使得哭泣者有权利和空间去判定自己的内心状态。RT 表示正确描述（right thing descriptions），如 26—28 句以及 36—45 句，CPO 对哭泣者的行为加以肯定，告诉受访者其做法是正确的。RT 常伴随着反问句如 28 句和 42 句，这样设计问题是为了安抚来访者情绪，引导其认可自己的行为，进而进入积极情绪。此外我们还注意到，Potter 的分析中还出现了大量的沉默间隙（live silence），用（）及内部的秒数来表示。

Potter 对 CPO 的话语分析展现了来访者展现心理状态的权利与 CPO 机构提供建议的责任之间的关系，发现这些机构在积极构建话语，在了解家长和孩子沟通模式的基础上，避免了对受访者心理状态的直接干扰。对 CPO 的该类分析揭示了话语的心理方面，重新阐述了社会认知心理学的一些核心问题，如知识、态度、情绪等，另外也呈现了心理状态的体验（embodiment），如啜泣和吸鼻涕等行为。

以上对儿童保护组织话语的分析是 DP 对机构话语分析的一个方面，DP 研究者还分析了警察讯问、庭审现场、家庭餐桌等场合的话语，我们再以一则餐桌话语的 DP 分析为例，进一步阐述 DP 分析方法。（见表 7-4）

表 7-4　一段餐桌话语（Wiggins，2017）

序号	说话者	转写内容
（1）	Bob:	mine's　　is >qui-a　lot of <
（2）		(1.0)
（3）	Bob:	I don't like steak.
（4）		(0.4)

续表

序号	说话者	转写内容
（5）	Lesley:	no: [don't do either
（6）	Bob:	[.pt > doesna< (.) doesna fire >ma
（7）		rockets it just disnae<
（8）	Lesley:	I like fish ::-we >never have enough<
（9）		fish:
（10）	Bob:	w-we:ll. See that fish you bu::y, (0.4)
（11）		<don't buy that〉 see that thing that
（12）		gets like- (.) ir carcerated in some
（13）		kin'a-
（14）		（0.8）
（15）	Bob:	<chemically:> (0.2) compound (.) >thing<
（16）	Edith:	mm
（17）		(0.2)
（18）	Bob:	THA- (.〉 you get it like- > it doesn't
（19）		look like a fish< that thing we had the
（20）		other night

Wiggins（2017）用 DP 分析了餐桌话语中参与者对食物的评价，借鉴了以往话语心理分析和会话分析的方法，沿用了 Potter（2003：517）对食物评价的分析范式，即区分主观和客观、范畴和项目之间的关系，揭示了这些评价所要实施的行为。如表 7-4，3、5、8 句是对牛排的主观评价和估量，采用了"我喜欢 xx"和"我不喜欢 xx"的句式，这是一种个人对牛排的反应，而非食物的好坏，但如果说"这牛排太糟了"，就是将过错归咎于牛排。这三句话的另外一个共同点是没有使用冠词来特指是不喜欢这块放在眼前的牛排，而是泛指牛排这类食物，将牛排与猪肉、羊肉、鱼等其他食物区别开。另外，正如 Bob 在 1 句中省略的部分——"有很多的 xx"，Lesley 对牛排的脂肪含量进行了评价，2 句中的一秒钟的停顿也暗示了一些问题，因为在日常对话中一秒钟及以上的停顿就是一段较长的无对话的空白时间，Bob 在句中的停顿由这段空白时间来补充。由 1 句看出，Bob 在句中的停顿是由于他还未说完，此处停顿的作用就是维持自己的

话轮，这样才能继续表达后面的否定、评价和对关注范畴的评估（I don't like the steak）。DP 所关注的正是 Bob 是想通过话语抱怨还是单纯反映内心状态，在这里，研究者不急于得出结论，而是关注这里可能发生的社会行为和心理状态的构建。此处的社会行为可能是抱怨，心理状态可能是食物偏好。5 句中 Lesley 也进行了评价（I don't know, either），该句出现在 Bob 的评价之后，由于 Lesley 同意 Bob 的评价，他就没有继续展开。在 Lesley 说的同时，Bob 也详述了他的评价（6—7 句）。由于和 Lesley 的话轮存在重叠，我们可以推测 Bob 不是回应 Lesley，而是对其进行补充，继续自己的话轮。同时，Lesley 进行了另一个评价（8 句：I like fish），还出现了"We never have enough"，这是一种"极度构型"（extreme case formulation，以下简称 ECF，指的是具有极度语义的名词、形容词、副词等，如这里的 never），因为该句是对"never have enough (fish)"这一状况的假设，这些话轮构成了食物偏好话语——从家庭成员讨论此刻正在吃的东西到将来和过去可能吃的东西，讨论的结果是喜欢鱼而不是牛排。Lesley 通过将 ECF 设置为评估，使他的个人食物偏好和他想谈论家庭食物习惯的目的联系起来，这里的话语所呈现的心理状态是要实施一种社会行为，一种有关某个人的食物偏好与整个家庭食物偏好不符的抱怨。

6. 发展趋势

人工智能的发展要求我们对人机互动和话语分析开展进一步研究，主要是技术怎样改变了互动。由于 DP 分析和话语实践、心理行为和社会行为联系紧密，用其来分析这一领域具有较大潜能和优势。对在线互动的研究仍在起步阶段，如网络上大家讨论同一个话题，不同人同时给出不同观点，如微博、知乎、微信、天涯社区、豆瓣、电子邮件等，DP 可以用于分析个体在这些在线平台上是如何协商的、个体之间的关系是如何建立、如何被打破的等；同时，未来 DP 分析者还要开辟新的数据处理方式，从而对这些关系发生的社会语境做出新的解读。

由于社会科学有向情感状态和体验实践转向的趋势，我们需要摒弃从认知的角度研究情感，而从新的视角，如生理学、心理学、现象学等出发去重新考察。Edwards（2005）提出未来 DP 分析的领域可能涉及探究话语实践如何建构、如何协调人和世界之间、主观和客观之间的区别与联系，因此，与以往的 DP 分析注重研究"行为"相比，未来的 DP 分析要探究这些行为是如何被话语所激发的，同时，还要将内在情感与外在行为进行对比，探究内在情感是如何在话语互动中产生的，并如何与社会行为建立起联系。基于这样的目的，我们要对一些机构如教育、医疗、法律机构的话语进行研究，另外，一些具有强目标导向的日常话语也应纳入研究范围，但无论探讨哪些方面，DP 分析要把握住身心密不可分这一核心要义。

7. 结语

本章认为话语心理分析是对传统心理学研究范式的发展。DP 将语言视为实施行为的工具，而不是连通人内心和外部世界的简单途径，注重研究交际双方在话语构建时的心理状态。因此，一些在传统心理学和其他话语分析中容易被忽略的话轮成了 DP 的研究重点，如 I don't like 就表示评估，一些模糊的语音可以表示情感状态，如 mmm 可以暗示讲话者很满意。

另外，DP 认为人的态度会随着社会情景的改变而发生变化，由于这种变化，以往心理学研究并不能对认知进行精准的考量，DP 认为正是心理学的研究范式使这种变化没有显现出来（Speer & Potter, 2000）。总之，DP 将心理学置于实践之中，而不是脱离实践的认知抽象（Edwards & Potter, 1992：154），关注话语实践中完成了什么，而不是人脑中的思想和感知，这也正是 DP 和其他心理学分析以及质化分析的本质区别。

第八章　会话分析

1. 引言

　　会话通常指人与人之间的谈话，是人们日常生活中极为普遍的一种言语活动。谈及会话分析，人们通常认为它是语言学范畴中的一种研究方法，事实上会话分析（Conversation Analysis，简称 CA）来源于社会学研究。会话分析始于20世纪60年代，最初由 Harvey Sacks、Gail Jefferson 和 Emmanuel Schegloff 等社会学家应用于社会学研究中，将日常会话作为研究社会的切入点。

　　在 CA 之前，受到 Chomsky、Saussure 等语言学家的语言观念影响，语言学致力于研究规范性的规律，指导人如何说话，而对具体话语的分析并不重视。日常生活中的言语行为被视为繁杂、无序的，不利于理想的语言学研究。因此，在早期语言学研究中，语言学家忽略真实会话，通常对理想化的句子进行研究。虽然 CA 来源自社会学，但这一领域突破社会学的范围，进入语言学研究视野中，现已发展为一个重要研究领域，与语用学、社会语言学、话语分析等领域存在密切联系。CA 独特的方法为语言学研究提供一种新的视角，为许多语言现象的研究提供思路。CA 重视真实语料、避免分析者个人主观性、研究会话而非脱离语境的语句、关注会话结构等特征均为语言学研究注入新的生命力。

2. 基本概况

　　会话无处不在，日常会话是取之不尽的研究素材。Goffman（1974：36）指出，可将会话定义为日常生活中的随意会话，或是广义地将其视为口语对话。会话分析通过分析大量的会话语料，将看似无序的会话中隐匿的规律揭示出来，发现人们组织会话的方法。与同时代采用自上而下内省法的许多研究路径不同的是，CA 属于一种从具体语料出发，自下而上的微观研究方法。受同时代社会学研究范式的影响，CA 关注交流中的"交流秩序"（Goffman，1983），研究社会成员的具体实践。

　　CA 源自社会学。早期 Harvey Sacks 开创 CA 研究方法，通过这一方法研究日常生活，是对民俗学中通过分析具体日常生活行为研究社会结构的一种继承。经过长时间的发展，CA 领域逐渐形成严密系统，运用特定的形式化范式研究会话中的规律与结构。随后，CA 呈现跨学科发展的态势，渐渐渗透到其他学科如语言学中。最初的 CA 通常是对会话本身的研究，随着时间的推移，CA 逐渐从日常会话应用于其他形式的交流中，例如机构话语。

　　经过多年的发展，CA 已建立较为科学的研究范式，其中包含许多基本概念，在这些基本概念中，最重要的两个概念为话轮转换（turn-taking）与毗邻对（adjacency pair）。CA 研究中，通常研究参与者两方在对话中如何通过话轮进行协商。话轮转换系统为对话的组织提供一个基本框架。话轮是一个说话者在下一说话者说话之前所说的所有话语（代树兰，2015），一个话轮可以由任何一个音节、词、短句等构成。话轮转换指参与者在交流中话轮的交替，这是会话的一个重要特征——对话双方互相交替说话使对话顺畅进行。话轮转换理论包括话轮构造部分和话轮分配部分。话轮结束时可能涉及话轮权的移交，称之为转换关联位置（transition-relevance place）。CA 研究会话中人们的行为，分析交谈者如何用一个个话轮完成对话。为了揭示参与者的想法与目的，分析者利用下一话轮佐证对参与者的解读。

　　Sacks 和 Schegloff 提出毗邻对概念，认为这是会话的基本单位。毗邻对是不同说话者说出的紧挨的两部分内容，由两个相互联系的话轮组成，前一部分往往预示后一部分。毗邻对的设置是为了分析话语序列中的规律，会话中现在的行为通常控制下一交互行为的出现。这种序列规律不仅出现在大量交流行为中，同样也可解释违反规律的情况。有时会话中并未得到理想的回应，如问候时对方不应答或回问，这种违反序列规则的情况可解读为对话者有意的操控如回避话题等。每个话轮可视为对先前话轮的理解或后续话轮的预测，用于发现会话结构、解读参与者的相互理解。毗邻对的提出建立了一种分析会话行为的框架，在双方的交互中解读参与者的想法，对许多会话现象具有很强的阐释力。同时，毗邻对概念意味着语言研究已超越孤立的句子，将语言作为一种动态的行为实践进行研究。

　　从一开始，CA 就建立了一种分析语言实践的方法，为产生、识别和解读会话提供路径。CA 提出，所有的言语实践都是交谈者运用一定规律产生的，因此从会话入手便能发现其中规律，找出杂乱会话中的规律，找出言语模式。在 CA 中，句子并非孤立存在的，而是被视为一种行为，分析会话的出发点是研究行为本身而非语法等内容。CA 中存在 3 个核心假设（Psathas, 1995）：互动中的秩序是被产生的，不是预先存在的，而是由参与者相互协调实践的结果；秩序是被产生、定位、引导的，参与者操控多项秩序，包括产生序列，对他人话语做出回应；秩序是可重复且经常发生的。

CA 方法的核心特征是关注真实世界中的语料，关注发生在一定情境中，与上下文有密切关联的交谈（Hutchby & Wooffitt, 1999：21）。会话是社会中人们互动的常见形式，人们交流的基础方式之一就是口语交流。过去，语言学研究集中于书面语研究，而忽略了广泛使用的口语。相对于理想的、已沉淀的书面语，口语具备与书面语的不同特征，自然发生的会话不应被忽视。会话分析将自然发生的会话作为研究对象，使仅依靠学者直觉的研究方法受到审视。尊重真实会话是 CA 的重要特征，通过自下而上对互动对话的剖析，以严密的分析方式中立地分析语料，得到可信解读，发现会话中的系统特征，揭示互动中的社会习惯，从而找出言语互动模式的基本规律。CA 的理念完全依托于对语料的分析，而不将外在条件纳入考量，因此它是对口语语篇的描写、分析、解读的可靠手段。会话分析细致描写真实存在的语料，最大化地客观分析语料。CA 与社会学中类似访谈等研究方法不同的地方在于它的高度客观性和可验证性，在自然发生的情形中观察并获得结论。CA 追求科学地观察具体实践，强调语料的真实性。而访谈或问卷等形式的研究方法往往已带入研究者的意图，且并非自然发生的实践。因此，CA 反对人工制造交际，而是客观记录自然发生的语言。

CA 忠实于对会话本身的分析，主要集中于描写。一般不会有很开阔的讨论，不延伸到社会视野，只关注会话本身。CA 要求分析者分析语料时不加入个人预判与观点，避免带入主观想法，而是客观中立地分析会话中的规律与序列，例如话轮转换的方式等，是经验性的科学。Sacks（1984a）认为应无动机地进行研究，不有意选择语料，不预先框定范围与对象。因此，分析者在分析语料时应持开放的心态进行观察。CA 通常关注话轮转换与序列，借此分析者可科学地研究会话结构、参与者之间的互动，尽量避免主观性。分析过程中，对会话的解读来源于前后话轮的话语，而非分析者个人的主观臆测。依托某句话语本身或其后的后续话语探查参与者的目的、理解等信息，有理有据，而非立足个人假设。分析者利用个人常识理解会话，并选择具体会话片段分析、解读。基于中立客观的分析，得出话语特征。充分依托语料，分析者的预设，通话者的目的、动机、身份以及会话之外的背景信息以及理论知识均不纳入考量，以此避免引导实践匹配理论。

如今，CA 在语言学领域蓬勃发展，主要围绕机构话语展开，包括医患交际、政治演讲、课堂教学等等，研究范围甚广。

3. 主要代表人物

CA 形成之前，有两位社会学学者的思想起到了十分重要的作用，促使 CA 产生。Garfinkel（1967b：35）提出民族方法学，试图研究日常实践中的社会结构以了解日常行为结构是如何有序地产生、维持的，对日常活动或行为作出程序化的研究。Goffman（1964：65）意识到互动实践的重要性，他认为对话是一种社会交际，不仅是简单的两人用语言说话，而是一种面对面交际互动。

Sacks（1972，1974，1984，1992a，1992b）是开创 CA 的重要学者，Sacks 吸收 Garfinkel（1967）民俗学方法论及 Goffman（1983）互动秩序的观点，创建 CA。他曾在洛杉矶自杀救助科学研究中心做研究员，Gail Jefferson 是他的助手，基于对大量自杀求助中心的电话的录音，他们对会话产生兴趣，进而开辟了 CA 这一研究领域。Sacks，Schegloff 和 Jefferson 三人于 1974 年共同发表的论文 "A Simplest Systematics for the Organization of Turn-Taking for Conversation" 是会话分析的奠基之作，提出话轮转换的基本框架并展示会话分析的特征。Sacks 对于 CA 的贡献在于发现互动会话中的序列构成。他提出，一句话的意义不是唯一的、固定的，而是取决于其在序列中的位置。在 Sacks 身后，Jefferson 将其论文、讲座稿件整理为 *Lectures on Conversation*（1992a；1992b）一书，其中对会话分析进行了详细阐述。

Schegloff 在 CA 领域成果颇丰，他对会话起始序列（1968，1979a）和会话修正（1979b）进行细致探究，曾撰写过多篇与 CA 相关的论文，推动会话分析的发展。Jefferson 是 Sacks 的学生与助手，她注重会话中形式化的部分，创建了精细的转写系统（1978，1983a，1985，1996）。她建立的转写范式十分规范，能够保留语言行为的细节及时间特征，一直被学界采用。在几人的共同努力下，会话分析的基本概念与框架大体逐步形成，将 CA 的研究范式不断完善，沿用至今。

20 世纪 70 年代后，继创建 CA 之后，Sacks 等人从自杀救助中心的语料转向日常会话以更好地研究会话结构和互动形式。在此之后，越来越多的学者投身 CA 领域，不断扩展，使得这一领域不断发展，日趋成熟。CA 可以为理解互动结构、互动行为规范及行为产生与回应的理解提供方法，现已产生了大量实证研究结果。一些学者选取日常会话语料，描述日常互动实践和其系统如话轮转换、序列规则、误解的修复等等（Atkinson & Heritage, 1984; Lerner, 2004; Schegloff, 2007b）。许多学者再一次将 CA 与机构话语结合，教育、医疗、法律、新闻等话语成为研究热点（Boden & Zimmerman, 1991; Drew & Heritage, 1992; Heritage & Maynard, 2006; Heritage & Clayman, 2010）。CA 不仅出现在社会学、语言学中，甚至还扩展到人类学、心理学领域，研究视角更多样，视野更开阔。

4. 分析模式

根据 Have（1999: 48）的划分，CA 可分为四个阶段：（1）获得或录制自然交谈的录音或录像；（2）转写；（3）分析；（4）报告研究结果。日常会话转瞬即逝，为了研究需要，CA 的第一步是获取语料，即自然会话的音频或影像资料录制，保存数据，观察真实事件的细节，进而为细致、多次的分析提供基础，提高研究的有效性和可信度。由于实际语料内容庞杂，研究者需将语料转写为文字形式进行研究，并对语料进行初步分析。CA 的转写系统最初由 Jefferson 设计，逐渐形成会话分析中的惯例，对话轮转换、停顿、声音延长、语调等其他细节特征进行转写。CA 的转写将杂乱的交际行为记录下来，明晰地呈现会话中的细节，展示完整的交际内容，便于研究者发现规律、捕捉研究对象。

在交际行为中往往存在组织的总体框架，分析者可分析特定的序列性质或话语特征，也可关注交际中的调节特征如词汇选择、语调等因素。互动中所有因素均遵循潜在秩序且对参与者具有社会意义（Sacks, 1984），CA 中将各种细节、种种因素平等地纳入考量。分析的第一步是观察，将观察作为理论化的基础，这一步通常在转写时就开始了。通过观察，分析者可以发现仅凭内省无法发现与断言的东西。Schegloff（1996: 172）认为有两种观察语料的路径。分析者可从无动机的观察开始，对研究发现持开放态度。当注意到会话中的某个因素后，分析者可考虑这一因素在交际行为中是如何作用以及其导致的结果。另一路径是仅关注某种特定类型的行为，如提问、提建议、传递新信息等。通过探索交际行为设计与实施的具体方式，观察会话者采用的方式与回应的序列规则。

分析过程中，分析者通过对前后序列的剖析结合常识解读参与者的理解与目的。Schegloff（1996: 172）认为，对互动的描述有三个方法论要素：（1）选取语料，完成对行为的描述，列举能揭示潜在规律的实例与特殊现象的例子。（2）基于参与者角度进行描述。解读并不是分析者的个人观点，而是参与者自身的理解和导向。（3）对观察到的实践如何产生、完成行为进行解释或分析。锁定具体现象后，可对单个实例及相似情形的片段进行探索。个例分析是分析的起点，所有会话中都内化了规律，分析者可对整个实例进行解读，详细探查参与者用于完成行为的策略与过程，进而发现秩序。完成对个例的细致分析后需对更多语料进行分析，大量分析可测试个例分析的正确性，并细化分析。

5. 经典案例分析

例一

（1）A: Hello

　　B: Hello

（2）A: This is Mr. Smith. May I help you?

　　B: Yes, this is Mr. Brown.

（3）A: This is Mr. Smith. May I help you?

　　B: I can't hear you.

　　A: This is Mr. Smith.

　　B: Smith.

（Sacks, 1992a）

这是三段取自急诊精神病院的电话交谈，对话双方互不相识。A 是精神病院的工作人员，B 是为自己或他人拨打电话求助的人。由语料可知，此片段为电话交流的起始部分，Sacks 通过大量观察电话会话的开头注意到，有的通话者不报出自己的名字，并有意回避给出名字。医院希望能记录求助者信息，因此设法解决这一问题。当工作人员以 "This is Mr. Smith. May I help you?" 开始会话，得到的回答有时如（2）所示，是合乎常理的 "Yes, this is Mr. Brown."。然而，有时出现类似（3）展示的 "I can't hear you." 等转移话题的语句，意味着说话者不愿意表明身份，给出姓名。通过分析这三个例子，Sacks 指出，两个对话者的话语通常成对出现，相互匹配。问候时需要回应，给出姓名时期待对方同样报上姓名。因此他认为，在日常常识中，人们的会话序列遵循一定规律，当说话者说话时不仅决定了自己的言语还可操纵对方的反应。例如此类问答的毗邻对，当两个陌生人开始交流时，This is Mr. Smith 表面上是介绍自己，实际暗含对对方姓名的询问，希望对话者能言明身份。第二句中 B 的回答 I can't hear you 从语义层面解读是要求 A 重复所说的话，打乱了原本的话轮，引导下一个话轮开始，而之前询问姓名的话轮被略过。通过这一策略，避免直接拒绝提供姓名，委婉地引导话题继续，同时跳过提供姓名的步骤。当然，I can't hear you. 在本语境中起到回避的作用，但并非在所有语境中均表此意。

通过 Sacks 的分析可看出，即使短短的会话也可揭露规律。利用上下话轮的连接与转换，可尽量客观地解读对话双方的交流。由此可见，杂乱无章的日常会话背后潜藏诸多规律、存在某些特定话轮结构，对于话轮的分析可使解读更加客观、有说服力。虽然上述实例十分简短，但能从中发现隐含的规律，体现 CA 的研究范式——侧重描述，所有会话中皆潜藏规律。

例二

（1）

1 M:　　and she's been very thrifty.

2 B: → Mmhm,

3 M:　　.hhhhh So: (.) I said it- it a:dds up to one thing

4　　　　money somepla:ce

5 B: → M hm,

6 M:　　.hhhh=

7 B: → Mm[hm,

8 M:　　　[But ish (.) she tn- transacts all her business in

9　　　　Lo:s Angeles you know and people like this are so secretive

10　　　　it's a(m) really it's almost a mental state

11 B: → Yeah .hh Well .hh uh:m (0.9) y- there's something wrong too

12　　　　if she doesn't pay her bills ....

（2）

1 G:　　I'd li:ke to have the mirrors. But if she wants them? (.)

2　　　　.hh why that's: I-th-tha:t's fi::ne.

3 B:　　Mm hm,

4 G:　　If she's going to use them you kno:w.

5 B:　　Mm [hm,

6 G:　　　[.hhhhhh I'm not going to uh,hh maybe queer the dea:l

7　　　　just by wanting this that and the othe[r (you know),

8 B:　　　　　　　　　　　　　　　　　　　[NO:.

9　　　(0.2)

10 G:　　.hhhh s:So: uhm,h (.) tha:t's the story.

11 B: → Mm hm,

12   (0.2)

13 G: An:d uh (0.6) uhm,hhh (1.0) .hhhh u-Then I have a ma:n

14   coming Tue:sday...

（Jefferson，1983b）

这一例子选自一篇 Jefferson 对 mm hm 和 yeah 的对比文章。虽然 B 采用了两种接受方式，但她实施的方式并不相同。第一个不同是起始序列的环境：mm hm（第 2、5、7 行）出现在 M 开始说话的中间，而 yeah（第 11 行）则出现在话语结尾处。同时，B 随后的行为也不同。每个 mm hm 标记语单独出现在 B 的话轮中，而 B 在 yeah 标记语后紧接着说话以表示对 M 话语的反应。因此，这两个标记语体现了不同的互动立场，mm hm 表示"被动接受"，而 yeah 预示着"开始说话"。这一结论基于两个词的出现方式。

当使用不同标记语的序列时，它们的不同功能将会体现出来。因此，（2）中当说话者 G 完成话语并表示话语结束时（So that's the story 第 10 行），B 以 mm hm 回应，表示接受（第 11 行）。

这种被动接受显然与故事的完结不匹配。这被解读为一种被动消极的立场，因为随后 B 沉默并且不进一步说话（第 12 行），而 G 尝试并接着说话（第 13-14 行）。在这里，mm hm 在互动中表明 B 抗拒说话的角色，从而促使 G 这一发话者继续说话。

此例中的分析是分析者基于两个标记语出现的序列位置与前后语句合理推断得出的，由此可看出分析是有理有据的而非依靠不确切的个人推测。这样的分析方式显然更具说服力。另外也可观察到分析者尽量客观地进行分析，而不是凭主观意见一言而蔽之。如分析中提到将第 12 行 B 的 mm hm 解读为被动消极的接受，这并不是分析者的臆测，而是根据 B 随后沉默的事实推断的。通过分析，我们可体会 CA 的研究范式，它要求分析者十分细致，反复观察大量语料，善于发现细节，如这一例中分析者敏锐地发现 mm hm 与 yeah 出现的序列环境不同，必然是经过仔细观察与对比的。另外，此例体现了 CA 的优点之一——详尽的转写系统的优势。转写系统可将会话中许多细节信息记录下来以供分析者反复研究，直观并且可在转写的同时开始初步分析。

例三

（1）[Rahman:C:2 (simplified)]

Ann: Now we've been told but I don't know whether this is true:.

Jenny: Mm::,

Ann: that (0.9) no wa:y can you get out,

Jenny: <once 'n option is started. Ye:s that's right. Yes.

      :

Ann: Ahn if you nohrn'lly pay ahnnually. ev'n if you hahven't paid ye:t,

Jenny: you've gotta pay up tih date. Yes.

（2）[PV]

C: well grampa it's bad enough when 'e when he uhm::=tells you how much t'make, but when 'e tells you what t' co:ok,

    (0.3)

M: thenit'srillybad=yeah.yeah//didju-uh

C: He tol me t' be sure'n check iz minu up there on the wall.

（Lerner, 2004）

虽然附和话语的说话者通常先完成话轮构造成分然后停止（让原说话者确认话轮构造成分已完成并决定是否接受），但受话者偶尔会加入认可的话语，先表接受以表话轮结束。

在（1）中，包含两个[话轮完成+认可]格式的例子。Ann首先表明她不确定被告知的事是否属实。由于这一断言充满不确定的口吻，Jenny下一步似乎应进行确认，以获取更有效的知识。

在这两种情况下，Jenny不仅通过认可Ann的话语表明权威，而且通过提供关键信息展示自己的可靠知识。当说话者对自身话语不确定时（或当受话者可以宣示个人权力时），说话者可能抢先表示接受。不确定性（或其他削弱话语权力的因素）削弱了发话者确定话轮的权威。

此外，这种形式可用于确认如（2）中未完成的（以及可能延续的）断言。此处，M通过迅速表示赞同得出负面评价使得话轮结束。通过这一方式，她对负面评价承担同样的责任。

此例分析受话者预先完成话轮构造成分并代替说话者表示认可以获得权力的现象。每个话语都是互动实践，是一种动态行为。通过详尽的分析，我们可看出参与者在会话中的行为，在协作话轮序列中受话者预先完成话轮以获得权力。CA有效地将整个会话过程转录为文字，将动态互动过程与隐含的规律通过分析揭示出来。

6. 不足之处与发展趋势

从 20 世纪 60 年代至今，CA 一直不断发展，成果卓著。回溯当时的时代，CA 无疑是开创性的研究方法，研究中亦有其独到之处。然而，随着研究的推进，学界不乏对 CA 的批判。有学者认为，CA 以语料为中心，过分依赖语料，限制了语料的范围。CA 追求科学、客观地解读会话，但学界也有声音批判其形式化、机械化，带有强烈的结构主义痕迹。语言并非有确定答案的习题，语言实践十分复杂，即使尽量中立地分析毗邻对也难以避免解读过程中出现误读，与交流者的想法不符。

另外，CA 关注语言结构，将其他非语言因素排除在外的做法引起异议。语言结构并不能解释话语中的所有问题，许多非语言因素内化在语言实践中，如参与者的心理因素等。仅从数个例子出发，将其归纳为一种会话结构，未免过于武断，有以偏概全之嫌。CA 提倡分析者不带个人观点，不预设理论进行研究，然而许多学者对此存疑。纯粹无动机的观察无法实现，因为分析者有内化的概念基础，扎根在思想中，影响他们对研究内容的兴趣与倾向性。个人进行分析必然带有个人视角，难以避免主观意见的参与。研究者进行分析时，通常带着研究问题与预期切入，无动机太理想化且难以实现。会话分析侧重对互动的描述与分析，不受参与者身份及其他背景影响，虽然此举是为了实现语料驱动，使得分析更加科学、客观，但不可否认的是，有时将更多背景信息纳入考量可协助分析工作，并获取更多思路。

CA 发展至今，已成为蓬勃发展的一个研究领域。Have（1999）将 CA 分为两种研究取向，即理论研究和应用研究。理论取向关注会话的组织结构与策略，而应用取向则聚焦机构话语行为特征。在语言学领域中，近年会话分析与机构话语联系紧密，许多学者已致力于采用 CA 研究某一特定机构中的话语，细化到社会生活的各个方面。另外，CA 与应用性研究如语用学、二语习得等领域结合较频繁。

目前 CA 仍以定性分析为主，已有学者采用大量语料增强 CA 的有效性与说服力，另有学者利用计算机技术辅助佐证，将定性与定量方法结合。今后 CA 与其他新兴研究领域结合将成为一种趋势。例如近年来，会话分析的多模态视角引起越来越多的关注。Goodwin（1980, 1981）指出注视与身体语言对话轮构建与转换的作用。Heath（1982, 1985, 1986, 2002, 2006）结合非语言因素研究不同场景中的互动。Deppermann 与 Schmitt（2007）提出"协同"这一概念，表明不同模态协同构成互动整体。会话语料已大多不再是录音，而是涵盖更多来源的语料如视频，对语料中的语言模态和非语言模态进行转写。早期 CA 停留在对互动实践的描述与分析上，而如今的 CA 已遍布多领域，呈现多样化、精细化趋势。

7. 结语

本章简要介绍了 CA 的理论基础，并概括其分析模式，结合案例分析以期较为全面地理解 CA。作为一个经典学派，CA 对话语分析的发展影响深远。随着思潮的推进，更多分析方法的产生，CA 的不足逐渐显现，如今的话语分析研究已远不止于话轮、毗邻对等话题。然而将其置于话语分析的发展历程中，CA 中完整的转录方法、尊重语言事实的态度，对对话模式的关注与探究，尽可能客观中立的分析等，这一范式的构建毫无疑问是伟大的。

第九章　批评话语分析

1. 引言

批评话语研究（Critical Discourse Studies，以下简称 CDS）是一种跨学科的研究视角，源自 20 世纪 80 年代语言学及社会学思潮的批判性转向，旨在帮助人类深入了解语言如何与社会过程、社会结构及社会变革发生作用（Flowerdew & Richardson, 2018：1）。

CDA（Critical Discourse Analysis，以下简称 CDA）发展壮大的标志是 1991 年 1 月于阿姆斯特丹召开的批评话语分析专题讨论会。此外，和等学术期刊的创刊以及 van Dijk（1984）、Fairclough（1989, 1992）和 Wodak（1989）等专著的出版为 CDA 学科的建立奠定了基础。

与其他语言学研究以理论为导向不同，CDA 以问题为导向，认为语言是一种社会实践，着眼于语言在具体语境中的具体使用情况（Fairclough, 1989；Fairclough, Mulderrig & Wodak, 2011；Wodak & Meyer, 2016）。因此，CDA 与人类学、经济学、地理学、健康学、心理学、旅游学及媒体研究等领域结合（Flowerdew & Richardson, 2018），探讨在不同领域的语境中语言资源如何体现社会权力的滥用及不平等现象，并认为研究结果对改善社会不平等现象有所裨益。

2. 理论基础

20 世纪 70 年代，英国东安格利亚大学的研究者（Fowler et al., 1979；Hodge & Kress, 1993）开始研究社会机构中的语言使用，并重点关注语言使用和权力、意识形态之间的关系。由此，批评语言学应运而生，被定位为一门"工具性语言学"（instrumental linguistics）（Fowler, 1996）。

CDA 批判的重心是语言、语篇、话语以及社会结构的中心环节，揭示社会结构如何影响语篇模式、权力关系、意识形态的作用等。当然，仅仅从社会角度研究语言使用是远远不够的。对 CDA 研究对象的道德及政策方面的评估，赋予寡权者权力、赋予无声者声音、揭示权力滥用以及鼓励公众开展弥补社会不公的行动才是 CDS 的研究重心。同时，CDA 也鼓励对批评性分析的对象进行社会干涉，并改进社会不公平现象。Toolan（1997）甚至认为应该规定 CDS 为一门为社会变革提出建议并为个别语篇提出改正方法的研究。因此，CDS 强烈推崇变革，以研究权力隶属及社会实践为中心。

2.1 理论源泉

CDS 有两大理论基础。一方面，它从后结构主义理论中汲取了 Foucault（1972）和 Kristeva（1981）的观点，即语言和话语不是用来描述或分析社会和生物世界的显性的或中立的手段。语言和话语具有建构作用，调节并控制知识、社会关系和机构，具有构成和体现人的社会身份和行为的建构功能。同时它还汲取了新马克思主义（Neo-Marxism）文化理论的观点，即话语是在政治经济中产生和使用的，所以话语生成并明确表达了在那些领域中的更广泛的意识形态利益、社会结构和运动（杜金榜，2013）。

2.1.1 后结构主义

后结构主义是 20 世纪后半期出现在欧洲大陆对结构主义修正或批判的哲学和社会科学思潮。它关注对文本意义的解读，认为文本意义是开放的，能够解构传统和权力。正是由于后结构主义既关注话语实践，又具有批判视角，其成为 CDA 的理论源泉。

后结构主义学者 Foucault 的话语理论对 CDA 亦颇有影响。他认为话语是人类科学的知识体系。人类的一切知识都是通过话语而获得的，历史文化由各种各样的话语组构而成。话语与权力是一种辩证的同构关系，影响、控制话语运动的最根本的因素是权力，而话语和权力又是不可分的，真正的权力是通过话语来实现的。话语既是权力的产物又是权力的组成部分。在现代社会中，社会和政府机构就是靠掌握话语／知识来掌握权力的。Foucault 的话语理论对 CDS 的启示是，话语永远是具体的、历史的，所谓隐藏在话语深层的思想或意义"核心"或"绝对真理"实际上是不存在的，意义会随着时间、地点、环境等条件的改变而产生变化。

后结构主义学者中另外一位对 CDA 理论建构具有重要影响的学者是 Kristeva（1981）。Fairclough（1992）认为话语与社会语境的接口是话语实践。而 CDA 对于话语实践的分析正是基于 Kristeva 的互文性概念。互文性强调话语的历史性、建构性和动态性，为话语批判提供了最好的视角。

2.1.2 新马克思主义

新马克思主义（Mclellan，2007）指的是 20 世纪出现的，把文化阐释和社会结构等理论和马克思主义批判理论相结合所形成的一些新思潮。新马克思主义重新阐释权力和意识形态等概念，对 CDS 具有重要意义。

新马克思主义学者 Gramsci（Forgacs，1988）认为，资本家阶级之所以能维持他们的统治地位，是因为他们懂得将政治社会和文明社会结合起来。政治社会要靠诱劝和威胁来维持，文明社会靠"霸权"来维持。霸权指的是靠赢得大多数人的同意或默许来维持现行的体制和制度。强调"霸权"就必然要强调意识形态，就必然要关注日常生活结构和习俗是如何使资本主义社会关系成为正常关系的问题。

Habermas 和 Blazek（1987）认为一门批评的科学必须关注语言和社会交际的历史背景。Habermas 首次提出"理想的言语情景"的概念，认为"理想的言语情景"是那些没有任何权力关系掺杂其中的乌托邦式的交际。理性话语可以避免扭曲的交际，即背离"理想的言语情景"的"意识形态话语"。他的观点对德国的社会语言学、语用学和 CDA 有一定影响。新马克思主义的权力观和意识形态观为 CDS 提供了理论来源，证明以话语为载体进行社会批判的可能性。

2.2 基本原则及研究范畴

2.2.1 主要原则

CDS 并不是语篇分析的一种手段，而是一系列特性鲜明，或有重合的学派，吸收了 SFL、语用学、认知语言学的理论，同时也汲取了非语言学，如社会认知、社会心理学及批评社会学的理论。依据一系列 CDS 学派共同的研究主旨，Wodak (1996：17-20) 将 CDA 的主要原则总结归纳如下：

CDA 探讨的是社会问题；

权力关系具有话语属性；

话语建构社会和文化；

话语具有意识形态功能；

话语具有历史性；

语篇和社会、微观和宏观之间有媒介连接；

话语分析具有解释性和阐发性；

语篇是一种社会行为。

上述原则强调话语具有社会性，话语是具体化的社会实践。但是话语和社会之间的相互关系并不是直接的，而是间接的。语言为意识形态服务，话语体现意识形态，意识形态是话语的内容。权力关系在 CDA 中十分重要，是通过分析推理出来的。CDA 并非是描写性的，而是解释性的。

2.2.2 研究范畴

CDS 的研究主要围绕着意识形态（ideology）、权力（power）及身份（identity）三个关键词展开。意识形态作为隶属于特定社会团体的价值观和共同信仰，潜移默化地影响着公众使用的话语和公众看待他人的方式。以意识形态为研究中心的语篇是 CDS 的重心。例如，Wodak 等人（1999/2009）分析了话语对国家机构的建构方式，揭示现代奥地利少数群体遭遇到的政策歧视及社会性排外行为；Flowerdew（2013）调查了中国与英国在香港主权回归问题上遇到的话语冲突；Achugar（2008）认为有关 1973 至 1985 年乌拉圭独裁时期军事行动的记录及回忆充满斗争性的话语表现形式。意识形态通常被认为是一种通过政策化形成的常识（Hodge & Kress, 1993；van Leeuwen, 2008），换句话说，意识形态实际上是一系列由社会认可的权威人士宣传的信仰和价值观。另一个与社会实践及社会关系相关的重要层面是权力。据 Foucault（1982）所言，权力在社会中无处不在，精英阶级通过实施权力来控制公众。新马克思主义学者 Gramsci（1971）关于霸权的理论阐释了权力如何通过显性地对身体实施压迫，以及隐性地通过意识形态及话语实施权力。霸权阶级需要从被统治阶级得到支持，因此，较之社会阶级的反叛者，拥有较少权力的资产阶级更认可霸权阶级的价值观。Fairclough（2003：218）曾讨论过两者间的关系，认为话语权力可从话语中、话语之上、话语的三个层面得以体现。在上述层面中，社会参与者或努力诠释意义，或参与特定话语，或被制定的话语惯例影响。从根本上来讲，掌权阶级通过传播自己的价值观给大众，使得其霸权得以维持。因此，教育才是霸权的核心。正如 Gramsci（1971：350）所说："每段霸权关系实质上都是教学法关系。"

身份的定义是个人及团体看待互相之间关系的方式。由于会随着时间和空间的变化而变化，因而身份是一个流动的构建体。身份可通过个人的社会实践得以体现。身份也可通过话语被投射至另一个身份（Kress, 1989）。例如商务集团可向员工投射特定的身份，如航空机组成员性感的形象，这类形象并不一定会被受众接受（Chiapello & Fairclough, 2002：195）。

以上述三个关键词为研究重点的 CDS 在近年来蓬勃发展。当然，CDS 并不局限于此，对性别不平等、民族主义、种族中心主义、反犹太主义和种族主义、媒体话语、政治话语、职业及机构话语等领域均有研究。

3. 学派及著作

CDS 作为一个具有跨学科视角的研究，通常根据理论背景的异同，至少可以分为辩证关系派、社会认知派以及话语历史派。随着 CDS 的不断发展，近年来认知语言学、空间认知、积极话语分析及文化学派百花齐放，具体可见 Flowerdew 和 Richardson（2018）。在此，由于篇幅限制，将简要介绍辩证关系派、社会认知派以及话语历史派三个学派。

3.1 辩证关系派（Dialectical–Relational Approach）

Fairclough 是 CDA 的领军人物，自 20 世纪 80 年代初开始致力于 CDS 研究，出版并发表了大量的论著和文章，在国外话语分析尤其是 CDA 领域产生了广泛的影响。Fairclough 以辩证、建构的视角看待话语，他的 CDA 是关于话语和其他社会实践因素之间辩证关系的分析，主要关注当代社会生活的激烈变化，探讨话语在社会变化过程中的体现及作用。他认为 CDA 隶属于社会语言学，话语既反映社会文化的变化，又能促进社会文化的变化。话语分析是揭示社会问题，进行社会研究的有效途径。

Fairclough 的 CDA 理论研究博采众人所长，批判性地吸收他人理论，并糅合语言学和社会学理论，经历了三个阶段，分别是以权力和意识形态为目标的早期阶段（1989）；以话语和社会变化为目标的成熟阶段（1992, 1995）；以及以全球化为目标的第三阶段（1999, 2003, 2006）。

Fairclough 早期的话语分析模式以权力、意识形态为分析目标。在（1989）一书中，Fairclough 指出，话语分析的主要目的应该是使语言、权力、意识形态之间的关系透明化，揭示社会关系体系中隐藏的决定因素以及它们对体系的隐含影响。进入成熟期后，Fairclough（1992, 1995）认为话语和社会结构之间的关系是辩证的，一方面话语是社会的一部分，另一方面，话语对社会文化的变化产生影响。因此，Fairclough 认为 CDA 应该关注一个具体时期话语的社会秩序的变化，关注在社会变化的开始、发展和巩固阶段中话语所扮演的角色及功能，揭示现代社会中特定社会趋势和特定话语秩序之间的关系。之后，Fairclough 借鉴 Volosinov（1973 [1930]）的理论，从全新的角度看待话语，把话语看作是社会实践的一大要素，研究主题也转向全球化和新资本主义（1999）。在 2003 年的一书中，他用话语秩序来表示话语的相对稳定性，用语篇互文性的概念来表达话语的创造性。

3.2 社会认知派

Van Dijk（2001）提出"社会认知话语分析"，认为在话语研究中，认知分析和社会因素分析缺一不可，只有把语言和认知与社会过程及社会行为相联系才能对话语或语篇进行合适的分析。根据上述观点，我们必须把话语既视为社会活动的表征又视为其一部分。例如，当行为者通过使用语言参与社会实践时，其话语既是社会实践的一部分又是对社会实践的表征；这种对话语作为表征的强调显了 CDA 研究的现实主义视角。

但是，社会表征介于话语实践和社会过程与结构之间，即话语一方面表征物质世界，另一方面又是社会表征的体现或者再表征。因此，表征性的符号行为又具有社会建构功能，即表征和塑造被表征的社会过程。更具体地说，"话语"是对社会实践的表征，不同的话语会以不同的方式"定位"人们，而以不同方式被定位的人们又会按照自己的"心智表征"来以不同的方式向自己和他人表征世界。在这个意义上，CDA 兼有现实主义和社会建构主义的特点：批评话语分析者一方面把自己视为现实主义者，认为自己分析的是话语对真实世界中的社会交往活动的影响和效果，这个真实世界是不依赖话语而独立存在的。另一方面他们又认为社会现象在相当程度上是由话语建构的。

其实，作为 CDA 理论基础的 SFL 就渗透着建构主义的语言观，我们所采取的观点是人们所熟悉的来自欧洲语言学家 Hjelmslev 和 Firth 的建构主义观点。根据这一观点，恰恰是语法本身来识解为我们建构出世间万事万物的经验。现实是不可知的，唯一知道的是我们对现实的识解，即意义。各种意义并不是先于实现它们的措辞而存在，而是形成于我们的意识和其周围环境之间的碰撞。

3.3 话语历史派

Foucault（1972）强调话语的历史性。他的观点影响了德国的批评话语分析家，认为话语是与社会实践紧密相关的语言形式，只有将话语同社会实践的历史联系起来，话语分析才有意义也才有可能。他批评语篇语言学只津津乐道于对语篇内在特征的挖掘上，提倡以历史背景为重心的话语分析，并用这种方法对德国纳粹领导人的演讲、学生领袖的演讲、口号和新闻报道做过犀利的批评性分析。

奥地利批评话语分析家 Wodak（1989）与社会学家和历史学家合作分析战后奥地利国内的反犹太人倾向，他们使用的就是历史背景分析法。该方法系统地综合各种历史资料，对话语的不同层面进行剖析和阐释。他们对瓦尔德海姆在 1986 年参加总统竞选中所作的所有演讲、他的竞争对手的演讲、国内外有关他的报道和街头巷尾老百姓的闲聊作了历史背景分析，发现作者／演讲者很喜欢借古喻今，这是逃避指控的最佳策略，因为从法律角度讲，他们毕竟没有明白地喊出"打倒犹太人"的口号。

历史背景分析必然包含语篇互文性分析。前面介绍的语篇体裁互文性分析注重不同语篇体裁的互文性，但互文性既有体裁互文性又有语篇／文本互文性的意思，话语—历史背景分析所包含的互文性分析主要是指文本互文性的分析。

4. CDS 分析框架

CDS 中的分析方法可分为 SFL 分析、语境分析、民族志分析、语用学分析、隐喻分析、多模态话语分析、语料库分析等。由于篇幅限制，在此仅简单介绍 SFL 分析的框架。CDA 在语言层面的分析主要运用 Halliday（1985）的 SFL 理论，但并不排斥其他语言学理论中使用的概念和方法，如语用学、叙事学、图式理论和言语行为理论等。

Halliday 认为，语言有概念元功能、人际元功能和语篇元功能（见表 9-1）。概念功能反映人类各种经历，而及物系统又是表达概念功能的一个语义系统，包括物质过程、心理过程、关系过程、言语过程、行为过程和存在过程。作者／讲话人选择何种过程、何种功能成分（动作者、目标、感知者等），选择何种体现这些功能的语类（如名词短语、动词短语等），在很大程度上取决于其思想观点和意识形态。人际功能表达语篇作者的身份、地位、态度等，通过语气和情态体现出来。语篇功能包括说话人或作者组织自己思想先后顺序的主位结构和表达说话人或作者对信息中心成分处理的信息结构。研究语篇功能有助于了解讲话人或作者的起点是什么，有助于掌握有关中心内容的信息在语篇中的分布情况。

表 9-1　功能一级矩阵：词汇语法系统（Halliday，2014：87）

级 \ 元功能类	概念元功能			人际元功能	语篇元功能
	逻辑元功能	经验元功能			
小句	轴关系：并列 / 主从	——	及物性	语气	主述位
信息单位		——		基调	信息
短语 / 词组 — 名词性	逻辑语义类型：扩展 / 投射	修饰	事物类型、分类、修饰语	人称、态度	决定
短语 / 词组 — 动词性		时态	事件类型、体	极性、情态	对比、语态
短语 / 词组 — 副词性		修饰	环境类型	评论类型	连词类型
短语 / 词组 — 介词性		——	小及物性	助词类型	
单词		派生	内涵	外延	

分析语篇时，批评话语学家把各语言形式和上表中的 SFL 分析框架互相结合，特别注意运用及物系统、语气、情态、转换、词语选择、代词化等分析工具，可更好地凸显权力、身份及意识形态在话语层面的表现①。

5. 案例分析

下文是摘选自发表在英国报纸 *The Times* 上的一篇新闻。该报纸一贯标榜客观公正，事实上常常支持政府的政策和观点，一直是统治集团的传声筒。它的阅读人群也主要是英国上层社会，包括政府官员、高级知识分子和工商、金融界人士等。从该报的内容及观点来看，掌权的人阅读 *The Times* 一说，在英国不无道理。

该新闻撰写于 1984 年 10 月，当时的英国首相 Thatcher 及其内阁大臣在 Brighton's Grand Hotel 召开保守党年会。12 日，爱尔兰共和军投弹手 Patrick Magee 等引爆 Grand Hotel，企图炸死 Thatcher，但以失败而告终。相反，五名群众被炸死，三十四名群众被炸伤。本章分析的语篇是对两年后即 1986 年英国中央刑事法庭对 Patrick Magee 等的审判的报导。

---

① 由于每个语篇都各有特征，因此，在分析具体语篇时需突出其特征，不求面面俱到。

例文：
35 Years' Jail for "Inhuman" IRA Bomber
...

(1) Magee, aged 35, from Belfast, was given a total of eight life sentences by Mr Justice Boreham after being convicted on seven counts from the Brighton bombing in October 1984 and one count concerning an IRA plan to bomb 16 targets in London and coastal resorts last summer.

(2) The Brighton bombing was described by the judge as "horrifying", but a few months later Magee had been planning the "even more hideous" resorts campaign...

(3) Four other members of the IRA "active service unit" who worked with Magee last year were also each given life sentences for conspiracy in the resorts plot. (4) Earlier a Glasgow man was given eight years for helping the unit.
...

(5) Yesterday, with tight security in force at the Central Criminal Court, no mitigation was offered for Magee or any of his four IRA colleagues. (6) They were brought up from the cells to be dealt with one at a time and left the court exchanging cries of support and "Up the Provisionals" in Gaelic with relatives or supporters in the public gallery. Gerard McDonnell, one of the four, raised an arm in salute to the judge.
...

(7) He had sat down after entering the dock but was dragged to his feet.
...

The bomb had been secreted where it could do most damage and (8) it was accurately timed to explode when people were at their most vulnerable in bed. "You intended to wipe out a large part of the Government and very nearly did it."
...

(9) Magee was and would remain a menace to the public, Mr Justice Boreham said. "I must be grateful that in recent years legislators have raised the maximum sentence from a mere 20 years to life imprisonment for explosive offences."
...

(10) Peter Sherry, aged 30, was told that although he had arrived late on

the scene in Glasgow where Magee and the unit were arrested, there was no doubt he was a very important element in the conspiracy. He had offered no help when police were searching for possible bombs last year and he had shown "a fanatical loyalty" in court.

…

When Ella O'Dwyer, aged 27, came into court she sat down and was dragged to her feet smiling. The judge told her: "You have sunk to the depths of inhumanity and you are proud of it." (11) She had enjoyed every minute of being in the witness box and the trial.

…

(S. Tendler：*The Times*, 1984)

5.1 直接引语

直接引语是新闻报导的重要组成部分，记者通常引用当事人或权威人士的话表达自己的立场和观点，从而影响读者对新闻事件的看法。该报导中的直接引语除两句引自爱尔兰共和军支持者的话外，其余全部引自法官 Boreham 的原话，如 inhuman, a man of exceptional cruelty and inhumanity, horrifying, even more hideous 这几个带有强烈感情色彩的词表明了爱尔兰共和军恐怖活动的残暴、非人性。这恰恰与 Thatcher 的演讲保持一致：The bomb attack was first and foremost an inhuman, undiscriminating attempt to massacre innocent, unsuspecting men and women. 再如，记者记叙对其他同谋犯的审判时引用了法官的话：active service unit, enjoyed terrorist activities, a fanatical loyalty。这表明了法官对恐怖分子疯狂行径和狂热信仰的嘲讽和仇视。

我们知道，不同的社会阶级对同一事件会产生不同的理解。倾向统治阶级的意识形态，记者通过代表政府利益的法官的话将统治阶级的立场、观点传达给读者，达到控制读者的目的。此外，记者还引用了爱尔兰共和军支持者在法庭上的话 Up the Provisionals 和 Our day will come，以此告诫读者，爱尔兰共和军仍然有其追随者，仍然伺机暗杀 Thatcher，仍然企图危害公共安全。毫无疑问，这将引起众多不能参加庭审的读者的强烈愤慨以及坚定他们誓与恐怖分子斗争到底的决心。这里，记者既引用法官又引用爱尔兰共和军支持者的原话，表明其对双方截然相反的态度以及爱憎分明的立场，有效地将政府的观点传达给读者。

5.2 称谓

我们也可以从记者对 Patrick Magee 的称谓以及对人物、事件的描述看出他所持的立场。记者在第一段已交代引爆手姓名的前提下,在下文中直呼其姓 Magee,显示对他的不尊重甚至蔑视的态度。例(8)中的 vulnerable 一方面表达了记者对遇难及受伤群众的同情,另一方面表达了对恐怖分子残忍手段的痛恨和谴责。例(11)中的 enjoyed 令读者感受到爱尔兰共和军的支持者对法庭的蔑视和丧失人性的心态。如此惨无人道的恐怖分子怎能不激起读者的愤慨?由此可见,记者代表统治阶层,通过选择语言形式,传播其意识形态,从而控制读者。

5.3 被动语态

被动语态的使用同样可以实施意识形态的控制。报导中大量地使用了被动语态,如例(1)—例(7)和例(10)中的被动语态。Magee 和其同谋以及与之相关的活动全部脱离其常规的宾语位置,成为主语,说明这是本篇报导的主要话题,是作者的视角和出发点,强调了恐怖分子处于被审判者的被动的地位以及法官的不容置疑的权威性。

5.4 情态系统

情态系统可以用来表达作者对事物所持的态度和看法,以体现其权威性、支配性和霸权的权势关系。报导第三段的句子 The public must be protected 中,记者用情态动词 must 表示他的主观取向,强调了公众的利益应该而且必须受到保护,拉近了与读者(主要是上层社会人士)的距离。同时,该句接在间接引语 The judge told Magee that... 之后,使读者分不清这到底是法官的话还是记者本人的话,有效地避免了记者为此应负的责任。此外,The public 被置于主语的位置,承载最重要的信息,表明公众的安全至关重要,从而获得上层社会对政府更有力的支持,有利于保守党政权的巩固。记者还用情态词 would 对未来作出主观臆断,如例(9)。研究表明,对于与自己个人信念和经验相背的信息接受者,他们往往相信那些权威的并值得信赖的人士,如新闻记者、专家学者等的语篇(Nesler et al., 1993)。因此,代表政府利益的记者通过自己的预测,左右了不清楚事件全过程的读者的观点,统一读者的认知。

5.5 小结

通过从直接引语、称谓、词语选择、语态、情态等方面分析语篇,可以清晰地发现记者是如何运用语言影响了人们的意识形态，从而达到权利控制的目的。Fairclough（1989）指出，意识形态由于普遍存在而通过自然化过程变成非意识形态的常识为人们所接受，CDA 就是将语篇中的意识形态非自然化（denaturalize），通过表面的语言形式揭示隐含的语言与意识形态的关系以及统治阶层如何运用语言实施意识形态的控制和维护自己的权势，提高读者对语篇的敏感，培养读者的批评语言意识。

6. 研究局限性

CDA 作为一种话语分析方法，自身仍然存在一些不容忽视的问题，后文将从理论概念的明晰性和严谨性、分析方法的系统性和有效性、分析结果的真实性和可靠性来总结 CDS 中的问题（辛斌，2008）。

6.1 理论概念的明晰性和严谨性

Blommaert（2005）对 CDA 的批评分为两个层面，一个是比较具体的方法论层面，一个是更一般的理论层面。在后一个层面上他列举了三个问题，第一个就是"CDA 过于依赖 SFL，好像只有一种语言理论能很好地把研究转变成批评研究"（Blommaert, 2005：34）。上述评价并不完全切合事实。浏览 CDS 的研究可发现，CDA 从许多其他语言学理论中汲取了相关概念和方法论，比如文学批评、文体学、社会学、语言相对论、后结构主义、言语行为理论、Gries 的合作原则、关联理论、图式理论、原型理论，甚至转换生成语法等形式主义语言学。上述理论或零或整均在 CDS 中有所体现。但关键性问题是 CDA 迄今为止，未将它们联系起来，整合成一种具有理论连贯性的描写模式。正如 Fowler（1996）本人承认的那样，没有一个这样的模式，CDA 就变成了一种任意的行为。即使作为其主要理论基础的 SFL 也没有达到上述要求，得到系统有效的应用。

Fowler 一方面把 CDA 定性为一种"工具语言学"，认为 Halliday 的 SFL"为 CDS 提供了理论基础"（Fowler, 1996）；但另一方面他又认为 SFL 太详细复杂，不便于使用，"在实践中批评语言学家选择并充分利用了一小部分语言学概念，例如及物性和名词化"（Fowler, 1996：8）。这意味着 CDA 并没有系统地应用 SFL 的理论和方法，而只是从中临时选择并拼凑一些对达到自己的分析目的方便有用的概念和方法（Widdowson, 2004）。

6.2 分析方法的系统性和有效性

人们对 CDA 方法论的批评主要是它迄今没有发展出一套行之有效的批评话语分析的方法，对具体语篇的分析往往表现出很大的随意性，缺乏系统性和一致性。虽然 CDA 一直宣称 SFL 为其主要的理论和方法论来源，但是在实际的语篇分析中 SFL 却从未得到系统一致的应用，人们所能看到的只是出于特定的分析目的而进行的选择性应用。人们对 CDA 的分析方法的批评导致了对其语篇分析的有效性的质疑，即虽然 CDA 学者对语篇的解读是建立在其对语篇特征的详细分析上，但实际上这是由某种目的所驱动的有选择性的分析。Stubbs（1998：104）指出，"CDA 告诫我们，没有纯粹的事实和中立的语篇，并强调历史和个人观点的力量。但是，如果没有中立的语篇，那就意味着 CDA 自身不会是例外，它作出的解释也体现着利益"。阅读者和分析者的意图及他们所处语境总是以某种方式限制着解读。如果要把语篇放入话语实践中进行研究，阅读者和分析者及其在阅读或分析中的态度就是关键因素。

Widdowson（1995）指出，正是因为具有鲜明的政治导向，CDA 才在实践中缺乏对语境的认真分析，较少考察读者的反应。但是，如果没有对话语实践进行充分的分析，那么语篇分析就不可能是完整的，因为正是语境条件才赋予语篇以语用意义。作者在话语实践中表达的意义与语境中该语篇对读者实际产生的意义有所出入。因此，Widdowson（1995：170）表示，"我已经表明，对某一特定立场的坚持和对特定阐释的优先考虑实际上损害了 CDA 作为一种分析的有效性"。

6.3 分析结果的真实性和可靠性

CDA 分析者往往从语篇中抽取样本，进行孤立的详细考察和分析，这种脱离语境的片断式分析的结果被视为是对现实的各种表征。该做法类似于将固化于某一特定语法范畴的语言意义僵硬地带入语篇，使得语篇意义成为其各部分和各构成成分意义的总和，而需要读者从上述总和中生硬的汲取意义。这意味着如果语篇是一种静态的拼凑物，那么语言意义和语篇意义之间就不会存在很大的差异。

其实，我们使用语言形式所表达的意义只构成我们实际实现的语用意义的一部分，而读者往往不是从语篇中读出意义，相反，是把意义读入语篇。可以说，语篇只有在我们认识到它是话语过程的产品时才有意义，因而它自身并没有通过语法分析而可以被理解的独立的意义。既然如此，我们就需要某种理论来解释语篇解读的语用条件，或者来解释那些帮助读者缩小语篇的语义范围并最终选择语篇含义的限制条件。但是 CDA 迄今没有提出这样的理论。

另外，像指称、言外之力和言后效果这样的意义都是从话语中获得的语用意义。尤其是言后效果，它并不是语篇特征而是话语的功能，这种功能或者被有意地写进语篇或者在解读中被读进语篇。听话人可以推测说话人的意图，但后者的意图往往只是部分地表达在语篇中，因而听话人的这种推测总是建立在他关于世界的观念上，建立在他的社会的和个人的现实上，建立在他的信仰和价值观上。这就是说，读者读进语篇中的是他自己的话语，他只能参照自己的现实来解读语篇。当读者的现实与作者的现实相符，或者如果读者愿意与作者合作，像作者那样看事情，那么读者的解读才会与作者的意图重合；否则就会有差异，读者就会把作者的语篇从原来的语境或者其现实中剥离出去，按照自己的兴趣与目的去理解语篇，导致与作者意图不符或者不完全相符的解读。这就是 Widdowson（1995）所说的"解读不完整性"原则，他认为，这是作为社会行为的话语难以逃避的后果。

7. 未来发展趋势

借助社会网络分析方法，对 Web of Science 引文索引数据库所收录的近 22 年（1994 年 5 月至 2015 年 7 月）CDA 研究领域的相关载文标题词、关键词、高被引论文进行分析，我们可发现 CDS 的研究前景（刘文宇、李珂，2016）。

CDA 广泛吸收应用语言学、认知语言学、社会学、民族志、社会心理学、文化学和符号学等学科的理论基础，逐渐发展成为一种超学科。CDA 与认知语言学和应用语言学的结合研究尤为引人注目。

语料库建设、计算机技术的发展和语言分析软件的开发为 CDS 提供了有效分析工具，使得整体与局部分析相得益彰，定性与定量相辅相成，促进 CDA 研究的全面性和准确性。

CDA 的研究方法趋于多样性和综合性。除了三种主流的研究方法外，Fairclough 的"辩证关系"分析法中的话语秩序与语境重置问题在近几年的研究中尤为重要，构成了文本语篇和社会事件分析中的前沿。Martin（2004）在 SFL 框架下提出的积极话语分析或许可辅助 CDA，从积极和批评两个维度共同丰富话语分析研究范式，为揭示语言及权力等的关系做出贡献。

CDA 的热点研究对象是政治话语。通过分析文本语篇及多模态语篇来揭示那些不易被人们觉察的语言与意识形态之间的关系，揭示出权力阶层如何运用语言来影响人们的思想意识，从而维护自身利益和现存社会结构。

8. 结语

本章简单回顾总结了 CDS 的历史、理论基础、研究范式、现存缺陷以及未来发展方向。虽然各个学派的研究重点和聚焦语类不同，但 CDS 仍旧有三个明显的共同点：

（1）CDA 在许多方面是折衷的。

（2）CDA 没有公认的数据收集标准。许多 CDS 使用的是现成的、并不是专门为研究项目收集的数据。

（3）CDA 的可操作性和分析是问题导向的，需具备语言学专业知识。

（Wodak，2011：52）

CDA 各学派最明显的相似之处在于对于社会过程中的权力、排斥和服从方面的共同利益的研究。在传统批判理论中，CDA 旨在揭示社会差异和不平等在语篇方面的表现。CDA 能够发现不同权力集团为稳定甚至加剧社会不平等而使用的语言手段。而这毫无疑问需要谨慎的系统性分析、研究节点的自我反省以及客观地看待收集的语料。为了使分析具有透明度和可回溯性，语料的描写和对描写结果的解释要分清楚，描写步骤和数据呈现要具有可视性，一目了然。当然，并不是所有上述建议都需全部遵循。考虑到时间和结构制约，分析也不可能过于细致。有鉴于此，一部分批评家仍会认为 CDA 总是处于社会研究和政治论证之间（Wodak，2006）。其他的批评家会认为 CDS 过于偏向语言学或不够偏向语言学。上述的批评对于保持一个研究领域的活力必不可少，它能够鼓励新想法的产生，激发更多的自我反省。

第十章　Van Dijk 的话语分析范式

1. 引言

　　Van Dijk 现为巴塞罗那庞贝法布拉大学教授，曾经在荷兰阿姆斯特丹大学执教。20世纪70年代关注生成诗学、篇章语法，80年代初关注语篇处理的心理机制，从20世纪80年代开始，其学术研究的焦点为批评话语分析，研究对象包括语篇中的种族主义、新闻语篇、意识形态、知识和语境。

　　他创办了6本国际期刊，*Poetics*, *Text*（后更名为 *Text & Talk*），*Discourse & Society*, *Discourse Studies*, *Discourse & Communication*，以及西班牙语期刊 *Discurso & Sociedad*，他本人现在仍然是后四本期刊的主编。

2. 理论概况

　　从20世纪70年代开始，van Dijk 开始陆续发表文章，撰写书籍，著述颇丰，出版了约40部专著或编著的著作，发表了200余篇学术论文。按时间顺序，70年代，他主要研究文学理论和语篇语法，80年代初，主要研究语篇加工的心理机制，80年代中后期，转向批评话语研究，他主张从社会认知的路径进行批评话语研究，总结出多学科语境理论，并把自己的社会认知批评话语研究框架归纳为话语—认知—社会三维模式。

　　20世纪70年代，van Dijk 最初的研究兴趣是文学理论，在荷兰阿姆斯特丹自由大学获得法语语言文学学士学位，受20世纪60年代乔姆斯基生成语法的影响，他想建立认知诗学，不久之后兴趣又转向生成语篇语法，这成了他博士学位论文的题目。

他认为语篇语法的目的是清晰描述篇章结构。在这一阶段，他提出了宏观结构（macrostructure）的概念（van Dijk，1972），他认为句子之间不但有微观结构，即句子与句子之间的关系，而且具有宏观的结构，即语篇层面上的连贯性和整体性。在他早期的文章中，他把这种结构分为意义的整体结构、形式的整体结构，他后来引入"超结构"（superstructure），指语篇形式上的抽象图式结构。

20 世纪 80 年代初，他的研究兴趣转向语篇加工的心理机制，与奥地利裔美国心理学家 Walter Kintsch 合作，1983 年合作出版 *Strategies of Discourse Comprehension*。在这一阶段，他们提出了策略理解概念、情节记忆的语篇表征概念、知识概念，并勾画了心智模型的雏形，阐述了宏观结构在语篇理解中的作用，尤其是心智模型和宏观结构的概念，为认知路径的批评话语研究提供了认知层面的框架。

策略理解（strategic understanding）用于解释语言使用者在真实情况下如何说出或理解语篇。情节记忆的语篇（text representation in episodic memory）表征，这是理解的结果，情节记忆是长期记忆的一部分，存储着个人经验。他们指出宏观结构在理解和表征的过程中起着重要作用，这个结构是语言使用者自己构建的，用于组织记忆中的语篇表征。这个结构是主观的，它解释语言使用者是如何知道语篇中的最重要信息、语篇的话题以及如何总结话语。要理解语篇，必须预设大量的社会文化知识与脚本（script）（Schank & Abelson，1977，人们组织知识的抽象方式），语言使用者要激活这些脚本，并且动用在情节记忆中的语篇表征的相关知识。模型（Model）使得语言使用者不仅仅在情节记忆里建立语篇的语义表征，也建立关于语篇的情景或事件的表征。van Dijk 指出，语篇的宏观结构能够从模型的宏观机构来解释，模型是语篇生成的起点，模型描述人们不仅仅知道某一事件的内容，也包含对这一事件的观点和情绪，模型解释了知识如何与语篇加工有关，模型是个人的、主观的，知识是这些模型的抽象化。

从 20 世纪 80 年代中后期开始，van Dijk 把研究的视线转向了批评话语研究，更多地关注社会和政治问题，他个人曾在其学术自传中（van Dijk，2004）阐述这一转向的原因是自己曾经于 1980 年在墨西哥授课，他认为篇章语法和心理学理论除了在教育领域有明显的运用外，没有与真实世界的实际问题产生联系。在欧洲，这些本质问题之一就是种族主义，他开始对种族主义如何通过语篇和话语表达，再生产和合法化感兴趣。他的研究对象包括日常对话（1984，1987），媒体（1991），作为话语的新闻（1980，1988），教科书（1987），议会辩论和其他精英话语（1993）。

90 年代中期，与 Ruth Wodak（2000）合作，以奥地利、荷兰、英国、德国、意大利、西班牙议会辩论中关于移民和种族问题的陈述为研究对象，研究种族主义。van Dijk 也涉猎反种族主义如何在上层社会生产与再生产。1999 年，van Dijk 移民西班牙，开始关注西班牙和拉丁美洲的种族主义。

综观这些批评话语研究，在研究方法层面都是相似的，van Dijk 着力从话语结构层面剖析哪些话语结构反映了种族主义，比如话语的话题，文化差异、犯罪、威胁等；句子之间的语义关系，采取明显反对的声明，如 I have nothing against Blacks, but…, 或者明显让步（not all Blacks are criminal, but…）；正面自我表征（positive self-presentation），负面他人表征（negative other-presentation）等话语策略；以及叙事中故意缺少结论部分等。

90 年代初，van Dijk 开始将批评话语分析的研究对象扩展至更为抽象的领域，他开始研究权力及意识形态。他认为权力不仅能控制行为，而且还控制思想。话语在社会权力的再生产中起着根本作用。

1998 年，他提出了话语、认知和社会的整体研究框架，其后进一步阐述意识形态与社会认知，意识形态与社会，意识形态与话语之间的关系。他首先将意识形态定义为基于群体成员共有的社会表征，是最根本的认知信念。因此，人们可能有种族主义或性别主义信念，这是种族性别偏见的基础，这些偏见由他们所在的群体共享，并控制他们的话语和其他社会活动。这样，我们就把话语和意识形态联系起来，把意识形态在语篇中再生产的方式与其在社会群体中再生产的方式联系起来。

意识形态理论的主要问题是意识形态的内部结构，van Dijk 假定意识形态和其他认知表征一样，有图式结构，由一些固定的范畴组成，规定群体成员的身份，比如他们的行为、目标、规范以及和其他群体的关系。

van Dijk 将知识定义为社团群体已经被证实了的共有的信念，基于社团的经验标准，告诉其成员什么信念是被共享、可接受的，即为知识。这意味着知识在这个社团的话语中是被系统性地预设了的，因为所有说话者都知道其他成员已经知道这些知识。这也为语境理论提供了基础，该语境理论解释了语言使用者如何让他们的话语发生作用。

最后，van Dijk 提出了语境模型理论，他认为语境模型是心智模型的一种，语境包含场景、参与者、行动，语境是主观的，知识是语境的组成部分，我们说或者写的内容都是我们相信或者了解的。他提到语境模型中的独特装置—K 装置，在话语生产过程中，K 装置计算受众已经知道的内容，从而决定哪些知识要预设、确认或重新提及。

社会—认知话语的分析路径是 van Dijk 对自己批评话语研究的总结，他将自己早年关于心智模型的研究，与话语结构层面的分析以及社会层面的解释融合起来，具体研究框架将在第 4 节中详述。

3. 主要研究方向：批评话语研究

　　van Dijk 主要进行批评话语研究，他本人避免使用批评话语分析这一术语，因为这一术语暗含这只是一种话语分析的方法。他主张批评话语研究是运用多种人文和社会科学理论的研究方法，采用批评的视角和态度研究话语。（van Dijk, 2015）

　　批评话语研究的学者致力于研究社会中的不公平和不公正现象。他们对权力滥用的语篇再生产以及反抗这种权力滥用的语篇尤其感兴趣。批评话语研究是问题导向的，而不是学科导向的，采取的是多学科的研究路径。这种批评话语分析路径预设了我们生活中的话语存在不公正和不合法的形式，比如性别主义话语和种族主义话语。

4. 分析框架

4.1 采取话语—认知—社会框架的必要性

　　van Dijk 主张从社会认知视角研究话语，他将自己的分析框架总结为话语—认知—社会三角分析模式。

　　他强调话语与社会并不是直接相关的，而是通过认知中介相关的。因为话语结构和社会结构的本质不同，只有通过作为个人和社会成员的语言使用者的心理表征才能联系起来。

　　社会交际、社会情景和社会结构只有通过人们对社会环境的解读才能影响语篇和话语。反之，话语是通过同样的认知界面影响社会交际和社会结构的，这一界面由心智模型、知识、态度和意识形态组成。

　　对大多数心理学家来说，这样的认知中介明显且起着根本作用。然而，现今许多用交互路径（interactionalist approaches）研究话语的方法依然没有注意到认知的作用，他们的分析仍限于可以直接观察到的，或社会"可及"的方面。这种实证研究忽视了话语的语法结构和其他结构，特别是那些涉及话语的语义、语用和交互层面的特点是无法直接观察的，这些结构是语言使用者的认知表征，是从正在发生的话语或行为推断出来的。语言使用者不仅仅行动，如交

流、说话、书写、听话、阅读，而且能够在做这些事情的时候思考。（van Dijk，2015）

为了解释复杂的社会结构如何影响话语的真实结构，或者话语结构如何影响社会结构，我们需要了解认知中介。这种中介指社团成员共享的知识和意识形态，以及这些知识如何影响心理模型、这些模型如何最终控制个人话语的结构。如果话语直接由社会结构决定，而不需要个人和社会的认知表征，那么所有的话语在相同社会情景中应该是一样的，语义模型和语用模型决定了话语的独特性。

因此，van Dijk 认为必须采取认知中介的框架进行批评话语研究。

4.2 话语—认知—社会框架的认知部分

在社会认知路径的批评话语研究中，这一部分关注的是思想、记忆，特别关注在话语生产和理解过程中的认知过程和认知表征。

van Dijk 将认知部分分为认知结构和话语加工两方面。认知结构主要包括记忆、心智模型和社会认知，指经验在个人大脑中的表征。话语加工关注在话语识解过程中的两种心智模型，即情景模型和语境模型。

4.2.1 认知结构

认知结构包含三个参数，记忆、心智模型（mental models），以及社会认知。（van Dijk，2015）

记忆，通常分为工作记忆（也叫短期记忆）和长期记忆。长期记忆又分为情节记忆（episodic memory）和语义记忆（semantic memory）。情节记忆保存的是个人自身的经历和知识。语义记忆保存的是更为抽象的社会共享知识、态度和意识形态。

心智模型指我们的个人经历通过工作记忆的处理，表征为主观的、个人的、独特的心智模型，储存于情节记忆中。这些心智模型有标准的层级结构，包含时空背景，参与者以及他们的身份、角色和关系，动作或事件，目标。这些结构也出现在描述这些经历的句子的语义结构中。心智模型是多模态和具身的。它们可能是视觉的、听觉的、运动的、评价的、情绪性的信息，由大脑的不同部位处理。

社会认知指人类各种各样的社会共享认知。社会认知分为知识、态度和意识形态。

van Dijk 认为知识是符合每个社群认知标准的信念，比如可靠的感知、话语或推断。那些类属的、社会共享的知识被运用到个人心智模型的构建中。这些知识可以通过关于这些经验的话语、直接表达这些经验的教学话语或说明话语，由心智模型习得并扩展。

知识和话语之间存在着辩证关系，我们大部分的非亲身经历获得的知识都是由话语习得的，要生产和理解话语又需要大量的社会共享知识。语境模型中有一个特殊的知识装置——K 装置，在话语产生的每一刻计算受众已经共享的知识，如哪些知识可能是新知识，需要肯定。

在批评话语研究领域，知识是权势的来源。社会中的某些组织享有获得某些特殊知识的特权，因此能够操纵公共话语。

仅由某些特定群体共享的社会信念被称为态度和意识形态。态度又是基于更根本的意识形态而形成的。目前，人们仍无法获知态度和意识形态的精确组织结构，但是有些普遍的范畴经常出现在基于意识形态的话语里，比如身份、活动、目标，与其他组织或资源的关系。

同一个意识形态之下，不同的态度也会左右人们的个体经历，即控制某一意识形态群体成员的心智模型。因此，如果这些存在偏见的模型控制了话语，它们往往呈现为极化的意识形态话语结构，比如，我们可能观察到对"我们"群体的积极表征，对"他人"群体的消极表征。

4.2.2 话语加工

基于这些认知结构，话语被策略性地产出和理解的过程叫作话语加工。话语中的词、短语、小句、句子、段落和话轮按照一定顺序在工作记忆中被加工，被心智模型、长期记忆中的知识，有时是意识形态再现和控制。

在话语加工过程中，van Dijk 区分两种类型的心智模型。

其一为情景模型，表示话语所关于的情景，也称为语义模型。这些模型构成个人对话语的解读，并决定了话语的意义和连贯性。心智模型比话语明确表示出来的意义更复杂，更完整，因为语言使用者能够运用他们共享的知识，推断出情景模型的相关部分。

其二为语境模型，这一模型是动态的，表征语言使用者正在参与的、不断变化的交际情景。与其他心智模型一样，这些模型也是主观的，表示每一个参与者如何理解并表征交际情景。这些模型决定话语的适切性，因此也称作语用模型。语境模型有两个作用：一方面筛选情景模型中可以被传递的信息，另一方面决定说者以何种方式传递这些信息。

4.2 话语—认知—社会框架的社会部分

van Dijk（2015）区分了微观话语结构和宏观话语结构，并提出了社会认知路径的话语分析的组织结构（见表 10-1）。微观话语结构指社会成员每天的交流，宏观话语结构指群体组织的关系。社会宏观结构实际上被运用于社会成员每天的微观话语结构中。

表 10-1　社会认知路径的话语分析的组织结构（van Dijk, 2015）

结构层	认知	社会
宏观	社会共享的知识, 态度,	社团, 群体, 组织
	意识形态, 规范, 价值	
微观	个人关于社会成员的	社会成员的交流或话语
	心智模型	

van Dijk 将权力和统治定义为社会群体控制的特殊关系，这种控制涉及社会和认知两个方面，一方面控制被统治群体的行为，另一方面控制被群体成员个人和社会共享的认知，即心智模型、知识、态度和意识形态。

话语在权力的行使过程中起关键作用。话语可以像其他社会活动一样，通过法律、命令、禁止等手段控制被统治群体，也可以表达社会认知，从而管理其他社团及其成员的思想。

对于权力的定义，van Dijk 也从社会、认知和话语三个方面，以及宏观微观两个层面去划分，批评话语研究更加关注权力滥用或权力控制。这种负面的权力社会关系可以从合法性，或违背社会规则和人权方面去定义。权力控制尤其体现在社会中更有权势的群体为了自身的利益，无视权势更弱群体的利益。

4.3 话语—认知—社会框架的话语部分

在批评话语研究中，研究者主要关注那些体现权力滥用的话语结构，这些结构能展现社会群体潜在的态度和意识形态。

van Dijk 将这一层面的分析分为话语结构的分析和话语意识形态结构的分析。

4.3.1 话语结构分析

许多语类有其自身的整体组织结构，比如故事、新闻报道、学术文章。依据不同语类，会出现总结、介绍、事件、结论、评论等话语结构。

4.3.2 话语的意识形态结构

这是话语层面批评话语研究的重点，van Dijk（2015）总结了一些体现意识形态的话语结构：

两极化：意识形态由对群体内部的正面表征和对群外成员的负面表征体现。这种极化影响话语的各个层面。

代词：语言使用者谈论自己意识形态的内部成员时，用"我们"，谈论群外人士时，用"他们"，也体现在物主代词的使用上，如"那些人"。

身份认同：某一群体成员会不停地认同自己身份，比如：作为女性主义者，我们……；作为和平爱好者，我们……

强调正面的自我描述，负面的他人描述：这是受到意识形态两极化影响的结果，比如在国家主义话语中，我们能找到大量赞颂自己国家的话语。

活动：某一群体往往由他们的典型活动识别，话语往往关于我们要做什么，我们必须做什么，比如如何保护我们的群体。

规则和价值：意识形态建立在行为规则或群体应该共同为之奋斗的价值取向上。比如话语中会明示或者暗示出群体成员应该为之共同奋斗的价值，如自由、平等、公正等。

利益：意识形态的斗争涉及权力和利益。因此话语中会提到我们的利益，比如基本资源，诸如食物、健康；象征资源，如知识、身份。

4.4 话语—认知—社会层面的融合

社会认知路径的批评话语研究并不会将话语结构、认知和社会三者孤立，对于每一个话语结构，首先运用相关理论，不仅对其本身进行细致描述，也对其与同一层面其他结构之间的关系进行描述；同时，依据潜在的心智表征，如心智模型、知识或意识形态，对这些结构进行描写和解读；最后，在社会层面，描述这些结构在社会语境或交际中的作用，主要是政治和文化功能。（van Dijk，2015）

5. 经典案例分析

5.1 英国独立党在 2014 年欧洲议会选举中的竞选广告牌

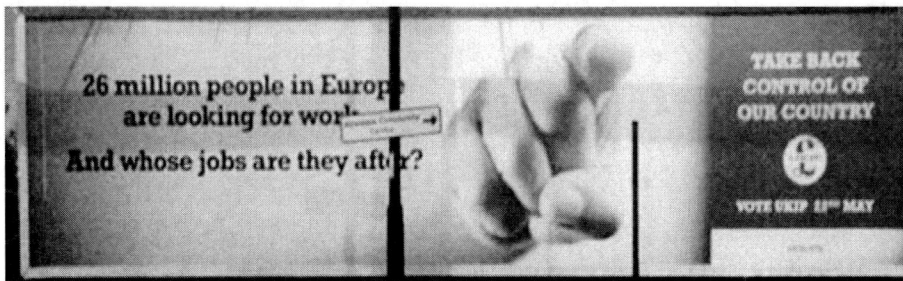

图 10-1　英国独立党在 2014 年欧洲议会选举中的竞选广告牌（选自 van Dijk，2015）

2014 年，欧洲议会选举，不仅仅是极右翼党派，许多政党都或多或少大胆地显现出种族主义和恐惧外国人的宣传，以此赢得选票。以图 10-1 英国独立党的竞选广告牌为例，我们进行社会认知视角的批评话语分析。

首先从话语结构和符号结构层面分析宣传海报的隐含意义，包括语言方面、数字（2600 万人）、反问句（他们在寻找谁的工作？）、两个祈使句（拿回，投票）、物主代词（我们的国家）。视觉符号方面，手指直接指向广告牌的读者，即英国民众。这些话语结构和符号结构揭示了这幅海报的隐含意义——欧洲大陆的失业人员正在英国找工作。同样，在这种上下文语境中，"我们国家"指英国，"拿回"预设我们已经失去了对自己国家的控制。

接下来是对话语认知层面的解读。先考察这幅海报体现的语境模型，时空场景（包括时间：选举日期，5 月 22 日；空间：我们国家），参与者及其身份（英国独立党、英国公民），行动（选举广告以及命令、"拿回"），目标（为英国独立党投票）。再看对这些话语解读的认知结构。首先为知识，没有共享的社会文化知识，海报的隐含含义是无法理解的，比如英国的失业率、大批来自东欧的移民和关于移民问题的辩论等。海报也反映了英国独立党恐惧外国移民的态度，他们认为英国工人优于外国工人。这种态度基于更本质的种族主义意识形态，将群族内和群族外两极化，加强了群族内的优越感和优先权。这种意识形态在其他社会政治领域也有显现，也反映为其他许多恐惧外国人的和种族主义的态度,比如将移民和少数族裔等同于犯罪分子。

最后,这些话语和认知结构在英国独立党和海报的读者之间形成互动。这幅海报是英国独立党的广告活动,在社会政治的宏观结构层面,是一个政党的组织交流行为。作为政党,英国独立党一方面代表了英国,另一方面代表了英国白人统治阶层的种族主义,这种意识形态反映在对外国移民的恐惧上。

5.2 "移民是波浪"的隐喻

在话语层面,政治和媒体话语中充满了隐喻,把大量移民的到来比作难民潮,有时也会用其他隐喻,比如雪崩或者海啸。

在认知层面,这些隐喻被理解为"大量的人",在多模态心智模型中表征。这一隐喻强调了被众多难民淹没的恐惧,所以浪潮的隐喻在认知层面将抽象的大规模移民具象化了。

在社会层面,这些隐喻的使用,以及对受众的认知影响并不能说是无辜的。相反,如果真的造成了许多人对移民的恐惧,发展成反对移民的态度,这些恐惧或者消极的态度可能会被许多政党策略性地使用,以用来募集选票,阻止移民(van Dijk, 2015)。

这样,利用心智模型,我们可以将话语中隐喻的使用与社会宏观层面联系起来,如移民政策的制定,政党的表现,种族主义问题等。

6. 不足之处、发展方向和趋势

van Dijk 明确否认了语境的客观性,把语境当成话语参与者的主观解读(毛浩然等, 2015), van Dijk 在论述过程中出现语境动态性与"语境给定性"相矛盾的表述,混淆了语境和语境要素的区别,指出"语境要素是给定的,至少是给定的'假想集',而选择给定要素是一个动态择定过程"。(林大津, 2012: 85-86)。即语境是主观建构的动态过程,而语境要素是静态给定的,选择语境要素是动态择定过程。语境不只是主观建构的"统一体",还是包含交际者在内的客观存在,各语境要素也并不能在动态中呈现,某些因素暂时或长期保持静态,如话语产生的自然环境。因此,如何将语境理论化将是 van Dijk 的 CDS 分析模式需要解决的一大难题。

van Dijk 的批评话语研究大多从话语表达者的视角出发,分析话语表达者的交际意图、社会认知和意识形态等因素,很少从受众的角度分析话语交际事件。然而,在言语交际活动中,话语表达者和接受者的角色会发生转换。因此,在不同的语境中要对话语参与者进行角色定位。此外，话语的分析的对象不仅应包括在场的表达者和接受者，当交际双方在谈论另外一个人时，话语分析的对象也应包括不在场的第三方，因为被谈论的不在场的第三方的社会地位、阶级等因素也会影响谈话性质。（毛浩然等，2015）

van Dijk（1998b：6）曾指出"弱势群体如何挑战、抵抗强势群体的权力"是批评话语分析中揭示权力的"三大研究问题"之一，但他的研究一直都是围绕着强势群体主力的滥用以及对话语权的操控，并没有对弱势群体的挑战和抵抗做较深入的研究。当然，这也是 CDS 研究普遍存在的问题。

7. 结语

本章梳理了 van Dijk 的主要研究方向，从最初的生成语篇语法研究，到语篇加工的心理机制探索，到 CDS，着重介绍了其"社会—认知—话语"三角CDA 路径。该路径的提出融合了其对心智模型的研究，对话语结构层面的分析以及从社会层面对话语策略的解释。在理论上，看到认知在话语的描写分析和社会层面的解释阐释之间的中介作用，并试图建构三者兼顾的分析模式。在研究方法上，重视宏观权力，语境分析和微观话语使用者态度、观念、知识分析的结合（毛浩然等，2015）。但其提出的语境理论体系仍有待完善，对弱势群体反话语操控的研究也有待加强。

第十一章　Fairclough 批评话语分析模式

1. 引言

批评性话语分析（Critical Discourse Analysis）主要通过分析语言来研究社会，关注语言与社会之间的辩证关系。Fairclough 是批评话语分析的代表人物之一。他致力于批评话语分析的研究，出版和发表了大量专著和文章，在国内外话语分析领域产生了深刻影响。

关于话语和社会关系的理解大致可分为两种。一种把话语看作人们在社会语境中进行交际的社会行为；另一种把话语看作对社会的建构，是一种知识形式。综合上述两种观点，Fairclough 把话语看作社会和历史情境中的社会实践或行为方式，同时也是对社会的建构。话语与社会及其相关层面有着辩证的关系。Fairclough（2003）把批评话语分析视为社会语言学的一部分。话语既反映社会变化，又能够促进社会变化。因而，他关注话语在社会变化过程中的功能。有学者（纪卫宁、辛斌，2009）认为他的研究不以语言的内在结构为最终目的，而是透过语言结构剖析各种社会问题，如话语的商品化、全球化、新资本主义等。

2. 基本概况

Fairclough（2003）认为社会生活是各种社会实践互相交织的网络。话语只是社会实践的一个要素，与其他社会实践要素（如行为与交际、社会关系、物质世界等）是辩证并互相内化（internalized）的关系。话语和社会实践之间的辩证关系是指话语受社会实践的制约，同时也具有建构性。语言不仅反映客观实在，也是建构客观实在的媒介，同时也建构社会身份、社会关系、知识和意义体系等。因而，话语分析应当着眼于话语如何反映客观实在，如何构建社会实践，以及如何构建社会身份、社会关系、知识和意义体系。话语对社会的构建依赖于社会语境和语言功能，通过常规性方式和创造性方式实现。常规性的构建方式，即通过话语实践，再次生产既有的话语结构，从而维持现存的社会关系和知识信仰体系。创造性的构建方式，即通过运用结构之外的语词，改变话语结构，从而改变原有社会关系和知识信仰体系。Fairclough 的话语分析理念是以话语秩序为面，以互文性为线展开的。纪卫宁、辛斌（2009）指出话语秩序和互文性两个概念构成了其话语分析思想的核心，也是我们解读其话语分析思想的首要前提。Fairclough（1992）认为语言结构与社会结构之间不是直接的二维关系，而是通过话语秩序（order of discourse）将语言与社会结构联接起来的三维模式，武建国（2015）认为该思想的发展使批评性话语分析逐步走向成熟。

3. 主要代表人物的理论来源及影响

Fairclough 借鉴批评语言学理论、系统功能语法，结合 Foucault 和 Derrida 的解构主义理论、Bourdieu 的社会学理论和新马克思主义文化理论，形成了通过分析话语来研究语言、权力、意识形态之间关系的话语分析方法。他继承并发展了 Fowler et. al.（1979）的部分观点，认为使用中的语言形式是社会过程的一部分，也是社会过程的结果。王泽霞、杨忠（2008）的研究指出，他自 1989 年使用"批评话语分析"这个概念以来，先后撰写相关论文数篇，出版专著数部。

国内很多研究者关注 Fairclough 的批评话语分析理论来源研究（王泽霞、杨忠，2008；纪卫宁、辛斌，2009）。在语言学理论方面，他借鉴了 Halliday 的系统功能思想，其三维分析框架和 Halliday 的语言多层次系统观有着密切联系。尤其是 Halliday 的《作为社会符号的语言：从社会角度诠释语言与意义（*Language as Social Semiotic: The Social Interpretation of Language and Meaning*）》（1978）和《功能语法入门（*An Introduction to Functional Grammar*）》（1985）等著作把语言视为社会符号和三大元功能等思想。他认为批评话语分析既包括语言学分析，又包括社会文化语境分析。他借鉴并发展了 Halliday 的元功能观，认为话语能够构建知识和信仰体系，以及社会关系和身份。因而，原有的人际功能涵盖了关系和身份功能，概念功能包括了构建知识和信仰体系的功能。在社会理论方面，他的话语分析思想借鉴了 Gramsci（1971）的西方马克思主义思想、Althusser（1969）的批评社会理论，以及符号、语言和话语理论领域中的后结构主义和后现代主义思想。此外，他还借鉴和发展了 Bakhtin 的哲学和互文性思想，Foucault 的话语秩序理论，Bernstein 的再语境化、框架、分类等思想，Bourdieu 的场域理论，社会理论学家 Habermas 等的观点等。

4. 分析模式和框架

Fairclough 借鉴 Foucault 的社会分析模式、话语动态观、话语建构观、话语权力观和话语意识形态观。武建国（2015）认为其分析思想和框架综合了语篇导向的话语分析（textually-oriented discourse analysis）以及社会导向的话语分析（socially-oriented discourse analysis）的模式，进而发展了话语三维概念模式。国内关于他的话语分析思想的分析模式和阶段有不少探讨，但是学者们的研究（参见纪卫宁、辛斌，2009）还是倾向认为其思想包括了辩证的话语和社会关系，涵盖了话语秩序和互文性的思想，其话语分析模式大致可以分为三个阶段：第一阶段，以权力和意识形态为目标的早期阶段（Fairclough, 1989）；第二阶段，以话语和社会变化为目标的成熟阶段（Fairclough, 1992, 1995）；第三阶段，以全球化为目标的阶段（Fairclough, 2003, 2006; Chouliaraki & Fairclough, 1999）。

4.1 第一阶段：以权力和意识形态为目标的早期阶段

在 *Language and Power*（1989）中，Fairclough 认为语言是表达意识形态和权力的工具。话语分析的主要目的是揭示语言、权力、意识形态之间的隐含关系以及社会关系中隐藏的因素及其影响。他（1989）关注语言的使用，认为语言可以被视为由社会决定的话语（discourse）。话语的三大要素分别为文本、社会活动、社会语境。因而，话语分析应包含三个维度或阶段：文本的描写（description），文本和社会活动之间关系的阐释（interpretation），社会活动和社会语境之间关系的解释（explanation）。文本描写阶段侧重词汇、语法、文本结构三方面，包含了文本的形式分析。阐释阶段涉及文本和社会活动之间的关系，这包含了文本作为生产过程的产物和文本作为阐释过程的资源。它属于描述和解释阶段的中介层面，侧重考察话语的生产和阐释过程及其对常识性假设的依赖。解释阶段涉及互动和社会语境之间的关系，社会决定生产和阐释的过程及其社会影响。它侧重考察话语与社会过程和权力之间的关系。王泽霞、杨忠（2008）指出这一时期的话语分析模式强调话语和社会语境之间的关系，以及对社会语境的解读。他揭示了语言与权力、语言与社会的关系以及语言的使用与权力的不平等现象。语言与权力密切相关，并且在社会化过程中起着潜移默化的作用。

Fairclough 认为，语言是由社会结构决定的，且是社会实践的话语（discourse as social practice），即语言是社会实践的形式（language as a form of social practice）。换而言之，他认为语言是社会的一部分，而不是社会之外的，语言现象是一种特殊的社会现象，社会现象的一部分也是语言现象，两者之间的关系是辩证关系；语言是一种社会过程；语言也是一种被社会调节的过程，它受到社会其他非语言因素的影响。同时，他也指出社会和语言的辩证关系不是一种平等的辩证关系，因为社会是整体，语言仅是社会整体的一部分，几乎所有的语言现象都是社会现象，但是不是所有的社会现象都是语言现象。他也指出文本是产物，而话语是过程，包含了完整的社会互动过程，文本只是这个过程的一部分，是其产物。这个过程除了文本之外，包含了生产过程（文本是生产的产物），以及阐释过程（文本是解释的资源）。因而，话语分析包含三部分，即文本分析、生产过程分析和阐释过程分析。在生产过程和解释过程中，文本和其他成员资源（member resource，如语言知识、价值、信仰等）产生互相作用。这种资源是属于大脑认知范畴的，也是社会性质的，即它们是由社会产生的，其本质依赖于生产这些资源的社会关系和社会斗争，并且在社会中传播，不均匀地在社会中分布。人们在社会实践中使用这种内化的资源，包括在话语实践中使用。

因而，话语也就包含了这种社会调节，具体而言就是包含了生产的社会调节和阐释的社会调节。社会调节包含三个层面，即话语发生的社会情境或即时社会环境层面、更广阔话语基质的社会机构层面、社会整体层面。正是这种社会调节产生了人们在生产和阐释过程中可以利用的资源，藉由这种方式文本得以生产和解释。因而除了上文所述的话语分析三方面（文本分析、生产过程分析、阐释过程分析）之外，还需要进行文本、过程、社会调节之间的关系分析（包含情境语境的即时条件分析和较为宏观的机构和社会结构分析）。因而可以归纳为如图 11-1 的三维模式。话语被视为由语境（context）、互动（interaction）和文本（text）三个维度构成（参见图 11-1）。文本处于最底层，是互动的结果。互动中的生产过程（process of production）和阐释过程（process of interpretation）都是以语境为社会条件的。

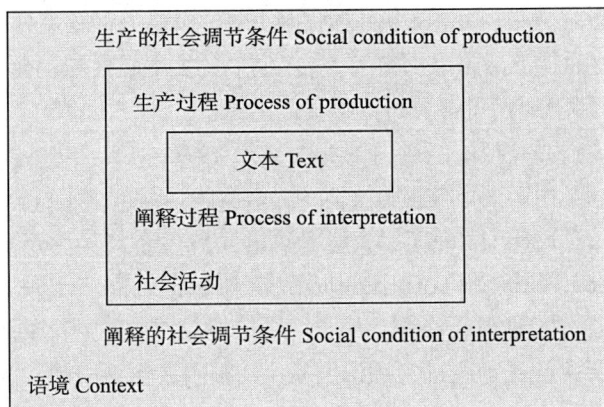

图 11-1　文本、社会活动、语境的话语维度图 (Fairclough, 1989)

4.2 第二阶段：以话语和社会变化为目标的成熟阶段

Fairclough（1992, 1995）借鉴 Bakhtin 语体理论（theory of genre）和 Gramsci 的霸权理论（theory of hegemony），修正了之前的分析框架。语体理论关系到话语实践的可生产性和可创新性，霸权理论涉及权力关系如何约束或控制话语的生产和创新以及话语实践如何构建霸权。他指出当前现代西方资本主义社会需要一种关于权力、阶级和国家的理论，这个理论可以用于解释这种涉及阶级和国家利益的科技化语篇的发展，并且可以解释组织、机构和国家政权之间的复杂关系。而 Gramsci（1971）的霸权理论刚好适应这种理论需要而产生，并且适用于批评话语分析。Fairclough（1995）指出，在资本主义社会中，统治阶级的政治权力基于一种复合性的统治权，该权力包含了狭义的国家政权（镇压平叛、对社会其他阶层的强制约束力），也包括知识和道德方面的主导权或是霸权。霸权的一方面就是文化和伦理的建设，即重塑主体或自我。在这样的霸权理论框架中，话语是这个过程的一个重要方面。话语和霸权是一种二元关系。一方面，霸权实践和斗争很大程度上在口语和书面语互动中是以话语实践的形式出现的。另一方面，话语本身归于文化霸权领域，某阶层或族群的霸权某种程度上可以通过其改造话语实践和话语秩序的能力反映出来。在具体的话语实践中，话语秩序的霸权结构被生产和再生产，被挑战和转换。因而，任何话语实践可以通过如下方面阐释：话语实践的示例和现有话语秩序及其实践之间的关系，话语实践示例和现有社会结构、意识形态及权力之间的关系。将霸权理论等相关社会理论和批评话语分析相互结合的优势有很多方面。这种方式凸显了社会实践和语言之间的联系，系统揭示社会过程的本质和语言文本的属性之间的关联，促进微观分析（话语分析）和宏观分析（包含语言政策分析和规划）的整合，也是有效的批评话语分析途径，将不明显的文本属性和社会过程关系（意识形态、权力关系）通过批评分析变得显而易见。

通过上述理论的诠释和发展，Fairclough（1992，1995）进一步提出了分析话语变化的模式，把话语事件视为文本、话语实践（discursive practice）的例子，社会实践（social practice）的实例，其中话语实践包含文本生产（production）、传播（distribution）和接受（consumption）。文本包含语言学分析，涵盖了词汇、语法、语义、连贯性、话轮转换等。他将第一阶段模式中高层次的语境改进为社会实践，中间层次的互动改进为话语实践，其原因在于话语除了作为社会实践的话语之外，也是行为模式（a mode of action）。此外，将原来互动中的生产过程和解释过程改进为生产、传播、接受过程，其原因在于这样能够体现话语中生产实施者和接受者之间的互动交际过程。话语实践受社会实践的制约，同时也构建社会实践。

Fairclough（1995）提出基于话语的三维概念，进而提出话语分析的三维方法（参见图 11-2）。话语以及任何话语实践的示例都可以视为如下几个维度的同时运作：（1）语言的书面或口语文本；（2）话语实践，包含文本生产和文本阐释；（3）社会文化实践。话语部分内嵌在社会文化实践的不同层面当中（即时情境层面、更广泛机构的组织层面、社会层面）。话语分析方法包含了语言文本的语言学描述、话语过程（生产过程和阐释过程）和文本之间关系的阐释、话语过程和社会过程之间关系的解释。话语实践作为中介将社会文化实践和文本联

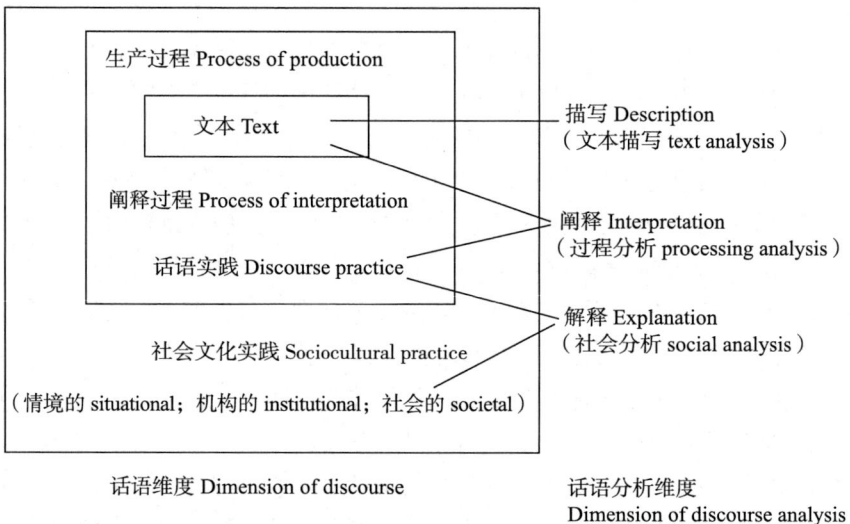

话语维度 Dimension of discourse 话语分析维度 Dimension of discourse analysis

图 11-2　话语的三维分析模式 (Fairclough, 1992, 1995)

系起来。从话语实践源自话语秩序这个视角而言，文本的生产和阐释的方式依赖于社会文化实践，话语也是该社会文化实践的一部分；话语实践（文本生产）的本质塑造了文本并留下表层特征；话语实践（文本阐释）的本质决定如何阐释该文本的特征。

王泽霞、杨忠（2008）总结并归纳了这一时期其分析模式的变化特征。从关注权力与意识形态，转变为关注话语与社会变化。话语和社会结构之间的辩证关系，即社会结构的变化决定话语的变化，话语的变化又能反映社会和文化的变化；话语对社会文化产生反作用，即话语影响社会文化以及社会的变化。因而，在 *Discourse and Social Change*（1992）中，话语分析视被为研究社会变化的方法，它关注具体时期社会的变化，以及话语在其中的功能，从而揭示社会趋势和话语秩序之间的关系。

4.3 第三阶段：以全球化为目标的阶段

Fairclough（2001）将批评话语分析视为社会科学研究的一种方法，其主要目的是研究在新资本主义社会当中语言起到怎样特殊的作用。他认同 Williams（1977）的观点，认为批评话语分析作为一种理论方法，既是关于语言和符号的理论，同时也是可以应用在广泛的社会过程分析中，并衍生更多的关于语言和符号的分析方法。他还认为，该理论方法同其他社会理论方法之间是一种辩证关系，它以"可在学科间转移的"（transdisciplinary）方式和其他理论方法互相联系、互相作用，它们之间的联系不仅是一种简单的学科间的关系。Fairclough（2000）进一步指明这种社会过程中特殊领域的理论方法之间的互相作用，会促进其理论的发展，也会模糊不同理论方法之间的界限。他将批评话语分析的理论地位界定为语篇作为社会实践的元素（Discourse as moment of social practices）。

Fairclough 将语言视为一种构成社会物质过程的元素（Chouliaraki & Fairclough, 1999; Fairclough, 2000, 2001）。在他看来，批评话语分析是将符号视为不可简化的社会物质过程的一部分（semiosis as an irreducible part of material social processes），社会生活是互相联系的各种社会实践网络（包括经济、政治、文化等），而每种实践都有一个符号元素。关注社会实践的目的在于研究者能够将结构视角和行为视角互相结合。实践是一种相对不变的社会行为方式，它是经由所在的结构化实践网络的位置而定义的，也是社会行为和互动的领域，这两个领域都能够生产社会实践结构并具有改变这些结构的潜势。所有实践都属于生产实践，实践是生产社会生活的所在（arenas），例如，经济生活、政治生活、文化生活或日常生活等。实践包含如下元素（Harvey, 1996）：生产活动（productive activity）、生产方式（means of production）、社会关系（social relations）、社会身份（social identities）、文化价值（cultural values）、社会意识（consciousness）和符号（semiosis）。并且，他指出这些元素之间是辩证关系，也就是说它们不同但是互相联系，彼此之间可以互相内化为各自的一部分，但是又不会被互相所规约简化，这就意味着它们有着各自的属性以及不同的研究原理。而批评语言学在他看来就是符号元素（包括语言）和其他各元素之间的辩证关系，更进一步说，就是关注在当代社会生活中的巨大变化中符号是如何表现的，以及符号和其他社会实践网络中的元素间的关系是如何变换的。

在社会实践中，符号学主要有三种表现方式：第一，符号表现为实践中社会活动的一部分，例如，工作中语言使用的方式；第二，符号以表征的方式呈现，即社会实践中的行为者生产关于其他实践的表征，也生产自身（自反性的）实践的表征。他们试图将其他实践重新语境化，即将其他实践融入自身实践当中，并且不同的社会实践行为者会对其进行不同的表征（Bernstein, 1990; Chouliaraki & Fairclough, 1999; Fairclough, 2001）。这样说来，表征是社会实践的建构过程，包含自反性的自我建构，即表征进入并形成社会过程和实践。第三，符号表现为社会实践中特殊定位的行为表现。符号学作为社会活动的一部分构成了语类。在符号模态中，语类是不同的行为方式，是社会生活方式。符号对社会实践的表征和自反表征构成了语篇。语篇是社会生活的表征。通过语篇，不同的社会行为人以不同的方式看待社会生活，表征社会生活，实现社会定位。在社会定位的行为表现中，符号就是风格（style），例如，医生、教师、公务员不仅有符号风格，而且发挥实践中定位的功能，根据不同的身份，产生不同风格的表现行为。风格是符号的存在方式和身份认同方式。

社会实践网络以特定方式构建了一个社会秩序。例如，新资本主义的新自由主义全球化秩序，或是，特定社会的某时期的社会教育秩序。社会秩序的符号方面就是话语秩序。话语秩序是不同语类和话语网络化连接的方式。话语秩序是不同符号的社会性建构，在不同的意义生成方式关系之间（例如，不同话语和语类），它是一种特殊的社会秩序。这些秩序中一个方面会得到凸显，也就是说某些意义生成的方式中的特定话语秩序会成为主导或主流方式，而某些方式成为边缘化或备选方式。例如，在英国的医患会话中会有一种主导方式，它同时与其他非主导话语秩序方式并存。霸权这个政治概念可以应用于话语秩序的分析之中（Fairclough, 1992, 2001; Forgacs, 1988; Laclau & Mouffe, 1985），即不同符号的特定社会建构可能会导致霸权的产生，成为维持统治关系的法律化常识。在霸权斗争中，霸权或多或少总会彼此较量和争夺。话语秩序不是封闭僵化的系统，而是开放的系统。

批评话语分析在 Fairclough（2001）看来是在关注结构和关注行为之间的

转换，是焦点的转换，即在符号多样性的社会建构（话语秩序）以及在特定语篇和互动中具生产性的符号运作这两者间的转换。这两者主要关注在语类、话语、风格之间的表达的转变。语类、话语、风格的社会关系结构的转变，意味着在话语秩序中这三者达到相对的稳定性，以及这三者在语篇和互动中持续发挥的关联作用。

Fairclough（2003，2006）以及 Chouliaraki & Fairclough（1999）再次改进话语分析模式，将话语分析视为社会语言学的一部分。前两个阶段的话语分析借鉴了语言学特别是功能语言学的思想，而在这一阶段，Chouliaraki & Fairclough（1999）借鉴了 Volosinov 的批评社会科学思想，以全球化和新资本主义为研究对象，将话语视为社会实践要素，并通过话语分析解决社会问题，从而成为参与社会变革的方式。Fairclough（2003）用话语秩序表达话语的相对稳定性，用篇际互文性的概念表达话语的创造性。话语秩序的内涵有所改进，既包括原来的体裁和话语，又增加风格，体裁被视为行为方式，话语被视为表征方式，风格被视为存在方式。体裁把文本与社会事件相互联系，话语将文本与外部世界相互联系，风格将参与的人相互联系，进而形成三种意义表达方式，即行为、表征、认同。话语分析模式简化为两个层次，即文本分析和社会分析。文本分析包括语言学分析和互文性分析，包含了三种意义表达方式（行为、表征、认同），词汇，语法，体裁，话语，风格等；社会分析主要包含话语秩序的分析。

Chouliaraki & Fairclough（1999）明确地提出话语分析的分析框架，被后来的学者总结为五步或五阶段分析框架。之后，Fairclough（2001）又进一步说明了该框架，从而更好地解决实际社会问题。该框架融合了话语分析以及社会问题分析。这一分析框架较侧重于实际社会问题的分析，具体如下（见 Bhaskar，1986；Fairclough，2001；武建国，2015）：

（1）社会问题，即具有符号层面的社会问题聚焦（Focus upon a social problem which has a semiotic aspect）。

（2）通过分析，找出需要解决的阻碍。首先，关于该问题的社会实践分析（analysis of the conjuncture），即找出该问题所处的社会实践网络（the network of practices it is located within）；其次，实践分析或其他话语要素的分析（analysis of the practices or its discourse moment），包含如下几个方面：相关实践、话语同其他要素间的关系，即在该特定实践中，符号和其他元素之间的关系；再次，话语分析，即符号本身的分析，包含如下几个方面：话语秩序的结构分析（structural analysis）、互动分析（interactional analysis）。互动分析包括了话语之间的分析、语言学和符号学分析。

（3）解决该问题是否牵涉话语实践的功能，即社会秩序（实践网络）是否影响了该问题。

（4）跨越阻碍的可能方法。

（5）关于先前分析的批评性反思（Reflection on the analysis），即对之前（1）至（4）步骤进行批判反思。

阶段（1）说明了该批判话语分析框架是问题导向框架，批评话语分析是批评社会科学的一种形式，社会科学解释人们在特定社会生活形式中所遇到的问题，并提供人们解决该问题的资源。所需解决的社会问题是针对社会弱势群体、被边缘化人群、被压迫的性别或被压迫的种族关系等。引发问题的关键在于内在固有的争夺和争议，这即是批评话语分析所需要关注的社会生活的特定方面。阶段（2）对前一阶段的问题以较为间接的方式进行识别诊断（diagnosis），尤其是找出阻碍因素，譬如，何种社会生活建构或组织方式导致该问题的产生？需要考虑社会实践作为网络化连接的方式，需要考虑符号和其他元素的社会实践相互联系的方式，以及考虑话语特征本身。阻碍因素在此处涉及批评话语分析关注的两个方面。一方面，涉及话语秩序中不同符号的社会建构，例如，管理性话语已经在公共服务领域（如教育）中占据相当重要的位置；另一方面，涉及主导的互动方式，或互动中语言的使用方式，这也意味着需要分析互动。在这个框架中，侧重 SFL 语言分析框架（Halliday，1994）。阶段（3）具体考量是否是由于社会秩序的需要而导致该问题的产生。如果通过批评分析发现社会秩序内在生成一系列主要的问题，这些问题正是维持社会秩序所需的，那么这就有助于找到社会剧变的根本原因。由于话语有助于维持特定的权力和统治关系，话语是意识形态的。阶段（4）的分析从消极批评分析转变为积极话语分析，试图找出在该过程中迄今为止没有实现或完全实现的可能改变。阶段（5）的分析反身性地指向了分析本身，主要考量该分析结果的效度问题，以及该分析是否有助于推动社会变革等方面。

Fairclough（1989）第一阶段的模式揭示语言和社会的关系是内在而非外在的辩证关系。他于第二阶段的模式（1992）中进一步阐明话语与社会的关系，指出社会结构是社会实践的条件，同时也是社会实践的结果。在该模式中他把话语视为行为模式，是人们对世界产生作用的方式，并且再次强调话语与社会结构的辩证关系，即话语受社会结构的制约，同时话语对社会结构具有构建作用。关于话语的构建作用，他（1992）指出主要通过如下三种方式构建而成，即话语对社会、话语对人与人的社会关系和话语对知识信仰系统的方式。之后，Chouliaraki & Fairclough（1999）进一步改进分析框架，从而更深入地揭示语言与社会的辩证关系。他将社会生活视为社会实践，而话语就是社会实践的内容，并且认为社会实践具有以下特点：首先，实践活动是社会生活的生产形式，不仅局限于经济领域，也适用于文化和政治领域的生产；其次，每个实践活动都处于实践活动的网络之中，而且网络的外部关系决定着该实践活动的内部构成；再次，实践活动具有自反性维度，在该维度中人们对其实践活动的表征也构成了一种实践活动（Chouliaraki & Fairclough, 1999；田海龙，2003）。通过对三个阶段的分析模式进行回顾和综述，可以看出其理论模式中的核心是研究语言与社会之间的辩证关系，而意识形态是这两者间的实现媒介。

5. 经典案例分析

目前国内多数学者普遍采用第二阶段的话语分析模式进行语篇分析，即 Fairclough（1992, 1995）所修正的话语分析模式——把话语事件视为文本、话语实践的例子，社会实践的实例，其中话语实践包含文本生产、传播和接受。因而，本章围绕该阶段的分析模式选取经典案例。同时，我们也选取了 Fairclough（2001）的分析案例作为参考，该案例采用第三阶段的五阶段分析框架。

5.1 医患会话语篇

胡燕、董方莉（2016）认为，Fairclough 第二阶段三维分析框架反映了 SFL 的思想，属于分析体系较完整且兼具可操作性的批评话语分析理论框架，因而，适用于分析各类语篇和话语。将 Fairclough（1992, 1995）第二阶段的三维分析模式用于研究门诊医患会话，从词汇、语法、语篇三个层面对门诊医患会话的语言特征进行研究，胡燕、董方莉（2016）发现医生和患者的语言在如下几个方面呈现出不对称性，它们分别是称呼语、医学术语、问句、情态系统、会话结构、言语打断等方面。因此，这揭示了医患之间的权力不对称。该研究的语料采集自华中地区三家医疗机构，涵盖内科、外科、妇产科等 14 个门诊科室，总计 34 位老中青医生，包含 130 个会话，转写 16 万 7000 余字。会话发生在医院与门诊科室内，侧重研究医生与患者及其家属间的口语会话，因而，语料的选取不包括医生与医生之间的会话，也不包含患者与患者之间的会话。

5.1.1 医患会语话篇分析

在词汇层面的分析，侧重研究称呼语和医学术语的使用。该研究（表 11-1）发现超过 70% 的会话中，医生使用零称呼或者"你"来称呼患者，而患者则使用大夫、医生、主任或者"您"来称呼医生。患者使用职业或职称头衔称呼医生，体现了患者对医生的职业认同，及对拥有专业知识技能的医生的尊敬，也反映了医患之间权势地位的不对称。在该案例研究中，医生共使用173个医学术语，平均每个会话有1.3个医学术语。患者使用日常用语描述其症状，而医生则使用医学术语进行诊断，这种医学术语的不对等使用，说明医生和患者之间社会地位的不对等。

表11-1　门诊医患会话中称呼语的使用

医生对患者	百分比	患者对医生	百分比
零称呼	43%	大夫、主任	46%
你	32%	您	25%
姓名	18%	你	20%
您	7%	零称呼	9%

（胡燕、董方莉，2016）

语法层面的分析侧重研究问句和情态系统。问句的使用可以反映话语中参与者的权势地位。在该案例所收集的130个门诊会话中，共有3018个问句（见表11-2），其中，医生问句占68%，患者问句占32%。医生的问句有着重要影响，在该案例中控制着会话结构与内容。在医生问句中，是非问句占68%，特殊问句占24%。是非问句的大量使用体现医生控制交际过程，并限制患者在交际中的参与。在情态方面，医生较多使用高量值的词汇，而患者较多使用中低量值的词汇。例如，在给患者做检查时，医生通常使用"必须""要""得"等高量值词，从而表达强制情态意义，体现医生的医学权威身份；患者问诊过程时，通常使用"能不能""会不会"等低量值词，体现了患者较为弱势的地位。

表11-2　医生和患者的问句对比

	数量	百分比（%）
医生问句	2 042	68
患者问句	976	32
总数	3 018	100

（胡燕、董方莉，2016）

语篇层面的分析侧重研究会话中的话语打断现象（见表11-3）。打断属于转换话轮的方式，也能够反映话语参与者的权力地位。在该案例的会话中，医生打断患者的话语占比70%，而患者打断医生的话语占30%，从而说明医生控制着话题，并以医学权威身份纠正患者的错误观点，或表达自己的专业观点。

表11-3　言语打断对比

言语打断	数量	百分比（%）
医生打断患者	300	70
患者打断医生	126	30
总数	426	100

（胡燕、董方莉，2016）

5.1.2 小结

通过上述针对该研究的回顾和综述，可以看出胡燕、董方莉（2016）的研究有以下优势：第一，从语料收集方面而言，收集了大量第一手真实语料（包含130 个会话，转写 16 万 7000 余字），使得该话语分析能够得出较为充分且可信的结论，是研究医患会话的宝贵参考资料。第二，从语料分析的角度而言，该研究从会话的词汇、语法、语篇三个角度着手，每个角度又分别选取了几个重要的参数作为重要的分析内容，并且在每个角度下都做出了详细的定量分析，并做出表格，使得研究结果一目了然。在各个表格之后，又有详细的分析说明以及和其他学者的研究进行的比较，使得该研究的分析十分细致有条理、易懂且可信度较高。第三，从研究目标和对象的选取上，该研究侧重研究医生和患者之间的权力关系如何通过话语展现，以往国内的 Fairclough 话语分析多数应用于政治语篇或新闻广告语篇，较少应用在医患机构会话的研究中，因而该研究的题材相对较为新颖。

同时，该研究也有可适当改进之处：第一，从话语分析的整体框架而言，该研究主要采用 Fairclough 第二阶段的分析模式，而关于该理论框架的思考、改进和理据较为欠缺。例如，第二阶段的分析模式是否有效，又存在哪些可改进或模糊之处等。第二，从话语分析的具体方面而言，该研究侧重词汇、语法、语篇三个角度，这三个角度主要是其第一阶段和第二阶段框架中的文本描写部分。而在该研究综述部分，主要综述的是文本、话语实践、社会实践这三个维度的分析框架。该研究关于三维分析框架的文综部分不够详实，且没有足够的其他维度的分析，或维度之间如何进行互相作用的分析，因而，没有充分体现出应用该三维分析框架的具体优势或其他相关研究发现。

5.2 政治语篇

新资本主义可以视为社会实践的重新网络化，涉及重新结构化（即经济和非经济领域间的关系被重新结构化），以及重新调节（即不同维度层面的社会生活或社会实践之中产生新的需要调节的关系）(Jessop, 2000)。新的结构化关系在社会生活领域间或社会实践网络间被建立。这也就意味着全球化是一个较长的历史时期，它涉及社会生活各个层面和各个维度新关系的建构。语言和符号在资本主义重新结构化和重新调节的过程中，显得尤为重要。资本主义的重新结构化和重新调节也是符号过程的一部分。这意味着话语秩序也涉及重新结构化和重新调节的过程，包括语类、话语、风格之间出现新的结构化和维度关系。例如，在知识经济中，知识和信息扮演着决定性作用，这也引发了话语经济。知识作为话语，被生产、传播、吸收；话语作为行为和互动的新方式（包含新语类）

而被使用，或作为新的存在方式和新身份（包含新风格）而被提倡。

例文：

BUILDING THE KNOWLEDGE DRIVEN ECONOMY
Foreword by the Prime Minister

(1) The modern world is swept by change. New technologies emerge constantly; new markets are opening up. There are new competitors but also great new opportunities.

(2) Our success depends on how well we exploit our most valuable assets: our knowledge, skills, and creativity. These are the key to designing high value goods and services and advanced business practices. They are at the heart of a modern, knowledge driven economy.

(3) This new world challenges business to be innovative and creative, to improve performance continuously, to build new alliances and ventures. But it also challenges government: to create and execute a new approach to industrial policy.

(4) That is the purpose of this White Paper. Old-fashioned state intervention did not and cannot work. But neither does naive reliance on markets.

(5) The government must promote competition, stimulating enterprise, flexibility and innovation by opening markets. But we must also invest in British capabilities when companies alone cannot: in education, in science and in the creation of a culture of enterprise. And we must promote creative partnerships which help companies: to collaborate for competitive advantage; to promote a long-term vision in a world of short-term pressures; to benchmark their performance against the best in the world; and to forge alliances with other businesses and with employees. All this is the DTI's role.

(6) We will not meet our objectives overnight. The White Paper creates a policy framework for the next ten years. We must compete more effectively in today's tough markets if we are to prosper in the markets of tomorrow.

(7) In government, in business, in our universities and throughout society we must do much more to foster a new entrepreneurial spirit: equipping ourselves for the long term, prepared to seize opportunities, committed to

constant innovation and enhanced performance. That is the route to commercial success and prosperity for all. We must put the future on Britain's side.

The Rt Hon. Tony Blair MP, Prime Minister

(N. Fairclough: *Critical Discourse Analysis as a Method in Social Scientific Research*)

该案例语篇涉及经济全球化以及新资本主义，是英国前任工党首相 Tony Blair 于 1998 年为英国工业贸易署发布的关于竞争力的《白皮书》而撰写的前言。Fairclough（2001）主要采用第三阶段的五阶段分析框架对其进行批评话语分析。

阶段（1）发现涉及符号层面的社会问题。在这部分的分析中，需要应用文本之外的学术或非学术资源理解该话语的社会语境。当前主要的社会问题源于社会秩序，而该话语研究的主要社会问题，从宏观角度而言，倡导普遍建构新自由主义下的全球资本主义作为外化的、不变的、无可置疑的生活现实（fact of life）。从微观角度而言，社会问题在于组织国际经济关系的可行替代方式被排除在这些政治议程的话语表征之外。

阶段（2）找出需要解决的该问题的阻碍。首先，找出阶段（1）发现的问题所处的社会实践网络。该示例中的文本选自英国政府的白皮书，涉及政府统治实践网络，同时也涉及更广的政府之间的实践网络，以及政府资助的国际机构（如欧盟、世界银行、国际货币基金组织等）、贸易实践网络等。政府职能和经济职能融合并形成跨国网络，而政府组织本身被视为该网络中的节点（nodes），其职能包含了创造新经济全球化中经济竞争的条件。其次，实践分析或其他话语要素的分析。符号元素在该示例中发挥着将经济全球化进行强制化实行、扩展化、法律化的作用。再次，从结构角度（话语秩序）和互动角度进行话语和符号本身的分析。新经济全球化和经济变化的话语表征在国际间的经济、政治、媒体、教育等话语中频繁出现。该话语表征通过跨国经济和政府网络的流动，产生了从语类到语类或从一个话语领域到另一个话语领域的重新语境化或转变。在语言分析方面，基于 SFL（Halliday, 1994）的语篇分析发现，新经济全球化秩序的主导话语表征方式有其特有的语言特征。在新经济中的过程表征，缺少相应的社会施事者（例如代表经济行为的企业公司）；主要使用现在时态，时态上缺少变化；情态使用方面，关于新经济的陈述句总是作为非情态化的权威或真理出现，在段（1）至段（4）描述经济现象的时候多用 is，而段（5）至段（7）从 we 的视角描述政府政策行为的时候多使用 ought；新经济现实作为普遍的现象被呈现等。该示例属于政治文本，展现了很多政治语言特征。例如，侧重使用

ought 而不是 is，倾向使用政府方案和指令性的语言，侧重使用 we 作为主语等。这都体现了该文本是对广泛的集体行为的政治呼吁。该互动分析表明新经济秩序是一种生活事实，并表明了它是如何构造的。

阶段（3）是关于解决该问题是否牵涉话语实践的功能，即社会秩序（实践网络）是否影响了该问题。经过前两个阶段的分析表明，关于经济变化和新经济全球化的必然性的话语表征是新社会秩序合法化的重要组成部分，同时这也是意识形态的问题。这其中涉及不充分的话语表征和错误表征。有些话语表征是意识形态的问题，是为了维持不平等的权力关系。例如，新经济的必然性在很大程度上取决于政府间的协定（如关于世界贸易和解除对金融市场的管制的协定，它们是可逆的）；市场有一个客观逻辑，其中的参与者都是被动服从的等。

阶段（4）是关于该问题的跨越阻碍的可能方法。以英国前任首相的政治性文本为示例，从而显示了主导地位的话语表征。居主导地位的社会秩序和话语秩序，同样面临着其他非主导话语的抵抗。例如，工党的反对者所撰写的文本、抵制资本主义组织的文本等。这些话语表征作为主导性社会实践网络的对立面，可以替代主导话语表征，并作为解决该社会问题的一种可能方法。

阶段（5）关于先前分析的批评性反思，即对之前阶段的分析进行批判反思。主要考量之前阶段的分析对问题的解决起到了多大的作用。同经济和市场这个实践网络相比，学术生活是一种特殊且不同的社会实践网络，因而在此限制之下的批评研究不能对市场经济本身起到足够的影响。但是接受批评研究思想的学者们可以将这种思想带入自身生活中的其他领域。如果要对影响进行更进一步的研究，可以参与到该政治实践活动中，与政治活动家共同进行关于批评话语分析的设计研究，从而为社会大众中的弱势群体争取更好的福利和平等的机会。

通过上述批评话语分析，可以看出新资本主义作为一种独特的实践网络，其独特语言表现包括语类、话语和风格，并且发现 Fairclough（2001）的分析框架和案例侧重研究关于语类、话语和风格的三个方面，即统治和主导地位（dominance）、不同（difference）、抵抗（resistance）。首先，要发现在语类、话语、风格当中哪些是占有主导地位的。例如，在语类中，规范组织中的行为和互动的语类（如团队协作、协商、合作关系、评估等类别）占有主导地位；在话语中，新自由主义经济话语被一些国际组织所推崇（例如国际货币基金组织、世界贸易组织），包括了自由贸易、透明化、灵活性等经济思想；风格主要是指在新秩序中关键人物的风格，例如企业家、管理人员、政府要员等。其次，需要考虑语类、话语、风格中的差异性和多样性，包括关于差异性和多样性的社会结构化和重新结构化。一方面需要考虑哪些人能够或不能取得主导地位的话语表现形式，另一方面，也要思考占主导地位的形式和非主导地位的形式之间的关系，即占据主导地位的新兴的语类、话语、风格如何影响其他非主导地位的语类、话语、风格。例如，西方社会中主流政治语篇主要围绕新自由主义而展开，那么其他政治语篇（如社会主义政治语篇）在西方社会中是否边缘化？它们如何被边缘化？如何维持自身的发展？再次，关于抵抗。占主导地位的语类、话语和风格在其他新的领域中被植入，但是这种拓殖（colonization）不是一个简单的过程，新形式需要同化，并和旧有的形式互相融合。这个调节过程会产生不同的结果，例如同化、抵抗或其他结果。

6. 潜在不足与发展趋势

Fairclough 批判地继承并发展其他学者的思想和理论，提出了自己的批评话语分析模式。他的批评话语分析模式以文本分析为基础，是比较系统的理论模式和话语分析工具。该话语分析模式能够揭示话语和社会实践的关系，强调语言和社会语境之间的联系，并将语言学理论和社会理论相结合。围绕着话语社会辩证观，其分析模式不断发展改进。

总体而言，他的话语分析模式强调将文本置于其他文本网络的关系中（互文性），置于文本与社会语境的联系中，置于社会结构与社会事件的联系中（话语秩序）。该模式既包含了宏观语言分析和社会分析，也包含了微观语义、语法和词汇层面的分析（纪卫宁、辛斌，2009）。他前两阶段的三维模式，将语篇导向的话语分析和社会导向的话语分析相互结合，并通过话语秩序将语言与社会联系起来（武建国，2015）。第一阶段模式（1989）体现语言是社会的一部分，话语被视为社会过程，并且该过程受社会其他非语言要素的制约。非语言要素与社会结构的三个层面（话语的社会环境、社会机构、整体的社会）密切相关（王泽霞、杨忠，2008）。在文本、互动和语境的话语模式中，这三者间互相作用的关系得以体现，揭示了语言与社会的关系是内在的关系。这也正是批评语言学家在研究语言和社会关系上的独特之处。很多语言学学者都意识到语言结构和社会结构的紧密联系。虽然，Fowler 等（1979）从社会角度研究社会语境下的语言，将语言与社会的联系视为偶然或任意的。但是，Fairclough（1989）从批评语言学的角度，将语言视为社会过程的一部分，并且认为语言与社会是内在的辩证关系。Richardson（2007）相对全面地对其批评话语分析方法进行了评价，认为该模式是具有阐释性和建设性的话语分析方法，无论是从理论上还是从实践上，都对新闻话语的研究具有重要指导作用和影响。

Fairclough 的话语分析模式推动了批评话语分析的发展，也引起了许多学者的关注与争论。有学者指出该三维模式中的早期阶段模式，虽然揭示了话语的社会活动和文本之间是通过互动联系的，但是互动和语境的概念中关于作为社会实践的话语缺乏深入探讨。在此阶段模式中，社会被视为话语生产过程和解释过程的语境，因而，Fairclough 对于语言和社会关系的理解和社会语言学家的解释不谋而合。这样导致了话语秩序的使用由话语的社会语境条件所决定，关于现有话语秩序的解释也取决于话语所处的社会条件，因而不能充分体现他的批评话语分析模式不同于其他话语分析的独特之处。在第二阶段模式中，话语实践涉及文本生产者如何创作文本，以及文本接受者如何解读文本，并通过社会实践将话语置于意识形态关系中。因而话语实践应当涉及如下几个方面：如何建构或重新建构已有的话语秩序，建构或重新建构已有的话语秩序如何影响社会实践，意识形态或霸权如何介入话语，话语如何维护或批判或重构意识形态和霸权。因此，这个阶段的分析模式应该从更加具体的方面着手。但是该阶段的现有模式侧重对话语和社会实践关系的解释，而没有具体地分析话语策略如何干预社会实践或社会关系（Fairclough & Wodak, 1997；纪卫宁、辛斌，2009）。尽管在第三阶段的模式中有了相对前两阶段较为具体的五步分析模式，但是也有学者认为总体而言 Fairclough 的模式相对抽象，可操作性比较差（辛斌，2005）；Widdowson（2004）也指出他的话语分析方法侧重于阐释途径，而不是提供具体分析方法。而王泽霞、杨忠（2008）认为其话语三维模式能够较为有效地帮助研究者进行话语分析，并且为他们提供了可供参考的且较为全面的分析框架。

然而，虽然其话语三维模式和框架，尤其是第二阶段的模式几经改进，但是仍然存在不少有待发展之处。他的话语三维模式强调语言与社会的辩证关系，并揭示社会实践、话语实践和文本之间的关系，但是这三者之间的关系是单向静态的包含关系，这样一来该模式主要揭示社会实践对话语实践、话语实践对文本的单向控制作用，而没有体现话语实践对社会实践、文本对话语实践的反向作用。同时，国内学者对 Fairclough 话语分析思想的研究或解读的文献，主要限于对其早期思想和模式的回顾，尤其停留在对其第二阶段分析模式的应用或反思上，而对其较为新近的话语思想的发展，特别是第三阶段及之后的可能发展的思考比较匮乏，因此，关于他的话语分析的整体思想缺乏较全面的把握和更深层次的思考。

7. 结语

　　本章通过回顾 Fairclough 的 CDA 思想、研究框架及典型案例分析，认为关于 Fairclough 话语分析思想的未来研究和趋势可能有如下两个方面：第一，就宏观理论框架而言，王泽霞、杨忠（2008）针对第一阶段和第二阶段的话语分析模型，提出了一些可能的改进方向，但是从总体而言，关于其宏观理论框架的改进和发展可以有更多完善的空间，可以借鉴更多国内外近期社会学和语言学理论的最新发展；第二，从微观实际分析角度来看，尽管在第三阶段的话语分析模型中提出了较为具体的五步分析法（Chouliaraki & Fairclough，1999；武建国 2015），但是该分析法较少应用在国内的话语研究中，其原因可能在于其方法仍然较为不够具体。在具体的话语分析中大多数国内学者倾向于采用其第一阶段和第二阶段的分析模型，这就说明该话语模式的第三阶段框架尚未得到充分关注，具体分析框架有待国内外学者做出进一步的研究。

第十二章　女性后结构主义话语分析

1. 引言

女性后结构主义话语分析（Feminist Post-Structuralist Discourse Analysis，后文简称 FPDA）是一种补充其他语言及性别研究的话语分析方法，由英国阿斯顿大学应用语言学教授 Judith Baxter（2003）在专著 *Positioning Gender in Discourse: A Feminist Methodology* 提出。不同于批评话语分析多关注书面语篇中的意识形态，FPDA 关注的是身份和权力在口语交际中的转变节点及过程。

本章将从 FPDA 的理论基础开始，介绍其研究方法及分析框架，回顾使用将其作为分析手段的研究，并对 FPDA 的最新进展进行总结，最后概括该研究现存问题并展望未来研究趋势。

2. 理论基础

2.1 女性主义和后结构主义

女性主义（Feminism）一词源于法国，被用作"妇女解放"的同义词，于 19 世纪 80 年代传入英国。20 世纪以来，女性主义的理论和实践有了很大发展，它不是简单地向男性争取权力和权利，而是旨在改造男性中心的等级制文化和社会体制，消除对妇女及其他受压迫群体在政治、经济和社会上的歧视的一种思潮。女性主义和语言学结合的产物是女性文体学（Feminist Stylistics）（Mills，1995）。

后结构主义哲学思潮产生于 20 世纪 60 年代中期，是在对结构主义的批判继承中不断发展起来的。它对结构主义中所提及的一些基本命题继续进行推导，对符号、知识、主体性等范畴做了新的阐释，对整个西方传统的思想提出了质疑。后结构主义以结构主义为出发点，同时又超越了结构主义，它否定结构的存在，对结构进行解构。一般来讲，所谓后结构主义，就是以 Foucault 的话语权力体系和知识系谱学、Derrida 的解构理论、Lacan 的后精神分析学以及形形色色的各种变体构成的知识和思想体系为代表（Derrida, 1987；Foucault, 1972）。后结构主义理论思潮的共同点在于"怀疑、反动、否定"结构主义，并从本质上分解结构主义的根基，并进一步对结构主义进行拆除，以消解任何以"启蒙"的知识和真理观念为前提的理论。后结构主义的分析始于对科学、文学、哲学及日常文本的规范性分析，号召并质疑英雄式的宏大叙事。

后结构主义话语分析与对限制和鼓励权力的概念的分析相关。Baxter（2002b）早期进行的后结构主义话语分析（后发展为 FPDA 及反思法），强调个人在不同时间段有着多变的话语行为，并以此为解决权力问题提供依据。后结构主义在塑造话语的建构性力量中有很重要的作用。

2.2 女性主义的后结构主义视野

女性主义的后结构主义视野可被看作是女性主义的第三次浪潮，在历史上追溯了自由女权主义（Liberal Feminism）和激进女权主义（Radical Feminism）（Kristeva, 1981）。为了获得进入公共领域的权利，自由女权主义利用个人权利性话语。为了反抗男权话语中关于女性的消极建构模式，激进女权主义强调女性特质。而女权主义后结构主义挑战传统男性女性的二元划分，使语言实践的建构力量得以显现，并打破了其明显的必然性。

女性后结构主义挑战传统范畴的二元对立思维模式。二元认识论作为现代文化的根基，启蒙认识论把世界划分为代表理性、主体、文化、心灵的男性世界和代表情感、客体、自然、肉体的女性世界两大块，并赋予前者高于后者的价值。这种二元认识论是造成等级制和父权制的基础，因为理性—自然、理智—情感、果敢—被动、强壮—柔弱、公共—私人等一系列二元区分，与男女二元对立一一对应，由此，为男子对妇女的统治提供了借口，把妇女捆绑于家务劳役之中、排除在公共生活和理性客观性声音之外（荣维毅，2000）。通过对会话及文本的分析，可发现权力关系是如何通过遵纪守法等方式建构并维护的。

女性后结构主义动摇了方法论、认识论和本体论的基础（Pierre & Pillow, 2000：2），为不同主体的分析提供了可能性。不同于宏大叙事，女性后结构主义所分析的对象不一定具有成功的、权势的、英雄式的标签。主体将随着实际的话语和我们对其的定位而变化。女性后结构主义研究侧重发现现存既定事实变化的可能性，目的是破除传统的性别刻板印象，理解权力是在空间和物质的背景下由话语建构的。

2.3 女性后结构主义与话语分析

与 CDA 类似，FPDA 以 DA 为基础，但特别提取自后结构主义理论（Bakhtin, 1981; Derrida, 1987; Foucault, 1972）。FPDA 非但不采用基于马克思主义的社会理论的批判视角，反而使用了女性后结构主义视角。

Baxter（2002a, 2002b, 2003, 2008）将 FPDA 描述为一种补充性的分析方法，可接受多种视角的观点，需要与其他分析手段共同使用。FPDA 对其他话语分析方法有或积极或消极的作用，可揭示互相竞争的术语、方法及想法间的互动，由此对话语产生更多没有既定答案的多重解读，并最终丰富知识形式。

Baxter（2008: 245）对 FPDA 做如下定义：

> FPDA 是一种分析在口语交际及其他文本类型中产生的互文性话语的方法，吸收了后结构主义原则中的复杂性、多重性、模糊性、链接性、认可度、多元性、文本趣味性、功能性及转换性。
>
> 后结构主义话语分析的女性主义视角认为，在分析所有类型的话语时，相互竞争的话语中性别分歧类话语占据主导地位。

正如 Lazar（2005）所言，FPDA 与女性批评话语分析（Feminist Critical Discourse Analysis, FCDA）有许多共同的元素：

1. 话语即社会实践。
2. 说话者身份的表现性。（性别与说话者对事件反馈之间的联系）
3. 说话者身份的多样性。（性别、年龄、地区背景、民族、阶级等）
4. 在局部、特定环境或话语社团中产生的意义建构性。
5. 解构性。（发现并挑战两分法的权力关系）
6. 互文性。（识别话语的变换，以及不同的话语如何互相交织在一起）
7. 自我反思性。（不断反思话语分析的目的和价值）

3. 研究方法

作为一种其他话语分析的补充方法，FPDA 处理语料的方式与传统的 DA 和 CA 有相同之处，均采用民族志的方式收集数据。但根据 FPDA 理论发展的不同阶段，所收集数据的性质和分析框架有较大的差别。

3.1 研究对象及数据来源

FPDA（Baxter, 2008）理想的研究对象是在短期内，对小范围的精心设计的女性文化活动的话语进行分析，获取数据的方式多种多样，如由录像转写的文本和访谈录等，收集的语料多为口头会话。为弥补 FPDA 只能分析口语语篇的不足，Baxter（2018）在专著中构建了用于分析书面语篇的新分析框架，以英美主流报纸上发表的新闻作为语料，进行 FPDA 话语分析。

FPDA 的数据分析方法和主流的话语分析方法有着明显不同。现存主流的分析方法（如 CA 和 CDA），通常会采集一个或多个作者提供的统一的观点。根据 Bakhtin（1981）的多声性原则，FPDA 旨在收集来源于作者的多种声音，为话语分析中共存的不同声音和不同叙述方式提供空间。例如来自研究参与者、该项目的其他研究人员，甚至可能研究评估者的声音和叙述。

除多声性原则之外，Bakhtin 的异声性原则也是 FPDA 收集数据时遵守的原则之一。根据该原则，可将少数派的声音与官方的或公开认可的声音结合起来，代表沉默的参与者，为原本被压制的声音腾出空间。

综合多声性和异声性收集到的两种数据，不但扩大了数据采集的范围，还丰富了信息的来源，为从女性后结构主义视野展开更充分的话语分析提供了帮助。

3.2 分析方法

3.2.1 口语语篇（Spoken Discourse）

3.2.1.1 共时—历时层面（Synchronic & Diachronic Dimension）

共时—历时借鉴于 Halliday（1989）的语言的功能模型，用来表示 FPDA 的分析者应从两个互补的层面分析文本。

共时法对口头话语进行详细的、微观的横截面描述。在 FPDA 中，共时描写可捕捉到话语权力的交替点。FPDA 认为说话者在不同语境和话语中权力是不断变化的，不能永远停留在有权力或无权力两个极端。共时分析的价值在于其能够发现并展示说话者权力转化时的即刻。通过分析说话者与他人协商、沟通和合作的连续时刻，可以发现说话者不断变化的主体地位。

通过分析一段时间范围内个人、群体或社区的语言变化，历时法可补充共时分析法。根据研究目的，历时法可录制个人、群体或社区间话语关系的组成、发展和变化。与传统的社会语言学中的录音不同，FPDA 着重收集说话者较常保持的主体地位。使用历时法分析话语可以帮助我们发现挑衅、比斗、对立等或显性或隐性的转变节点。

3.2.1.2 外延—内涵分析 (Denotative & Connotative Analysis)

FPDA 分析中一个重要环节是外延分析和内涵分析（借鉴前人研究成果，Barthes，1977）。外延分析旨在真实描述话语环境下发生的事件。侧重于发现每个说话者的发言长度和顺序、对话的物理和空间环境特征，有助于协商及控制话语权的因素和一些基于研究者知识而观察获得的说话者的特征（Sauntson，2012：126）。外延分析应提供一个"没有争议的"、对所收集数据中事件的非评估性描述，这与 Fairclough 的 CDA 框架分析较为相似。

内涵分析是诠释性的，旨在从共时—历时的数据中寻找更为通透的、解释力更强的评论。通过深挖表层的描写，识别数据中新兴的社会"话语"及其特定的会话特征。这类分析着眼于批判性地发掘性别化的话语、竞争性的话语出现的场景和主体地位的变化。内涵分析也考虑互动数据中的多声性——相互竞争的话语（一些占据主导地位，一些被边缘化）的出现方式。在 Baxter（2003）的研究中，访谈和课堂讨论的转写文本一起被用于内涵分析中。除此之外，内涵分析还吸取了周围未参与课堂发言的参与者（课堂场景中被边缘化的未认真对待的对象）的会话。这类边缘化的话语明显不属于分析者的知识范畴。FPDA 中广泛使用了上述来自用民族志方法收集的数据，并获得了丰富的信息。

3.2.2 书面语篇 (Written Discourse)

Baxter 于 2018 年在专著 *Women Leaders and Gender Stereotyping in the UK Press: A Poststructuralist Approach* 中专门开辟三个章节，论述了用于分析书面语篇的反思分析法（Reflexive Approach）。该方法与 FPDA 有着同样的女性后现代主义视野，旨在让读者能够"逆纹理"地阅读文本，看出作者在当前社会文化背景下深层的意识形态。该框架的对象是旨在研究话语分析的学生及学者，可根据需求，对框架进行简化及改编。反思分析法的具体操作框架如表 12-1 所示。

表 12-1　反思分析法操作框架 (Baxter, 2018:151-152)

话语分析层级 ＼ 文本	反女性主义话语	中性话语	倾向女性主义话语
微观语言层	研究贬义词词源，发现积极含义	自问用于描述的词汇是否真正中立	为揭示身份的复杂性，强调命名及分类女性的一系列词汇
	为贬义词赋予积极含义	自问用于描述女性的词汇是否适用于男性	质疑常规分类使用的词汇
	强调积极词汇及短语	自问是否有新词或更好的词替代旧词	寻找用于命名的更积极的(更女性主义的)词汇
		强调一般的词汇，取代性别化的词汇	
语篇层（句子之上）	挑战并颠覆话语构成的二分法：公共/私人	自问二分法的术语是否在语境下有性别化意义	解构在女性主义叙事中使用简化及讽刺手法描述人的二分法
	寻找话语中的不协调及矛盾之处	自问二分法的术语是否适用于男性	改变传统二分法，发现二分法间的连续体
	思考相互矛盾的术语同时都正确时的意义	通过重新使用不受欢迎的二分法词汇，以及自问其对于领导者的作用，重构对于话语的解读	
表现层	寻找表现层中多种刻板印象的证据	寻找因性别不同而有差异的表述，对领导者的描述是否适用于男性	被质疑的领导者是被理想化的性别刻板印象吗？或是一个较均衡的印象？
	寻找各种建构领导者的证据	寻找对领导者私人生活过度关注，而不关注其专业表现及成绩之处	除了性别之外，是否有其他的因素被默认，如民族、年龄、阶级和教育水平？是否过度强调性别因素？
			寻找建构复杂度的证据，比如，领导者是否由多重身份因素构成？
	寻找表现中的矛盾		领导的表现是否言行不一，自相矛盾？
话语层	追溯话语中领导者的话语地位，并评估权力间的变化	揭示中性话语深层的性别化话语	通过话语追踪领导者的话语地位，并评估他们如何在无权力和有权力间转变
	寻找可通过分析展现的被压制的话语	思考性别化话语是否与中性话语共同支持或反对领导者的主体地位	解读时，寻找隐藏的、边缘化话语中的细枝末节
			寻找相反话语间的中间地带或它们的相互依赖关系
	颠覆主流话语，并分析领导者的主体地位		思考能够弥补被压迫者和迫害者之间分歧的新女性主义话语

4. 实例分析

4.1 口语语篇

FPDA 作为一种多学科视角的分析方法，可用于分析教育及商务领域的话语，并揭示该领域中说话者身份的动态性。下文是一段截取自 Baxter（2003：114-122）转写及分析的两名女学生 Ann 和 Rebecca 参与课堂讨论的语篇。

Anne and Rebecca

选段一

24 *TEACHER*: Anne?

25 *ANNE*: If you didn't go the, er, habitat (sic), you're not going to be able to

26 survive with just the water and say, the overcoat (JOE INTERRUPTS FROM

27 'SAY').

28 *JOE*: You can still go there, can't you?

29 *REBECCA*: Yes.

30 *ANNE*: Not if you haven't got a compass because you are southwest.

31 JOE: Yeah, but if you are going to be travelling during the day... (SEVERAL

32 OF THE BOYS TRY TO ADD ON, TO REINFORCE JOE; BOYS SPEAK LOUDLY

33 WITHOUT BEING NOMINATED BY THE TEACHER; A NUMBER OF GIRLS HAVE

34 THEIR HANDS UP)

35 *TEACHER*: Rebecca.

36 *REBECCA*: But it's pointless trying to stay in one place. You have got to try and

37 survive. You can't just stay in one place. (GENERAL HUBBUB AS REBECCA

38 SPEAKS; SOME HECKLING FROM ONE BOY; DAMIEN ATTEMPTS TO BUTT IN)

39 *TEACHER*: Hands up, everyone; hands up.

40 *REBECCA*: Until someone will, might come along, you've got to at least try. And without 41 a compass, you don't know where you are going.

42 *DAMIEN*: Yeah, but... yeah, but... (INTERRUPTS REBECCA FROM 'YOU'VE')

43 *TEACHER*: Damien

44 *DAMIEN*: I think that, sorry, just a minute ... (GENERAL LAUGHTER FROM THE

45 CLASS AS HE MAKES FACES AND PRETENDS TO FALL OFF HIS CHAIR)

选段二

145 *TEACHER*: Rebecca?

146 *REBECCA*: (HER HAND HAS BEEN UP A LONG TIME) I agree with Joe

147 that you should walk at night so that you can cool off, but you need to sleep,

148 otherwise you are just going to, um, run out of energy, but I think it's

149 dangerous sleeping in the day because it's hot and you don't know what to

150 do. (TEACHER NODS; GIVES SUPPORTIVE MINIMAL RESPONSES.) I think if you

151 wait at one point you're just going to think, "Oh, we could be doing some

152 thing right now, we could be at least trying to get where we want to go.'

153 *TEACHER*: Ummm... Anne?

154 *ANNE*: I think that Joe's idea of walking at night and staying put during the

155 day is a good idea, but how many people can actually read the stars?

156 (GENERAL LAUGHTER AT THIS. JOE IS HECKLING, 'There's a North

157 Star... it's the bright one... it's the bright one...') Yeah, but who knows which

158 one is the North Star? The point is to get where you want to get . . . (ANNE

159 PERSISTS WITH HER POINT DESPITE HECKLES AND DERISIVE LAUGHS

160 FROM JOE AND DAMIEN). I'm just putting across the facts ...

161 *TEACHER*: Thank you very much. Valid point.

（Baxter, 2003：114-116）

4.1.1 外延分析

在选段一中可发现 Anne 和 Rebecca 都竭尽全力地在被其他人，尤其是男生的不断打断和插话中表达自己的观点。Ann 刚刚讲明自己观点的中心（1.26），Joe（1.28）立即打断，并对 Ann 的表述提出了质疑。与此同时，Rebecca 示意自己赞同 Ann 的观点，代替 Ann 回答了 Joe 的问题，Ann 得以顺利完成陈述。当 Ann 想为自己的观点提供证据时，Joe 和 Damien（1.31—1.34）等其他男孩并不耐心听取，不断提出质疑，使得 Ann 并不能顺畅地完成陈述。在这个过程中，Rebecca 一直举着手想发言，教师赞许她遵守课堂纪律的行为，因此点名请她发言。

在接下来的两个话轮中，可发现 Rebecca 倾向于表达观点后再重述观点（1.36—1.37），而不是引入新论据。在这个环节，Rebecca 同样受到了男孩们的质疑。在多次试图中断 Rebecca 的发言（1.38—1.42）后，教师最终给予 Damien（1.43）一次发言的机会。但他并未对讨论有任何建议，反而支支吾吾说不出观点（1.44）。课堂中的其他同学认为 Damien 闹了笑话，纷纷笑起来。录像中的 Damien 做了鬼脸（1.45），和大家一起笑了起来，明显对自己的行为不以为然。

选段二中两个女生虽然遇到一些干扰，但都能够在公共场所更完整地陈述自己的观点。录像显示 Rebecca 自从 1.41 发言后一直举着手，但并没得到发言的机会。这明显与之前教师鼓励学生遵守课堂纪律，并嘉许的行为不符。当教师允许 Rebecca 发言时，她做了整个讨论环节中最长的发言。教师不但允许她发言，而且点头及回应她的讲话（2.150）。或许正是由于这种明显的鼓励，Rebecca 能够不被任何插话打断，完整地表达自己的观点。Rebecca 在陈述中还使用了一些辩论技巧，如赞同反方部分观点（2.146），与反方的论点结合（2.146—2.148），做出假设（2.149—2.152）和独白（2.151—2.152）。尽管 Rebecca 的论点及论据并不充分，但她仍然能够完整的表述自己的观点。

Ann 的表现并不如 Rebecca 一般顺利。即使教师请 Ann 讲话，但未给予行动上的支持。Ann 不得不承受 Damien 和 Joe 两人的不断插话和质疑，其中 Joe 曾试图打断 Ann 的发言，代替其发言（2.156—2.157）。即便如此，Ann 没有受到他们的干扰（2.1.55—2.158，2.160），在最终完成了自己发言之后获得全班笑容的鼓励。

4.1.2 内涵分析

上文两个选段中，虽然 Ann 和 Rebecca 在课堂讨论时作为重要参与者都展现了自己的地位，但仍有证据表明：在某特定场景下成功高效的发言人会在"教师及同辈同意""合作性发言"及"性别区别"三个竞争性话语的影响下，有所变化。

在初中英语教室的场景中，发言次序和发言时间是由被上述三个竞争性话语主导的主体地位间相互复杂作用决定的。从"教师及同辈同意"的话语说起，我们可以发现，课堂中并不是任何学生都有相同的待遇。由于研究者的特意选择，两个选段都从 Rebecca 和 Ann 开始说话算起，所以并不能体现两个女生在整个课堂讨论中的角色。在选段前，两者都有较长的举手等待教师点名和默不出声的时刻。

即使"好孩子"在课堂上会享有较高的主体地位，但课堂外的场景中，其他学生会因"教师的偏爱"，冷落"好孩子"，使其不能拥有课堂上那样的主体地位。Rebecca 认为教师偏爱"好孩子"Ann，Ann 在课堂中的主体地位高于她。而在同学访谈中，同学们都认为 Rebecca 更受欢迎，在课堂讨论时对 Rebecca 的发言点头回应。

Ann 和 Rebecca 的发言次数、不间断发言、发言时长在性别区别的竞争话语影响下有所不同。从女性后结构主义视角来讲，女性特征会限制女性的语言表现及主体地位。首先，无论是从言行或举止，均可发现两个女生，较之男性，更遵守课堂讨论规则。其次，女生通常表现为更支持对方。最后，从传统性别研究中可发现，男性形象通常被表现为更聪颖、更有趣的一方，而女性形象表现为认真的听众。

总体来讲，女性后结构主义视野认为性别区别化的话语通过学校、教室这类机构削弱了女性通过言语交际获取强势主体地位的可能性。女性更遵守教室话语规则，如举手、不大声喧哗、认真听讲、甘当听众等，而男性则获得更多的话语权，影响他人，甚至获得老师的注意和赞许等。在这种话语环境下，合作性话语和性别区别化的竞争话语潜移默化地要求女性在话语交际的层面做出更多努力，使得女性在竞争主体地位时处于劣势。

4.2 书面语篇

反思分析法用于分析书面语篇，Baxter（2018）使用该方法分析了《每日邮报》《时代周报》和《卫报》，根据对待女性主义的态度将三家报社分为反女性主义话语、中性话语以及倾向女性主义话语。由于篇幅限制，下例节选自倾向女性主义话语的《卫报》记者 Decca Aitkenhead 发表于 2016 年 10 月 8 日 "生活方式" 专栏中文章的前半部分。

例文：

70 years of Woman's Hour: "Our listeners like frank conversations about sex"

By Decca Aitkenhead

Radio invites the imagination to conjure a clear picture of a programme, and in my mind, Jenni Murray and Jane Garvey have always been practically sisters. I love Woman's Hour with a fanatical passion, and had pictured the pair sharing an office and endless conversations, collaborating closely on the programme together.

In fact, I am astonished to discover: "We barely know each other."

I think Murray must be joking. "No, no. We hardly ever meet."

"Well, we did go for lunch," Garvey corrects her drily. "Oh yes," Murray agrees. "But we never see each other, because we work on different days." Is Woman's Hour not a joint enterprise? "Absolutely not," says Garvey. "We usually co-present a Christmas special. But the truth is, the programme rolls on, and we are just contracted to present it."

This revelation comes about half an hour into our interview, and although startling, does help to explain something I had been puzzled by from the moment we met. We greeted each other in the programme's open-plan office in London's Broadcasting House, where we're meeting to mark its 70th anniversary. But before we had even made our way to the green room, I was struck by how distant, almost wary, they seemed. The curiously anaemic chemistry lacked any trace of easy familiarity, and Garvey didn't take the seat next to Murray, but sat apart. The temperature did gradually warm up, and the distance between them didn't feel hostile. But it is clear from their answers to my very first question—When did you start listening to Woman's Hour?—that on top of barely knowing one another, the presenters could not be more different.

Murray, 66, has been presenting Woman's Hour for 29 years, but claims to have been listening to it for 66. Born in Barnsley, as a baby she was fed at 2pm every day, just as Woman's Hour came on the radio, a fact that leads Murray on to more childhood radio anecdotes, all delivered with the polished flair of an accomplished raconteur. With long, red nails and dramatic eyelashes, Murray is a fabulously glamorous performer, and radiates star quality. She wraps up the monologue by reminding us of the consternation Woman's Hour, even then, provoked by talking about taboos such as cancer. Her manifest pride in the programme and its history is very affecting, and goes on at some length. Garvey, meanwhile, doesn't even try to compete for airtime, but listens in expressionless silence.

Garvey grew up in Liverpool listening to Radio 1 and Radio Merseyside. She joined Radio 5 Live on its first day in 1994, and didn't listen to anything else for 13 years. The 52-year-old had barely even heard Radio 4, let alone Woman's Hour, when she joined the programme in 2007, and quickly ruffled some devotees' feathers by expressing reservations about its "middle-class women talking about cookery".

Makeup-free and unadorned, she is as self-effacing and understated as Murray is flamboyant. How she holds her own becomes clear when she mentions Radio 4 and Murray chips in: "It wasn't Radio 4 when I started listening. It was the home service." Garvey clips back with: "I'm not old enough to remember the home service." "Steady on, dear," Murray purrs.

Asked to name one reason why it has endured for 70 years, with four million listeners, Murray says: "It has always been respectful of the fact that women are not all one thing. They have a huge range of interests, and it has always tried to reflect that. So we might go from Germaine Greer to cooking; the range has always been there." Does that include addressing women who were vehemently anti-feminist?

"It is not a feminist programme," Garvey says at once. "No, it's not," Murray agrees firmly. "We do not make feminism an assumption." I'm surprised by this, so I ask if a woman who was emphatically not a feminist could ever present the programme. An abrupt pause is followed by a falsetto "Mmm, mmm," from Murray, and "I'm not sure about that," from Garvey. She thinks it through for a moment. "Let's be honest about this. I think it's highly unlikely that the programme would be presented by someone who stated in public that she doesn't have any truck with feminism."

(https://www.theguardian.com/lifeandstyle/2016/oct/08/70-years-of-
womans-hour-radio-4-jenni-murray-jane-garvey-interview)

4.2.1 微观语言层

在微观语言层，解构性分析关注个人的语言使用特征，例如称谓、称呼他人、描述及评估其他女性领导人的方式。反思分析法可以帮助研究者从称呼他人的方式中发现女性不断变化的主体地位。在文章的第一段中，记者使用"practically sisters"一词，和"姐妹情谊（Sisterhood）"联系起来。该词汇多次出现在第二波女性主义中，唤起了对女性之间平等和谐、互帮互助的共同追求。然而，这种共同的集合性标签很快被后文中作者所言的 In fact, I am astonished to discover: "We barely know each other." 破坏。

读者在阅读整篇文章时，会受到作者个人主观看法的影响，不断地思索两个被采访对象之间的差异。例如，Murray 被描述为 an "established raconteur" and a "fabulously glamorous performer"，而 Garvey 则被描述为 self-effacing and understated。新闻评论多关注两者间的明显张力和表述方式的差异，较少关注两者间的共同点。由上述对于词汇的解读可发现：称谓和描述性词汇的使用是中性的或暂时的，之后将被后结构作品自身的写作特征挑战。

4.2.2 语篇层

通过分析概念之间的强弱关系，语篇层分析旨在揭示文本中的意识形态结构和潜在含义。不同于结构主义的二元论，反思分析法中所有的概念都是不断变化的。作者并不认可同心协力解决女性问题的两位女性是姐妹，具有姐妹情谊，在文章中暗示互相之间可能有的竞争和敌意。在第五段，作者的评论体现出两者在争取 Women's Hour 创意所有权时的敌意和对峙。

可以从以下两方面来解释这类明显的距离感：首先，评论描写了两者之间的肢体语言缺乏足够的温馨和同理心。报道中用对比句式描写了被采访人之间明显的分歧。其次，报道中对两位受访者的原话的引用也体现出了两者之间有分歧。报道中不同想法和声音交织在一起，使每个声音同等重要，没有特殊的声音。不同声音和想法间的交替变化赋予读者独立思索、自行决断的权力。

4.2.3 表现层

在表现层，反思分析法评估新闻主体的表现方式是否是刻板的？是否由多重身份组成并体现？同时帮助分析者回答是否语篇中对文化性身份有霸权思维。从第一个问题开始，无论是图像还是文本都未用于描述被采访者的形象。在语篇中，记者不断挑战两位被访人，两位被访人之间也有争辩，但无一例外地，三者的观点是平等的，并无优劣之分。这说明每位被访者的主体定位都未固定，也未被单一标签定义。被访者的身份表现范围宽泛，在语篇中不断改变、分解和重塑。例如，通过上文我们了解到 Murray 是一位极具魅力、能言善辩、低调的女性主义者、两个孩子的母亲、谈性色变却认为性教育很有必要、不会使用高科技和社交媒体、强大无比却无法争取到 BBC 公司同工同酬待遇的女性。这种多面又冲突的形象显然不是任何传统意义中的女性刻板形象。

第二个问题中涉及的文化性身份的霸权思维在这个语篇中未能得到很好的体现。文章中对两位女性的简单介绍是两人都是中产阶级、受过良好教育、中年职业白人女性，作者并未在文章中提到两人的身份差别。在 FPDA 中，语篇如能体现两者身份的差别，重构性地解读此类身份的构成，或可帮助我们更好地了解团体中特权的体现方式。

4.2.4 话语层

话语层关注单一语篇中文本之下潜在的信息如何表达权力与知识的关系。通过分析语篇中新闻主体的话语地位，可发现两位的主体地位在"绝对权力"和"毫无权力"间不断交替更迭。文章伊始，两者作为成功的职业女性都拥有"绝对权力"，其主体地位有值得新闻报道的价值。但两者的"成功地位"将受到相互在访谈中言论、态度和权威性的影响。采访开始时，记者引入了 Women beware Women 话题，两位被访者采用了不同的言语技巧应对问题。Murray 长篇大论地阐释该话题、占据了话语主动权。与此同时，Garvey 一言未发，面无表情地听 Murray 的论述。在此之后，Garvey 使用了其他言语技巧来改变其之前相对弱势的主体地位。在整个语篇中，Murray 使用具有权威性、确信度高、双重否定之类的言语技巧表达个人观点。通过对两者言语技巧的分析，可以看出权力在两者之间的流动，不断挑战读者对于两者观点的认可度。

话语层的解读可以帮助读者理清新闻媒体中资深女性身份的复杂性，对女性作为女性主义者的成就、失败和不断遭遇的挑战有更深刻的理解。对《卫报》语篇的分析意义重大，它体现出女性领导者世界的多变性和复杂性，体现出她们的形象并不刻板，在不同场景下不断变化。对于读者而言，它能够促使大家参与其中、了解并质疑过去社会认知中强加给女性领导者的刻板印象。

5. 局限性及研究前景

5.1 局限性

作为一种补充其他话语分析方法的手段，FPDA 并非完美无瑕。从方法论来讲，如何在不同语境下找到典型话语类型是个很大的问题。在选择典型话语类型时，研究者以自己为中心，不可避免会有很强的主观性。Baxter 在 2018 年的专著中尝试通过划分话语类型的态度属性来解决这一问题，但评判标准仍不清晰，未能从根本上解决该问题。

此外，FPDA 并未能很好地使用语言学已有概念框架作为描写工具。FPDA 现存分析方法中内涵分析一部分完全脱离了语言学客观描写的范畴，虽使用了访谈及录像佐证，但语言解释力仍旧薄弱。而对书面语篇进行的反思分析法虽从微观语言层进行了分析，但仅观察词汇搭配及褒贬义的传统分析方法，仍旧未能成功利用语言学现有的分析手段。

5.2 研究前景

FPDA 自 2003 年由 Baxter 正式提出后，经过十余年的发展，由一个补充其他话语分析手段、只适用于分析口语语篇的话语分析模式渐渐转变为一个既可分析口语语篇，亦可分析书面语篇的较为全面综合的语篇分析框架。时至今日，FPDA 对书面及口语语篇的分析依然是两个各自独立的分析模式。就此问题，FPDA 的研究未来是否可整合出一个同时适用于两种语篇的新分析框架，并能有清晰客观的分析标准及量值，这很值得期待。

如何最大程度地避免研究者的主观性，保持客观中立性，在任何人文领域的研究中都至关重要。FPDA 作为话语分析的手段，在数据处理过程中通过使用现代科学分析数据的手段，如语料库及计算机语言学的辅助分析，由过去定性研究转变为大数据的量化研究，并得出不同语境下的身份权力变化的不同趋势走向图形。

6. 结语

本章简单回顾了 FPDA 的理论基础、研究范式、现存缺陷以及未来发展方向。即使与 CA、DA、CDA，乃至于 FCDA（Lazar, 2005）多有相似之处，FPDA 仍旧在以下四个方面有别于上述分析方式：

（1）FPDA 不是解放性的议程，而是一种变革探索。与其后结构主义的起源相符，FPDA 不支持从解放性的角度进行话语分析。因为这将把"真相的意愿"变成为"权力的意愿"，并最终转化为自己的"宏观叙事"（Foucault, 1972）。而 FPDA 采纳的是小规模、自下而上、本地化的社会变革，这些变革对于其更大程度上挑战主流话语至关重要。

（2）多种多样的说话者身份。对于 FPDA 来说，地区背景、民族、阶级、年龄和性别等权力的变量建构了说话者身份。根据场景和场合，FPDA 可以分析书面话语的多重声音。

（3）研究对象的复杂性而不是两极性：FPDA 挑战了传统中建构对立的两方的两分法的思维。FPDA 认同 CDA 将研究对象两极化归类的方式，一类是权力更大的人（人、群体、系统），而另一类是权力更小的人（Baxter, 2007）。在 FPDA 看来，大多数女性并不是父权压迫的无助受害者，但性别身份是复杂的、不断变化的，并且不断在强势与弱势的主体地位之间波动。

（4）兼顾微观分析和宏观分析。FPDA 利用两个层面的分析，或者更确切地说，两者之间的相互作用。微观层面关注的是局部或特定的场景（如教室、董事会会议和电视台脱口秀节目）。在此基础上，从语篇的转向、句子结构、动词时态、词汇选择、语篇内部的连贯和衔接等方面对语篇进行分析，准确定位说话者在相对强势和弱势状态之间转换的准确时刻。而宏观分析则利用已识别的占主导地位的话语，解释话语关系如何在特定的互动和场景中，体现说话者权力的突然或微妙变化。

（Baxter, 2018: 131-132）

综上所述，FPDA 从相互竞争的话语出发，借助 CA 的描写手段，打破静态描写和传统二分法的缺陷，旨在描述话语群体中说话者权力的流动性过程。

第十三章　马克思主义与话语分析
——从语言哲学到话语分析

1. 引言

近年来不少关于马克思主义语言哲学的研究重新得到了学者们的关注，也引发了新的热潮与争议，对马克思主义哲学思想的研究及其语言哲学的研究和梳理十分必要。

本章旨在梳理和回顾马克思主义哲学思想的理论渊源，总结当前不同学者对马克思主义语言哲学主要思想的发展，归纳其主要语言哲学思想对话语分析的影响，并集中介绍一种马克思主义话语分析视角，从而对马克思主义语言哲学思想及其话语分析视角发展有一个总体的把握。

本章主要从三个部分展开：第一，梳理关于马克思语言哲学的主要思想，兼顾不同学者对其进行的诠释和发展；第二，简介关于马克思主义语言哲学和语言观对话语分析（主要是 CDA 和 SFL）的影响；第三，侧重介绍系统功能马克思主义语言观及其分析案例，并进行理论展望。

2. 理论溯源

当前国外马克思主义哲学研究主要侧重西方马克思主义的研究及其新的突破[①]。西方马克思主义理论主要涉及如下方面（王雨辰、孙珮云，2018）：对马克思主义哲学的重新理解和阐释，包括其哲学革命实质、理论体系等问题；对

[①] 马克思主义哲学思想的研究主要集中在中国马克思主义研究与国外马克思主义研究。国外马克思主义研究包含了西方马克思主义研究，以及苏联和东欧马克思主义研究，其中西方马克思主义在二十世纪的研究得到了较为广泛的关注（参见注释 1、2、3）。

当代资本主义和社会现实的反思和批判，强调走不同于资本主义社会和现实社会主义社会的第三条道路，即走人道主义社会主义道路；反思西方现代性问题，主要关于西方文化意识形态的控制功能、消费主义文化与人的生存状态的关系、生态危机等。衣俊卿（2011）指出近年来国外马克思主义研究的突破主要是由于西方马克思学研究的热潮，以及国外马克思主义研究范围的扩增（如后现代马克思主义、后马克思主义流派、左翼激进思想等），使国外马克思主义哲学研究边界扩大，不同类型的思想理论被纳入国外马克思主义研究中。吴昕炜（2018）进一步提出21世纪马克思主义哲学应当着重研究的几个方面如现代化反思、文本解读、探讨自然和社会的关系等。因而，在语言学方面，马克思主义语言哲学的研究与突破主要集中于国外马克思主义语言哲学的探讨上，尤其是西方马克思语言哲学。

2.1 语言哲学背景

2.1.1 语言哲学转向

关于哲学转向，被较为普遍接受的一种观点认为西方哲学史共经历三次转向：以 Socrates 为标志的哲学伦理转向，以 Descartes 和 Kant 等人为标志的认识论转向，以 Frege、Russell 和 Wittgenstein 为标志的语言哲学转向（俞吾金，2004）。语言学转向开始于 19 世纪末期的 Frege，更普遍接受的观点认为始于 20 世纪 60 至 70 年代。Wittgenstein（1921/2001[1953]）将哲学问题归结为语言问题或是其中的语义分析问题，并认为语言分析哲学能够解决哲学问题。以 Rorty（1967）编著的 *The Linguistic Turn: Essays in Philosophical Method* 作为语言学转向的主要参考。该书的主要观点是，哲学问题是语言问题。现代意义的哲学语言学转向有两条主线，即英美语言分析哲学的科学主义路线和欧洲大陆语言哲学的人文主义路线（吴长青，2015）。强乃社（2016）强调语言哲学不仅是关于语言的哲学思考，还是哲学方法论上的转变；通过语言分析解决哲学问题，从而消解哲学的方式，可能成为哲学进化的动力之一。

总体而言，语言学转向对哲学发展影响重大。对于马克思主义哲学的研究而言，这种影响似乎并不突出。国外马克思主义语言哲学转向主要体现在西方马克思主义语言哲学转向（俞吾金，2003）。

2.1.2 马克思主义语言哲学

关于马克思主义语言哲学本身也存在很大的争议。马克思和恩格斯未曾亲自撰写过关于该语言哲学的著作，因而马克思语言哲学视为没有充分发展的语言哲学，也缺乏一个关于马克思主义的语言哲学理论传统，Marx & Engels（1973 [1843-1844]，1976a）只在其著作中对语言有过概括性的简要论述（如 ideas do not exist separately from language；the ideas of the ruling class are in every epoch the ruling ideas），但是他们对后来的马克思主义语言哲学研究的影响很大（Crowley，2018）。Riff（2008）比较了 Theses on Feuerbach 的德文和英文译文（主要是 Marx-Engels Collected Works，Marx，1976），提及马克思主义研究中由于英文译文和德文译文的差异，致使马克思很多著作的英文译文和原文有很大差异甚至误译。

马克思主义哲学研究中语言哲学分为两种（强乃社，2016）。第一，广义语言哲学是指关于语言的哲学思考，包含了古今各种语言哲学思考，而广义马克思主义语言哲学是指马克思等代表性作家或理论家的语言哲学思考，即从马克思主义哲学角度探讨语言问题。并且该语言哲学思考或观念不改变对马克思哲学的基本理解，也不通过语言分析解决哲学问题。第二，狭义语言哲学指的是 19 世纪末及 20 世纪六七十年代的西方语言哲学，即受语言学转向影响的语言哲学（Rorty，1967），该语言哲学通过语言或逻辑分析解决哲学问题，这也是当前侧重研究的语言哲学领域。例如，Wittgenstein（1921/2001 [1953]）、Heidegger（1977）为了更好地解决哲学问题，试图将存在、知识、意义和语言联系起来，并做出自然语言哲学和人工语言哲学的区分。马克思主义语言哲学研究中也存在类似倾向，即从马克思主义哲学角度，对相关语言哲学派别（诸如人工语言学派、自然语言学派等）进行研讨。

强乃社（2016）依据国外马克思主义语言哲学源流，将其划分为欧陆实践学派、英美分析派和其他研究类型。第一，欧陆实践学派，侧重研究语言和语境、语言和社会的关系，主要集中于德国、法国和意大利等国学者的研究中，代表人物有 Habermas 和 Agamben 等人。Agamben（2015）探讨语言、世界、生活、身体的关系，论述如何用哲学本体论探究语言和世界的可能互动关系。后马克思主义的 Laclau & Mouffe（1985/2001）的 Hegemony and Socialist Politics 认为话语决定论能够修正马克思主义哲学。他们强调霸权概念及重构新霸权理论框架，重新衡量马克思主义决定论等理论（曾枝盛，2004）。Baudrillard（1981 [1972]）探讨符号和经济政治的关系，侧重研究语言符号哲学。商品和符号的联系在当前社会日益密切，他认为商品消费也是通过符号表现的商品意义消费。第二，英美分析学派，其中又包含两种。一种通过语言分析方法重新建构马克思主义，也称为分析马克思主义，其代表人物有 Cohen 等。Cohen（1978）主张将哲学问题转向语言分析，通过逻辑实证主义分析方法和日常语言分析方法，梳理马克思主义哲学中的概念，从而对马克思主义哲学进行分析与重构。

另一种侧重研究语言哲学和马克思主义哲学的关系，其代表人物有 Wittgenstein 等。Wittgenstein（1921/2001 [1953]）认为语言不仅是表达工具，也是意志行为或事情活动，关注语言和语境的关系，以及语言游戏同生活形式间的关系（Hunter 1968），这和马克思主义哲学中的语言和实在的关系一致。Jameson（1971，1972）探讨了 Saussure 的语言哲学的贡献和价值，并尝试将语言哲学成果同马克思主义哲学结合。第三，其他混合学派，即马克思主义语言哲学受到多种学说（如人工语言、自然语言等）的影响，没有明确的划分。例如，英美分析学派和大陆哲学一定程度的合流，代表学者有 Bakhtin 和 Volosinov 等人。

综上所述，可以看出马克思语言哲学不是指由马克思和恩格斯亲自阐释的语言哲学，而是指国外马克思主义哲学研究（尤其是西方马克思主义哲学）理论家和学者从马克思主义视角出发建构的语言哲学，其中部分内容和马克思、恩格斯的原意有区别（王寅，2017）。具有代表性的马克思主义语言哲学学者及其著作有：Volosinov（1973 [1930]）的 *Marxism and the Philosophy of Language*；Lecercle（2006）的 *A Marxist Philosophy of Language*；Jameson（1971，1972）的 *Marxism and Form: Twentieth Century Dialectical Theories of Literature* 和 *The Prison-House of Language: A Critical Account of Structuralism and Russian Formalism* 等。涉及此领域的学者包括 Bakhtin、Althusser、Bourdieu、Habermas 和 Deleuze 等人。

Bakhtin（1973 [1930]）以 Volosinov 为名出版 *Marxism and the Philosophy of Language*，他借鉴马克思主义社会实践观来研究语言，并批判了当时语言学界的两种思想，即个人主观主义和抽象客观主义。个人主观主义以 Humboldt（1988/1999 [1836]）为代表，强调个人心理因素是语言生成的主因，心理发展因素（如心理动因、艺术审美等）和个体生活环境影响语言的生成。抽象客观主义以 Saussure（1977 [1916]）为代表，将语言视为稳定封闭的形式系统或抽象客观的概念系统。个人主观主义认为语言不仅是该活动的产品、稳定的语言体系（如词汇语法、语音等）或一个没有生命的沉淀物，还是一种持续性的创造活动；该语言活动规律属于心理规律，是一种类似艺术的活动。抽象客观主义强调语言是稳定的、独立于个人心理而存在的客观体系；语言规则独立于个人的主观心理、客观存在于封闭自足的语言符号体系；语言活动与其他精神活动不同；语言运用对于语言体系所造成的歪曲和变异可以忽略（李曙光，2011）。Volosinov 一方面肯定个人主观主义中的合理成分，特别是 Humboldt 的辩证思想，如普遍与特殊、整体与部分、主观与客观等关系，另一方面指出个人主观主义误区，强调语言的形成和发展不是由个人意志或心理决定的，而是受制于社会发展规律，社会交际是语言发展的基础。

Volosinov（1973 [1930]）认为个人主观主义和抽象客观主义都否定了语言的社会功能和意识形态性，割断了语言与社会的联系，因而呼吁重新确立语言研究中的社会性、交往性和对话性。Lecercle（2002，2006）和 Lecercle & Riley（2005）认为马克思主义哲学侧重研究语言的社会性、实践性和历史性等方面。西方语言哲学（以 Saussure 和 Chomsky 为代表）与马克思语言哲学有如下方面区别（王寅，2017）：西方语言哲学主张内在性、功能性、透明性、理想性、系统性和共时性；马克思语言哲学主张非内在性、非功能性、隐晦性、物质性、部分系统性和历史性。

综上所述，可以看出马克思主义语言哲学强调如下观点：将语言视为一种社会现象或实践，并将语言置于社会语境中，不仅能够反映现实、传播思想，而且能够改造或影响现实；语言是物质劳动实践过程而不仅是结果；语言不是工具而是经历或社会活动。在该语言哲学的影响下，马克思主义语言哲学中的社会实践性和意识形态观的研究具有代表性和复杂性（Crowley，2018），并且很大程度上影响了话语分析的理论建构与发展。

2.2 从语言哲学到话语分析

2.2.1 CDA 中马克思主义语言观：社会实践和意识形态

批评语言学及其研究方法受到马克思主义哲学思想（主要是西方马克思主义）的影响（Fairclough et al.，2011；van Dijk，1993），认为马克思是批评话语分析学家，因为他运用历史唯物主义方法批判资本主义意识形态，这属于批评话语分析方法（Fairclough & Graham，2002）。吴昕炜（2012）认为马克思主义哲学属于现代哲学，其实践哲学的本质是关于文化批判的哲学。苗兴伟、穆军芳（2016）总结了马克思主义社会实践观、意识形态论、批评方法论和辩证方法论对 CDA 的影响。批评话语分析学家认为语言和社会是不可分割的整体，语言形成与社会实践活动密切相关；CDA 中对于意识形态的研究基本延承经典马克思主义以及西方马克思主义意识形态观（辛斌，2016）。在新资本主义的形势下，早期资本主义的意识形态也已转变为物化、统治和霸权（田海龙、赵芃，2017）。

文大稷、秦在东（2010）指出实践是马克思主义哲学区别于旧唯物主义哲学的标志。Marx（1976/2002 [1845]）在 *Theses on Feuerbach* 中批判了 Feuerbach 和一切旧唯物主义的局限与不彻底性，揭示实践在马克思主义认识论与历史观中的地位，并提出了以实践为基础的马克思主义哲学思想。语言是维持社会协作的脑力生产力，也是生活方式的必要组成部分，符号形式不是社会结构的映射，而是一系列扭曲的镜像（Jessop & Sum, 2018）。Marx & Engels（1976b [1845-1846]）的 *The German Ideology* 和 Engels（1987 [1925]）的 *Dialectics of Nature* 阐释了语言的社会实践观点。Marx & Engels（1978）认为语言是实践性意识，语言是在与他人进行交际时产生的。Volosinov（1973 [1930]）认为语言是共享实践活动，对语言研究应超越语言体系各个层面，进入话语和言语交际领域。他强调语言和言语不是孤立抽象的形式系统，而是存在于交际和互动活动中。Lecercle（2002, 2006）对此有更深入的探究。他试图构建系统化的马克思主义语言哲学，揭示语言本质上是一种实践形式，语言的目的主要在于构建权力关系，侧重研究语言的物质性、政治性、历史性和社会性，并探究语言的主要功能（即通过质询进行主体生产）（王玉华，2015；王玉华、南丽军，2015）。Lecercle 继承了马克思主义的社会实践观，将语言作为劳动和社会实践形式进行探究，采用历史唯物主义方法进一步揭示语言对社会实践和生活的建构及其机制。

　　Tracy（1970 [1817]）在 *Eléments d'idéologie* 中提出 idéologie，该词源自希腊语，原义为观念的科学，后演变为观念体系或科学（Roucek, 1944: 482）。现在所理解的意识形态，通常是指特殊的观念体系。赵敦华（2014）认为意识形态具有认识属性、语言属性、结构性属性和阶级属性。卢永欣（2013）指出意识形态的概念十分复杂，Tracy（1970 [1817]）倾向将其定义为肯定的概念，Marx 和 Engels（1976b [1845-1846]）在其著作 *The German Ideology* 中倾向将其视为否定或负面的概念（颠倒扭曲的观念系统，代表一定阶级利益的虚假意识），而 Larrain（1983）又将意识形态的批评性概念转变为中性概念。Marx & Engels（1976b [1845-1846]）揭示了意识形态是生活在人脑中的反映；意识形态具有阶级性，它由物质生产决定，是统治阶级为了维护其统治地位而强加给被统治阶级的价值体系；意识形态掩蔽现实关系，是对现实的颠倒反映，不是对现实的真实反映。西方马克思主义在不同程度上继承了马克思主义意识形态观。Sawyer 和 Stetsenko（2018）指出马克思主义强调实践生产的社会存在决定了意识以及人类主体和主体间关系。Gramsci（1971）的 *Selections from Prison Notebooks* 受到第二国际的影响，重视意识形态的研究，强调上层建筑的作用，确定上层建筑的两个阶层（市民社会和政治社会），他进而提出了文化霸权意识形态理论。该理论阐释了权力关系如何控制话语实践，以及话语实践中的稳定结构是如何构成文化霸权的。他认为，社会集团霸权体现在两个方面（统治和智识道德领导权），智识道德领导权是文化领导权或文化霸权。Ives（2004）认为，Gramsci 的霸权理论包含这样的内容：将政治从政府和国家运作扩大到人对世界的理解（可理解为日常生活）。Althusser（1969, 1971/1977）认为意识形态依赖于无意识，意识形态是表象系统（形象、概念等），人们通过意识形态（无意识）获得意识，强调意识形态的物质实践性。他发展文化霸权理论，提出意识形态国家机器理论，将上层建筑分为压制性国家机器和意识形态国家机器。前者以暴力实现其职能（如政府、军队等政治社会），而后者以意识形态实现其职能（如学校、医院等市民社会）（Beetz & Schwab, 2018）。他指出意识形态通过主体的设问或质询（interpellation）将具体个体定位为具体的社会主体。Habermas（1971）提出了理想的言语情景，即不含任何权力关系的理性话语，进而消除社会交往中的不平等，构建民主系统，其中的言语是无扭曲的，从而构建理想社会生活方式和理想社会（常晖，2015）。Volosinov（1973 [1930]）将语言符号视为意识形态的物质表现，强调了文本对话性，进而体现意识形态效应（Fairclough & Graham, 2002；苗兴伟、穆军芳，2016）。

2.2.2 SFL 的马克思主义语言观：社会理据性

Halliday（1993/2003：223）中提及他早年加入英国共产党语言学小组，旨在发展马克思主义语言学（Marxist linguistics）；在一交访谈中（Martin, 2013：118），Halliday 谈及自身的马克思主义语言学倾向和影响，将此作为语言研究的长远目标，关注政治语境的语言研究；Martin（2000b）认为 SFL 属于新马克思主义语言学（Neo-Marxist linguistics）；在另一次访谈中（见韩礼德、何远秀、杨炳钧，2015）Halliday 也提及自己运用马克思主义的语言观和方法论进行语言研究。其中，关于社会理据的思想，体现了 Halliday 对马克思主义语言学及其社会实践理论的发展和贡献。

Halliday 在其语言研究中体现了社会理据这个思想，该思想和马克思主义语言研究中的社会实践观念相互融合。胡壮麟（2007）总结道，Halliday 的语言研究强调基于社会意义的社会理据思想，其适用语言学关注意义编码以及相关的社会理据；Halliday（1975/2003）承认社会理据的问题较为复杂，许多研究只侧重从某个单一角度讨论语言问题，而忽视语言的社会语境和社会生活等其他方面，同时他（1985/2003：197）指出其语言研究能够在抽象层面探究不同语言间的普遍共性，更常见的是关注不同语言之间的特殊性及其应用，其语言研究理论同时也是一种实践形式或方式。这里面体现的是语言的双重功能，即语言作为行为方式（a means of action）和思考方式（a means of reflection）的功能，因而从这个角度上说，其理论是为了思考（for thinking with）和行动（for acting with）而建构的。从这个视角而言，其社会理据思想和马克思主义语言研究中的社会实践观点相互融合，语言和语言学不仅是关于语言及其本体的研究或反思，还是为改造世界或实践服务的。

Halliday 的社会理据性概念体现了马克思主义语言学的核心思想。在早期阶段，Halliday（2001/2003：223）由于历史和政治的原因，仅指出其语言学研究具有社会理据性质（a socially accountable linguistics），主要体现在两个方面，其一，将语言（language）置于社会语境中；其二，将语言学（linguistics）视为批判社会实践中的介入或干预方式（a mode of intervention），并置于社会背景或环境中；并强调（Halliday，2001/2003：177）语言学和语言学家们的社会理据性，SFL 理论不仅是为了论证事物（prove things），更是为了做事情（do things）。Halliday（2001/2003：229）认同一些语言教育研究者（如 Carter、Lemke 等）的观点，因为他们对社会活动（如教学）无论进行社会符号的或基于意义的解释，他们的研究宗旨都承认知识是在语言中被识解的，将语言视为社会改变的中心，注重主流社会话语和非主流社会话语的研究。胡壮麟（2007）认为这种思想体现在 Halliday 的 SFL 研究中，体现了他对欧洲中心主义语言研究的批判。同时，这也体现了 SFL 对社会实践的批判和反思，语言学研究需要注重认识和实践的联系，以及理论和实际的联系（黄国文、文秋芳，2018：12），重视语言研究的社会理据和语言学家的社会责任。

但是 Halliday 及其后续语言研究者们对理论的探讨不仅限于此，他们进一步从不同角度对马克思主义语言学和适用语言学进行发展。黄国文（2018）在探讨 SFL 理论与生态语言学研究中时总结道，SFL 是普通语言学，也是适用语言学：其一，从普通语言学视角而言，SFL 从意义关系论出发，对意义进行普遍描写；其二，从适用语言学视角而言，SFL 将语言和语言学置于社会语境中，从而解决包含了语言和社会等的实践问题，为马克思主义语言学的发展做出理论贡献。Halliday（2015a）简要提及将 SFL 理论视为适用语言学的原因，是为了尽可能地改善人类的状况，这种理念体现了其理论的社会实践性和理据性，即为改善人类生活状况和世界而服务。Halliday（1993/2007，2015a，2015b）在宏观层面论述理论和实践的关系时，强调理论在应用或实践中的重要作用，理论指导并服务于实践（如解决具体实际问题或相关领域的问题）。其原因是在群体的语言学实践中（linguistic practices of a community）或系统描写语法时，语言本身（包括实践）及其理论之间密不可分，并且理论语言学和应用语言学之间也没有实际的分别，即理论和实践之间是密不可分的。据此，黄国文（2018）将其归结为是从理论到实践的理论建构途径，并就此问题，提出两种理论建构途径：其一，从理论到实践途径，即"理论—实践（研究）—理论"的循环；其二，从实践到理论途径，即"实践（研究）—理论—实践（研究）"的循环。

3. 系统功能语言学的马克思主义话语分析案例

Li & Kellogg（2018）结合 SFL 和功能文体学的分析框架和方法，对话语分析和马克思的政治经济批判做出了新的思考和理论探索。他们（2018）将语言研究和语言艺术的研究进行融合，从该视角对英国作家 Elizabeth Gaskell 的小说进行系统功能话语分析和文体分析，试图对马克思倡导的历史方法提供一种新的理解。该话语研究主要从三个不同的时间维度（timescales）展开，其一，语篇发生（logogenetic）方面，采用 Halliday 的 SFL 框架分析 Gaskell 文学作品以及 Marx 如何处理不同阶层间的人物对话，以及两种处理方式之间的差异；其二，个体发生方面（ontogenetic），采用 Hasan（1985）的语言艺术分析框架，比较作者 Gaskell 本身不同时期的工业小说作品；其三，社会发生方面（sociogenetic），以比较语言学的方法，将 Gaskell 的小说作品和其他时期的文学语类（主要是十九世纪社会现实主义小说）进行比较，从而理解 Gaskell 在小说语类发展中所扮演的角色。

3.1 语篇发生分析（具体作品）

Li & Kellogg（2018）采用 Halliday（2014）的 SFL 分析框架，对比分析了 Marx（1847/1978）的作品 *The Poverty of Philosophy* 和 Gaskell（1855/2005）的作品 *North and South* 这两个语篇中的对话。

例一

"The duty levied on corn is a tax upon wages; this tax you pay to the landlords, those medieval aristocrats; if your position is a wretched one, it is on account of the dearness of the immediate necessities of life."

The workers in turn ask the manufacturers:

"How is it that in the course of the last 30 years, while our industry has undergone the greatest development, our wages have fallen far more rapidly, in proportion, than the price of corn has gone up?"

（K. Marx: *The Poverty of Philosophy*）

例二

"But, "said Margaret, "if the people struck, as you call it, where I come from, as they are mostly all field labourers, the seed would not be sown, the hay got in, the corn reaped. ”

"Well? ” said he. He had resumed his pipe, and put his 'well' in the form of an interrogation.

"Why, ” she went on, "what would become of the farmers? ”

He puffed away. "I reckon they'd have either to give up their farms, or to give fair rate of wage. ”

"Suppose they could not, or would not do the last; they could not give up their farms all in a minute, however much they might wish to do so; but they would have no hay, nor corn to sell that year; and where would the money come from to pay the labourers' wages the next? ”

（ E. C. Gaskell: North and South ）

例一是 Marx 给 Greg 回信中一段有关英国自由贸易商同其工厂工人的虚构性对话。从语篇功能而言，例一中自由贸易商以 the duty 等作为其主位，而工人在其回答中，拒绝使用同样的主位，而是使用 How 等作为其主位，从中看出例文中缺少双方共同使用的主位，说话者依据各自的阶级利益而分别使用不同主位。例二选自 Gaskell（1855/2005）的小说 North and South，该对话发生在女主人公 Margaret 和工会领导 Higgins 之间，围绕着 wage fund theory of labor（劳动工资基金理论）展开，该理论在 Marx（1847/1978）的 The Poverty of Philosophy 的作品中被批判，原因在于该理论最终导致工人（尤其是罢工）的最终收益缩减。Margaret 在对话中也从实践角度质疑了这个工资基金理论。

Li & Kellogg（2018）发现例一和例二的概念功能及其相关内容都基本相同，但是例一和例二中的人际功能和语篇功能的实现方式不同：相较于例一，例二中说话人的主位是连续的，更加具有对话的特征；其中，例一中的普通名词多于例二，而例二的专有名词、人称代词、心理过程动词（如 reckon）（参见表13-1）。

表 13-1 Marx 与 Gaskell 想象中对话的比较（Li & Kellogg，2018: 94）

措辞 Wording	文本 Literary text（Marx）比例（‰）	文本 Literature text（Gaskell）比例（‰）	T 统计 T statistic
普通名词 Common noun	148.15	101.33	2.72
专有名词 Proper noun	6.17	27.24	3.41
代词性名词 Pronominal noun	52.47	78.74	2.76
心理过程 Mental process clause	3.09	18.06	2.633

3.2 个体发生分析（作者）

Li & Kellogg（2018）结合 Halliday（2014）的分析框架和 Hasan（1985）的语言艺术分析框架，从 Gaskell（1855/2005）中选取对话进行分析。

例三

"Yo're not of this country, I reckon?"

"No!" said Margaret, half sighing. "I come from the South—from Hampshire," she continued, a little afraid of wounding his consciousness of ignorance if she used a name which he did not understand.

"That's beyond London, I reckon? And I come fro' Burnley-ways, and forty mile to th'North. And yet, yo see, North and South has both met and made kind o' friends in this big smoky place."

（E. C. Gaskell: *North and South*）

例三中的语篇功能分析如图（参见表 13-2），小句信息结构经历了从共同已知信息转变为新信息的过程。谋篇机制（texture）由语篇衔接手段（cohesive ties）构成（张德禄，1999）；衔接手段为两个或两个以上的成分作为其端点；衔接手段中端点和端点的关系有三种，即同指/指称相同性（co-referentiality）、同类（co-classification）、同延/共同扩张（co-extension）关系（Halliday & Hasan，1985：73）；衔接链（cohesive chain）是体现衔接手段语义关系的词项，它包含同指链（identity chain）和相似链（similarity chain）（薛静、贺蓉、王庆光，2006）。衔接和谐（cohesive harmony）主要由衔接链（即一系列相近语义词汇项）体现，这些词汇项在语法上互相连接，能够被多个说话人使用。表 13-2 中有三个衔接链，其中两个是代词指称：（1）Yo'→（2）I（Margaret 的代词指称）；（1）I→（3）I→（3）I（Higgins 的代词指称）；另一个主要是地理名称：（1）of this country →（2）from the South—from Hampshire →（3）beyond London →（4）fro' Burnley-ways, and forty mile to th'North →（5）North and South →（5）in this big smoky place。

衔接和谐提供了一个比较整个文本主题和小句主位的视角。小说的标题作为主题，其结尾处纺织厂主 Thornton 和 Margaret 的婚姻使得其政治经济的批判性消解了，呈现一种和谐的氛围，主题的意象表达经历了从 Margaret 同情工人的命运到她自己和纺织厂主结为婚姻关系的转变，这被马克思主义文学批评家认为是一种不足和局限。对此，Marx（1854/1976）本人也有类似洞见，他将

Gaskell 视为具有突出兄弟情谊的英国小说作家之一，其作品具有画面感且意味深长，向世人展现更加贴近政治和社会的真相，并超越了政治家、宣传人员、伦理学者等所揭示的社会问题；同时，他也指出其小说中中产阶级的人物特征，如自大、做作、琐碎、蒙昧等。Gaskell（1997）指出小说中类似的中产阶级人物的性格展现具有以下特点：既展现 John Thornton 身为工厂厂主其性格中对工人阶级的同情，也通过描写展现自己对工人阶级的同情，并在小说结尾依照现实中的人物原型 W. R. Greg 对 John Thornton 进行刻画。

表 13-2　Margaret 和 Higgins 见面时的对话：主位、述位、已知信息和新信息

（Li & Kellogg, 2018: 96）

主位	述位
1）Yo're not of this country,	I reckon?
2）No!	I come from the South—from Hampshire.
3）That's beyond London,	I reckon?
4）And I	come fro' Burnley-ways, and forty mile to th' North.
5）And yet <<yo' see>> North and South	has both met and made kind o' friends in this big smoky place.
已知信息	新信息

　　Williams（1977：128）通过情感结构的视角，将对被压迫阶层的同情和对压迫阶层的愤怒、恐惧和忌惮视为一种世界观并且涵盖了一种语类，该语类涵盖了 Gaskell（例如 *Mary Barton*、*North and South*）、Dickens、Eliot 等作家的小说，这些小说都包含了对被压迫阶层的同情、有组织的阶级暴力行动以及结尾某种形式的和解。例如，Gaskell 的 *Mary Barton* 和 *North and South* 都具有这类特征。这种同情和恐惧的情感结构标志着并驱动着这类工业小说的发展。Li & Kellogg（2018）将 *North and South* 中的政治经济批判方法归结为对话方法（conversation method），这里的对话方法是指小说中的不同事件仅仅用于验证人物在对话中的一些对立假设（尤其是关于政治经济的假设），例如男主人公 Thornton 关于工会会失败的假设被其后文验证是正确的，但是他的罢工会停止的假设被验证是错误的，等等。这种对话方法可以将叙事和对话删除进行对比。相较于 Gaskell 的两本小说 *Mary Barton*，*North and South*，这种方法在 *Mary Barton* 中体现得尤为明显，因而，一些文学批评者认为这部作品更具有张力。

　　工业小说中情感结构的语言特征体现为：（1）直接引语、内化语言（inner

speech）以及心理过程通常被作为作者对小说人物极度同情的表达；（2）叙事（尤其是对暴力事件及其后果、物质过程的叙事）通常作为作者极度恐惧的表达。藉此，情感结构的张力能够得以量化和限定。Gaskell 的工业小说中的对话涵盖了工业关系的意象表达，并展现了不同的情感结构。相较于 *North and South*，*Mary Barton* 中工人和纺织厂主之间的对话较前者少，并且包含这类对话的章节所占的比重也较少（参见表 13-3），这意味着前者的阶级间的互动（inter-class interactions）和对话多于后者。这种不平衡的原因在于，*Mary Barton* 中代表两个不同阶级的工人和厂主或者直接面对或者不面对彼此，缺少一个中介者；而 *North and South* 中有 Margaret，她扮演着两个不同阶级中沟通或对话的中介者，因而不能保持客观超然的态度。在 *Mary Barton* 中，作者曾评论自己对小说中的人物—宪章工人运动领导者 John Barton 及其所代表的阶级而非另一方的同情。而在 *North and South* 中，Margaret 和 Thornton、Margaret 和 Higgins 关于政治经济的对话也有不同的倾向（表 13-4）：前者更主观（more opinionated），更多辩论式主位、心理过程动词及其词组；而后者更倾向客观（more factual），更多形容词补语等。比较这两部小说的工人和厂主间无中介者参与的对话发现，在 *Mary Barton* 中，直接对话冲突只安排在结尾处，而这段对话节奏不紧密，缺少互动性；在 *North and South* 中，对话更紧凑。因而，Williams（1977）也曾认为相较于 *Mary Barton*，*North and South* 中的阶级矛盾延长滞缓，原因是 *Mary Barton* 仅关注情节的概念方面，而 *North and South* 注重语言表达的语篇的、人际的、形式的方面，但是，这样阶级矛盾本身并没有消减，而是增强并延长了。和 Gaskell 所认为的相反，*North and South* 中富有悲剧诗歌效应，并被用于延长阶级的矛盾冲突。藉此，通过比较和分析这两部工业小说中的对话，我们看出作者作品中劳资关系这一主题是如何发展的，这也体现了 Gramsci 的文化霸权理论中的政治斗争方式从机动战（warfare of maneuver）向阵地战（warfare of position）① 的转变（Egan，2016）。

表 13-3　*Mary Barton* 与 *North and South* 中的互动对比（Li & Kellogg，2018：98）

作品	引号	单词总数	引号/引用字数	阶级互动的章节	总章节数	阶级互动章节和总章节比例
Mary Barton	4200	162593	0.02583	7	38	18%
North and South	7052	181959	0.03875	18	52	34%

---

① 即意识形态的长期斗争，潜移默化中实现意识形态或文化转变。

表 13-4　Margaret 与两者对话时语言使用的对比（Li & Kellogg，2018：98）

Margaret 的交谈对象	辩论式主位 （but）	心理过程动词 （I reckon，I believe）	形容词作为补语 （It'll be different）
Thornton	10（15.06‰）	25（37.65‰）	3（4.52）
Higgins	8（3.41‰）	31（13.21‰）	40（17.05）

3.3 社会发生分析（语类）

在 *The German Ideology* 的评论中，Marx 指出：其一，人类仅仅了解人类历史科学（the science of human history），这个历史可以从自然或人类生活这两个方面考虑，即 Li & Kellogg（2018）总结的语言作为人类技能的发展角度（language is the product of human artifice），以及语言作为人类语言艺术的文学角度（from the point of its artistry），并且这两个视角将语言的发展时间和符号历史（semiohistory）时间协同；Halliday（2013）进一步指出大致有三个符号历史，即丛林时期（the forest），农业耕地时期（the farm），工业工厂时期（the factory）。其二，人类历史属于自然历史更具有意识性的一部分，因而能够通过人类自身如何参与自然，适应自然或改造自然的方式了解自然本身（Marx & Engels，1969）。

由此可知，历史的不同时间维度（即个体发生、语篇发生、社会发生）不仅各自相异，更是互相联系。18 世纪末 19 世纪初的英国社会经历了大量农业劳动力向工业工人的转变，这使得工业劳动力价值和劳动时间密切相关，因而在 *North and South* 中，Margaret 和 Thornton 关于工人自由时间的讨论反映了前资本主义思想的和早期资本主义思想的两种不同价值系统，这由其书名中的两个地理方位表示，即代表农业的南方和代表工业的北方。从那时起，涌现了许多关于贫苦劳动阶级的大众文学，而在 Gaskell（1848/2008）的小说中这些劳动阶层都能够参与政治经济的讨论。例如，*Mary Barton* 中的工人知识分子参与具有自然历史倾向的工作，*North and South* 中理性的工人领导 Higgins 平等地参与政治经济的讨论，这被包括 Marx 在内的很多学者视为是一种进步和贡献。

综上所述，从长期而言，社会发生提供了个体发生的环境。例如，一个作家的写作生涯和成长经历随着社会发展而发生变化，这可以通过对同一作者不同阶段作品的比较体现出来。例如，其争论结构的变化，引文使用的变化，等等。作者写作不仅为了和读者互相交流，也和其他作者互相交流和互动。Gaskell 的工业小说 *North and South* 不仅是其个人早期小说等的总结凝练，还是和其后续工业小说的互相探讨（如 Brontë、Dickens 等），如作品中的相似地名、人名、主题、以及这些作者之间的往来信件。个体发生的时间维度提供了语篇发生的环境。例如，通过对 Higgins 和 Margaret 在罢工前后发生的两段对话的比较可以发现，结果不是人们所期待的那样（前者更多使用将来时态，后者更多使用过去时态），而是前者使用更多过去时态，后者使用较多将来时态。在 *North and South* 中，主题的表达方式（Li & Kellogg, 2018：101）不仅是通过情感结构展现同情和恐惧，也通过劳资关系（主要是从工人阶级视角）体现人的社会理据或人的社会责任。

4. 研究展望

在 CDA 流派中，不同学者对马克思主义语言观进行深入探究。批评话语分析学家重视语言与社会实践的辩证关系，把话语看作社会实践，关注语篇表达过程，注重对社会实践中的语篇分析。Fairclough（1992, 2015）指出语言是社会的组成部分，语言和社会之间有内在辩证关系，语言活动受到社会情景制约；话语是社会过程（生产过程、阐释过程），语言受到社会中非语言条件的制约（如生产的社会条件和阐释的社会条件）；他发展了文化霸权理论，提出话语结构和话语事件的辩证关系；他认为在机构实践中，意识形态是物质形式的话语实践，并将意识形态国家机器视为阶级斗争中的关键。

Wodak（1996）认为话语属于社会实践，在社会实践中形成并受到社会因素制约；话语事件与其机构和社会因素（包括环境、知识、社会身份、社会关系等）存在辩证关系，即社会因素影响话语事件，话语机构制约着社会因素。van Dijk（1993, 1998, 2014）认为意识形态是一种社会表征，他倾向使用意识形态的负面涵义，并和意识形态的批判互相联系；他还认为意识形态的扭曲性和虚假性体现了被掩盖和扭曲的社会关系和现实（Herzog, 2018）。

SFL 也发展了马克思主义语言观。Halliday 提出社会理据的思想，将马克思的社会实践和意识形态等思想融入其语言研究中，并提出了当前对马克思主义语言研究的某些局限和不足。在他的一次访谈中（韩礼德、何远秀、杨炳钧，2015：1），Halliday 提出了自己对马克思主义语言研究的看法，认为当前"对马克思主义的含义有着很多种不同的理解"，并且"不少人认为不值得研究和讨论"或者"对这一研究思想和方法不太感兴趣"；同时也表明自己的语言观是"觉得马克思主义语言观值得研究和学习"，指出它是对欧洲语言研究传统的一种延续。Li & Kellogg（2018）等运用 SFL 话语分析框架，结合马克思的历史方法、政治经济批判等思想，从意义发生的角度，研究 Gaskell 的工业小说中的劳资关系和语言艺术。他的独到之处在于，结合了马克思的历史方法和 SFL 语言学中的意义发生维度，提出了三个时间维度，并将其用于具体的话语分析中，将视角从社会理据转向人的理据；但是，其局限在于对时间维度和话语分析框架的理论架构和探讨较不足，并且着重话语分析和文学分析，而忽视对 SFL 中马克思主义语言观的反思，以及对社会理据的进一步深入探讨。

5. 结语

本章回顾了学界对马克思主义语言哲学的主要思考，以及不同学者对此的发展和讨论；简要地介绍了马克思主义语言哲学观对话语分析，尤其是对 CDA 和 SFL 分析的影响；通过介绍 Li & Kellogg（2018）的系统功能话语分析框架，以 Gaskell 的工业小说为例，具体分析了小说中劳资关系主题的展现；最后总结了 CDA 和 SFL 的发展趋势和局限。

总之，国内外马克思主义语言哲学不断发展，具有从本体层面拓展延伸到话语实践领域及其他领域（如政治、意识形态等领域）的趋势（Crowley, 2018），其研究发展有如下特征与一般原则（尹树广, 2015）：第一，语言本体论与话语实践理论互相补充。语言本体论从世界观或符号物质性角度探讨意义的生成机制；话语实践侧重探讨话语的社会性，批评话语分析能够批判资本主义及其隐藏且扭曲的意识形态。第二，社会决定论与形式自主性。社会决定论侧重语言与物质的联系，强调语言的社会性（社会理据），反对独立的语言观或语言工具论；形式自主性强调语言或话语本身就具有实践性，强调意义的生成在于对符号物质性的使用，反对纯粹的意识独立性，这意味着意义与形式不可割裂（即意义生成需要借助符号或语言形式）。第三，从实践视角解释语言，认为语言交往活动具有物质性，也具有意识性（实践的意识）。

注释

1. 马克思主义哲学思想

刘放桐（2018）归纳了马克思在哲学上的贡献。马克思和恩格斯批判地继承了以费尔巴哈为代表的西方唯物主义、以黑格尔的辩证法为代表的西方辩证法，摒弃了形而上学和唯心主义体系的局限，建立了唯物主义和辩证法互相统一的辩证唯物主义。马克思的辩证唯物主义具有历史唯物主义的意义。辩证唯物主义与历史唯物主义是马克思主义哲学的基本原理。马克思主义哲学不仅是对旧唯物主义、唯心主义辩证法的超越，也是对以往西方哲学的超越。马克思的唯物主义与实践互相联系。既强调了能动作用，也将其与人的实践活动联系起来。关于此的马克思经典代表著作有 *Theses on Feuerbach*（1976/2002[1845]）、*The Communist Manifesto*（*Manifesto of the Communist Party*）（1976[1848]）等。张亮（2018）总结了马克思思想的四项理论珍宝。第一，以唯物主义哲学为前提的马克思革命的科学方法论，其在该思想指导下的代表著作有 Lenin 的 *V. I. Lenin Collected Works*（1963 [1913], 1964 [1913-1914]）、Lukács 的 *History and Class Consciousness*（1971 [1968]）等。第二，马克思开创的哲学世界观（历史唯物主义），其代表著作有 *Contribution to the Critique of Political Economy*（1987 [1859]）等。第三，揭示资本主义生产方式的秘密。第四，科学社会主义，其代表著作有 *Capital*（1967 [1867]）。

2. 马克思主义时代背景与发展历程

吴昕炜（2018）指出 19 世纪马克思主义哲学的时代背景是自由资本主义时代，因而着重研究资本主义社会发展规律，以及科学社会主义理论的构建，侧重强调经济基础决定上层建筑；20 世纪马克思主义哲学的时代背景是垄断资本主义时代，因而批判垄断资本主义，研究科学社会主义现实运动，关注上层建筑的能动作用。陈学明（2013）侧重探讨 20 世纪马克思主义哲学历程的三大板块，即在西方世界的发展历程、在苏联和东欧一批社会主义国家的发展历程、中国特色社会主义道路的发展历程。近年来，国外马克思主义研究的领域主要侧重对 Lukács、Korsch、Gramsci、Althusser 等经典西方马克思主义的研究，后来逐步扩展到关于东欧新马克思主义、分析的马克思主义以及生态学马克思主义、女权主义马克思主义等比较典型的新马克思主义流派的研究（衣俊卿，2011）。

3. 解释路向

根据陈学明（2013），20 世纪上半叶西方世界的马克思哲学发展，呈现三种不同解释路向，即第二国际（Second International：1889-1914）、第三国际（Third International：1919-1943）、西方马克思主义（Western Marxism）的解释路向。因而，这时的马克思主义哲学研究包含了第二国际及第二国际解体后的西方社会民主党理论家的修正；涉及西方各国共产党理论家遵循俄国和苏联马克思主义理论的基本路线所进行的继承和发展；也涉及代表第三国际传统的西方共产党理论家的解释；涵盖了西方马克思主义。西方马克思主义不同于第二国际、第三国际的马克思主义思想，它是一种新马克思主义哲学解释路向，主要由法兰克福学派（Frankfurt School）全面继承发展，尤其体现在该学派社会批判理论中，它的早期代表人物有：Lukács、Korsch、Gramsci 等（Anderson 1976/1989；van der Linden，2007）。这三种解释路向的争论主要围绕如下问题展开。第一，马克思主义是否是哲学。第二国际理论家认为马克思主义归属于社会和经济理论，不归属于哲学；而西方马克思主义认为马克思主义的核心属于哲学。第二，关于马克思主义哲学的基本问题。第三国际理论家认为其基本问题是思维与存在的关系问题，涵盖了物质本体论、唯物主义反映论等；西方马克思主义认为马克思主义哲学是实践哲学，强调主客体的实践性、历史性等。第三，如何看待当代资本主义。第二国际为当代资本主义辩护，主张改良；第三国际和西方马克思主义主张对其批判。20世纪下半叶上述解释路向发生转变。关于资本主义社会政治问题，它们之间存在分歧，但哲学上一致认为马克思主义哲学是一种人道主义。第二国际解释路向逐渐放弃马克思主义哲学立场，转为批判。第三国际解释路向已与西方马克思主义人道主义倾向汇合，也与部分第二国际观点趋向相同。西方马克思主义理论家，如法兰克福学派，后续发展起来的存在主义马克思主义等，倾向人道主义解释，以人道主义马克思主义作为标准重新考量并批判资本主义社会。

第十四章　多模态话语分析

1. 引言

Kress（2010：79）将模态定义为"在社会文化中形成的创造意义的符号资源"，认为"任何模态（如图像、手势、音乐）都是完整的表意系统，跟语言一样具有形式层（expression）、词汇语法层（lexicogrammar）和语篇语义层（discourse semantics）、O'Halloran（2011）、Forceville（2009）和 Gu（2006）则将模态定义为听觉、视觉、触觉等感官模态。多模态语篇分析指将语言与非语言符号纳入统一分析范畴的一个研究领域，其出发点是将图片、手势、表情、声音特征等非语言符号视为跟语言一样的表意资源。

自 20 世纪 90 年代开始，以 Kress 和 van Leeuwen 合著的《阅读图像：视觉设计语法》的出版为标志，多模态话语研究蓬勃展开，一方面是由于迅猛发展的科学技术，尤其是数字技术的进步，使单一的语言交际模式被由声音、图像、文字、色彩等构成的多模态交际模式所取代。"交际是各模态单独，同时又是共同作用的结果，因此从某种意义上可以说，所有的话语都是多模态的"（Kress & van Leeuwen, 1998：186），要解读这些话语，就必须提出将非语言资源纳入其中的多模态话语分析框架；另一方面，如 Fairclough（1995）所言，语篇分析研究者既要关注基于语言的意义建构和交际策略，又要关注语言所体现的社会关系、意识形态，Jewitt（2009：1）指出，语言与其他模态的结合是常态，而不是例外。将语言人为地提取出来孤立地进行分析很难看到意义建构与人类交际的全貌。

基于此，研究者从不同的理论视角出发对多模态语篇进行研究，从平面广告到三维空间，从副语言特征、图画书、到电影，网络新闻等新媒体语篇，其研究对象几乎涵盖了所有语类。本章将介绍多模态语篇分析的主要流派及其分析框架，并将分析框架运用于案例分析，最后总结多模态话语分析的不足之处和发展趋势。

2. 基本概况

早在 20 世纪 70 年代，Roland Barthes 就开始研究图像的修辞，并归纳了多模态语篇中的图文关系，即锚定（anchorage）、说明（illustration）和传递（relay），但在他的文章中，语言信息和视觉信息仍然是分离的。1996 年，Kress 和 van Leeuwen 合著的《阅读图像：视觉设计语法》出版，标志着多模态话语分析研究的兴起。

经过 20 多年的发展，从研究的理论视角出发，多模态话语分析的研究主要分为四类，分别为：

以 SFL 为研究基础的社会符号学流派，主要以 Kress & van Leeuwen、Painter、Martin、Unsworth、O'Halloran、Barldry & Thibaubt、Royce 和 Martinec 等为代表。在理论建构方面，Kress 和 van Leeuwen 1996 年出版的第一版，2006 年出版的第二版《阅读图像：视觉设计语法》提出了系统分析插图、广告、漫画、雕塑等图文语篇的理论框架；Painter、Martin、Unsworth 三位学者完成的《解读视学叙事：儿童图画书的图像分析》（2012）提出了系统分析由多个图像组成的视觉叙事的元功能框架；Royce、Martinec & Salway 关注图文关系，分别提出了符际互补框架和图文关系框架。在研究对象的扩展方面，研究对象从传统的图文语篇分析扩展到复杂多模态动态语篇，近年来较突出的研究成果为 Bateman 和 Schmidt 所著的 *Multimodal Film Analysis*（2009）.

以互动语言学为理论基础的多模态互动分析，主要以 Norris 和 Scollon 为代表，在理论建构上，Norris 所著 *Analyzing Multimodal Interaction: A Methodological Framework*（2004）初步建立了多模态互动分析框架。其研究对象为城市空间、个体在公共空间中的行为定位等。

以认知语言学为理论基础的多模态话语分析，主要以 Forceville 为代表，在理论框架上，他撰写的 *Pictorial Metaphor in Advertising*（1996）探讨了图像隐喻的本质和理解机制。2009 年，Forceville 和 Urios-Aparisis 出版了 *Multimodal Metaphor*，收录了多模态研究的最新成果，标志着多模态隐喻理论的正式形成。该流派的研究对象也从最初的静态平面媒体转向诸如音乐、手势语等动态媒介。

融合认知语言学与系统功能语言学的分析流派主要以冯德正和 Elaine Espindola 为代表，他们的论文 "Integrating Systemic Functional and Cognitive

Approach to Multimodal Discourse Analysis" 从理论上探讨了两种研究视角的互补性。但目前两者的对话和融合尚未引起研究者的广泛关注。

从研究方法看，随着数字技术的发展，基于语料库的多模态话语研究也有所发展，但由于这一领域的大部分研究者采用社会符号学的研究视角，因此将其归入社会符号学流派。

3. 主要代表人物、作品、活动范围及影响

3.1 基于 SFL 的社会符号学流派

3.1.1 Kress 和 van Leeuwen：视觉语法

Kress 根据 Halliday（1978）的社会符号学理论，认为语言与非语言符号都不是一成不变的语义编码，而是在一定语境下建构意义的资源。Kress 和 van Leeuwen 认为，图像也是社会符号，因此可以用社会符号学的方法来分析图像。语言的语法体系决定如何使用词语组成小句、句子和语篇；同理，视觉的语法决定人物、事物等如何组成复杂程度不同的视觉陈述。

基于 Halliday 提出的 SFL 的元功能理论，Kress 等人建立了视觉图像语法，构建了视觉图像的三大元意义，即再现意义（representational meaning）、互动意义（interactive meaning）和构图意义（compositional meaning），从图像、颜色、构图、情态、印刷版式等视觉交流的各个方面来研究多模态话语语言和视觉交际，同时体现构成文化的意义系统，图像与语言两者各自以其独特的形式，协同体现话语功能。"视觉语法"只是对图像表意资源的系统描述，而非硬性的规则。

3.1.2 Painter, Martin, Unsworth：视觉语法的新发展

由 Painter、Martin、Unsworth 三位系统功能语言学者完成的《解读视觉叙事：儿童图画书的图像分析》发展了视觉图像分析理论，提出了系统分析由多个图像组成的视觉叙事的元功能框架。这本书可以说是近年来以 SFL 为研究视角的多模态话语分析的重要成果。

该书对视觉语法的发展可以归纳为两个方面，首先是研究对象的扩展：它超越广告图片等单个图像，考察由多个图像组合成的复杂视觉叙事。其次是理论框架的完善：它一方面摒弃或重新阐释了左侧为已知信息、眼神表示求取等饱受争议的观点，另一方面加入了情感表征、人物塑造、事件关系等重要框架，对更加系统地分析图画书、漫画、电视广告、电影等复杂多模态叙事语篇具有重

要意义。

3.1.3 基于 SFL 的图文关系研究

Royce 认为既然语言元功能的概念可以用来分析图像模态，Halliday 和 Hasan（1972）的语篇衔接理论也可用来解释这些词汇与视觉信息成分之间的语义关系，因此在 Halliday 的三个元功能概念的基础上提出了符号间的互补框架（intersemiotic complementary framework）。（杨信彰，2012）

Martinec 和 Salway（2005）融合 Halliday 有关逻辑功能的思想以及 Barthes 的图文关系分类，提出了一个分析图文状态关系和逻辑语义关系的框架。图文关系系统包含两个子系统，即状态和逻辑语义。

3.1.4 Barldry 和 Thibault 的基于语料库的多模态话语分析

语料库随着计算机的发展而兴起，为多模态研究提供了一种新方法，Barldry & Thibault（2006）是一本用于分析图像、网页、电影、动画、杂志布局、广告、教科书、电视节目、电脑游戏等语类的操作手册。在书中，他们以功能语言学为理论支撑，详细说明了语料转录和分析的方法以及建立多模态语篇语料库需要的技术。

O'Halloran（2004）也致力于研发用于分析多模态语篇的数字技术和工具，目前设计出了一款用于多模态分析的软件，即 MMAV 多模态分析软件。Bateman（2004）等建立了多模态语料库管理平台 MCA（Multimodal Corpus Authoring）。王立非、文艳艳（2008）介绍了多模态分析软件 ELAN 的主要功能，并举例说明如何运用 ELAN 开展应用语言学研究。顾曰国（2006）建立了汉语现场即席话语多模态语料库，刘芹、潘鸣威（2010）以张德禄（2009）提出的多模态媒体系统为基础，结合中国理工科大学生英语口语输出的实际情况，提出了一套中国理工科大学生英语口语语料标注体系和建库原则，从言语、非言语两个维度进行多层次标注，以期构建我国理工科大学生英语口语多模态语料库。再如《基于语料库的多模态语类研究——以期刊封面语类为例》（王正，张德禄，2016）利用语料库软件，对期刊封面的多模态语类特征进行归纳和描述。

3.2 Norris 的多模态互动分析

Norris 认为话语研究不仅要考虑语言，更多地要考虑语言在互动过程中的作用。Scollon（1998）将语言看作社会行为，认为互动过程中参与者一般情况下都是同时做几件事，只有在极少数情况下，参与者才有可能把注意力集中于某个单一的焦点或某个单一媒体上。一部电影、一幕街景同时具有多种代码，并使用多种交际渠道，构成具有整体意义的文化现象。

因此，Norris（2004）吸收了互动社会语言学、中介话语分析和多模态研究等方面的研究成果，并采用摄像机和计算机作为研究工具，建立了多模态互动分析的研究范式。该范式从互动社会语言学中引入"实时互动"（real-time interaction）和"使用中的语言"（language in use），从多模态研究中获取对音乐、色彩、身体动作等模态的研究方法，认为"人类互动"（human interaction）是人类将各种形式的符号作为"中介的行动"（mediated action）.

3.3 Forceville 的认知语言学的多模态话语分析

该研究视角产生的原因有二，其一，Forceville 认为关联理论不局限于言语交际，也适用于其他交际模式，适用于非言语的、多模态的话语研究；其二，隐喻研究领域的学者认为隐喻是一种思维模式，如果说其有关认知和语言显现的说法是正确的，那么无疑也应该存在隐喻在非言语上的显现，最明显的可能就是图像隐喻（辛志英，2008：210）。Forceville 认为多模态隐喻是"目标域和源域完全或很大程度上由不同模态实现的隐喻"。

基于此，Forceville 提出图像隐喻概念并进一步发展为多模态隐喻理论。《多模态隐喻》（Forceville & Urios-Aparisi，2009）一书收录了多模态隐喻研究的最新成果，标志着多模态隐喻理论的正式形成（冯德正等，2014）。

3.4 冯德正、Elaine Espindola: 融合 SFL 和认知隐喻的视角

Kress 等人早在 1998 年就提出，我们研究面临的主要挑战是认知理据的缺失，比如我们如何得知上下、左右这些布局方式具有我们赋予的意义。针对基于功能语言学的多模态话语分析认知理据不足的情况，有研究者开始结合认知语言学的视角进行话语分析。他们认为 SFL 可以更全面地阐释图像隐喻与多模态隐喻的构建，同时，隐喻理论也为描述多模态语篇的符号意义提供了新途径。这方面的研究成果有《多模态隐喻的构建和分类》（冯德正，2011），"Integrating Systemic Functional and Cognitive Approach to Multimodal Discourse Analysis"（冯德正、Espindola，2013）。

4. 分析框架

4.1 视觉语法的分析框架

Kress 认为视觉图像具有再现意义、互动意义和构图意义三大元功能,分别对应于功能语法中的概念意义、人际意义和语篇意义。

Kress(2006)将再现意义(再现意义系统见图 14-1)分为叙事再现和概念再现,概念再现体现参与者角色的一般性特征,相对稳定,不受时间限制;而叙事再现展现的是动作事件的发生以及在时间和空间上的安排等。

叙事再现中,当元素之间形成斜线,特别是明显的对角线时,就形成了矢量(胡壮麟等,2017:349)。当参与者被矢量连接,他们被再现为相互做事情。

叙事再现总是会出现矢量,而概念再现结构一般不出现矢量。概念再现包括分类、分析和象征过程。

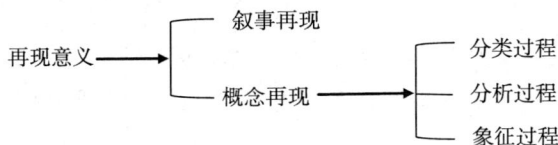

图 14-1　再现意义系统(Kress , 1996/2006)

4.1.1 叙事再现

叙事再现(见图 14-2)包含过程和情景两个入列条件。施事指过程中有明确的动作者,如动作过程中的动作者、反应过程中的感知者、言语过程中的说话者。

动作过程表现了施事者的动作,发出矢量的参与者为动作者,矢量指向的参与者为目标。

反应过程由参与者的目光方向构成,参与者角色分别为反应者和现象。言语过程和心理过程由对话泡和思维泡构成,两种图形中的内容没有被直接体现,而是通过对话泡中的言语者或思维泡中的感知者体现,因此叫作投射。

图像中的环境成分(circumstance)也被分为三类,包括背景、手段和陪伴。手段指动作过程中使用的工具,工具和使用者之间没有矢量连接。陪伴情景指有两个独立的参与者,但它们之间没有矢量连接。(胡壮麟,2017: 351)

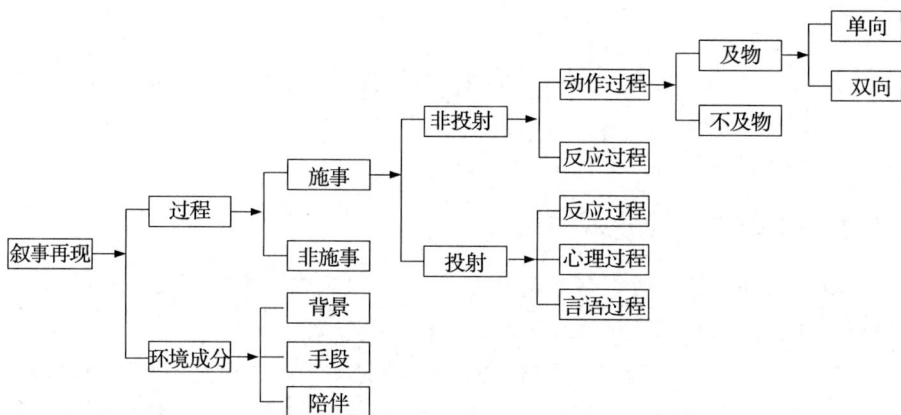

图 14-2　叙事再现系统（Kress，1996/2006）

4.1.2 概念再现

视觉交际中的概念过程对应于功能语法中的关系过程和存在过程。

分类过程中的参与者由分类关系联系起来，图中的一些参与者从属于另一个参与者，根据是否出现处于上义关系的参与者，分类过程可分为显性和隐性分类过程。

分析过程的参与者构成部分与整体关系，其中整体为承载者（carrier），部分为所拥有的特征（possessive attribute）。非结构性分析性过程只展示承载者所拥有的特征。

象征性过程表示参与者的意义或身份，已经确定了意义或身份的参与者为承载者；表示身份的参与者具有象征性属性。

4.1.3 互动意义

互动意义指图像可以建构观看者和图像中世界之间特定的关系，图像以此和观看者互动，并提示观看者对所再现的景物所应持的态度。互动意义（见图14-3）包含三种要素，分别为接触、社会距离和态度。接触，可从索取类图像和提供类图像两个视觉而言，索取类图像指画框中的人直接看着观看者，从而与他们建立起（想象中的）关系。社会距离指观看者与图像中资源的距离关系，借用影视的术语，特写（头和肩部或更少）可以提示密切的／个人的关系，长镜头（展示整个人，正好占满画面框架，或更远）提示非个人关系。态度取决于拍摄图片的视角，包括主观态度和客观态度，客观态度指出现在科技文本中的图片所包含的互动意义，分为动作取向和知识取向。主观态度按读者和图中资源的关系分为融入或疏离两种，这是由镜头的水平视角决定的，正面视角表示融入，倾斜视角表示疏离；按权势分为观看者权势、平等权势和图片权势，这由镜头的垂直视角决定,俯角提示观看者更具权势,水平视角提示平等关系,仰角提示图像更具权势。

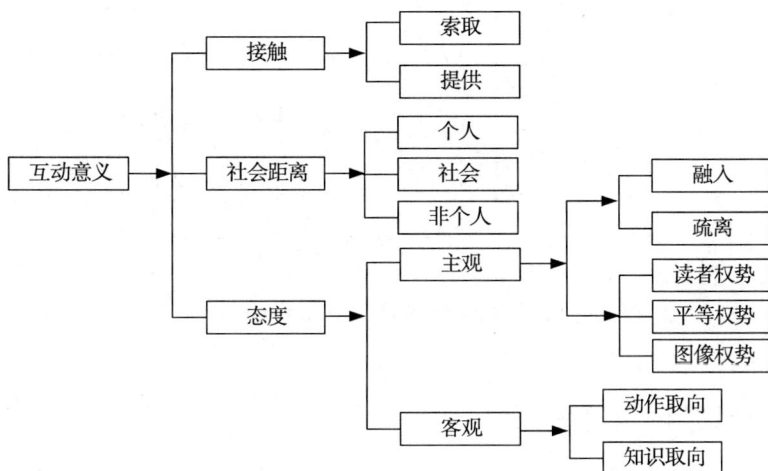

图 14-3　互动意义系统（Kress，1996/2006）

4.1.4 构图意义

构图意义包含三种资源,即信息值、取景和显著性（见图 14-4）。

信息值是通过元素在构图中的放置实现的,放置的顺序与特定文化的书写规则有关,在从左至右行文的文化中,从左至右的放置造成了已知—新信息结构。上方和下方也具有不同的信息值,置于上方的是理想的,为信息的理想化或概括性的实质,是信息最显著的部分;真实的指特定的信息,如细节。

显著性指的是元素吸引观看者注意力的不同程度,可通过被放置在前景或背景、相对尺寸、色调值的对比、鲜明度的不同等来实现。

通过添加线条可以实现取景意义。线条可以切断或连接图像中的元素,以此识解元素间的关系。（胡壮麟,2017）

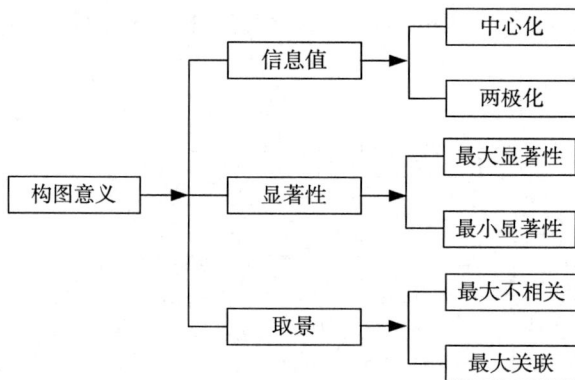

图 14-4　构图意义系统（Kress, 1996/2006）

4.2 视觉语法的新发展

按照视觉语法的理论框架，研究者对大量视觉图像进行分析，证实了该理论的可操作性，并对理论框架进行修正和完善。Painter 等人在 2012 年，基于对儿童图画书的研究，进一步发展了视觉语法，为分析由多幅图片组成的复杂视觉叙事提供了理论框架，主要体现在以下方面：

首先，他们对视觉语法的互动意义系统做了大量修改，提出聚焦系统阐释图像与读者的互动关系、情感系统用以反映图像人物与读者之间的情感互动、氛围系统考察图像中的颜色使用、级差系统反映图像加强或削弱互动意义的手段。

其次，为了阐释由多幅图片组成的多模态语篇的概念意义，他们提出了人物关系系统、事件关系系统以及情景间关系系统，用以考察连续图片中的参与者、过程和环境成分。

最后，在组篇意义方面，他们提出了版面布局系统，用于考察语篇的图文关系。

4.2.1 视觉叙事语篇的人际意义

Painter 等人（2012）首先认为视觉图像无法像语言一样建立明确的提供和求取关系，如并非所有眼神接触都表示求取信息或服务。他们提出新的聚焦系统（focalisation）（见图 14-5），用于考察图像和读者的互动关系。其次，他们认为视觉图像的抽象程度，不仅构建情态，而且还构建图像人物与读者之间的情感互动。他们提出了情感系统（pathos），阐释图像叙事的情感介入。再次，基于 Kress（2012）关于颜色的符号学描述，他们提出了氛围（ambience）系统。最后,根据 Martin 和 White(2005)的评价理论,他们提出了视觉级差(graduation)框架。(冯德正,2013)

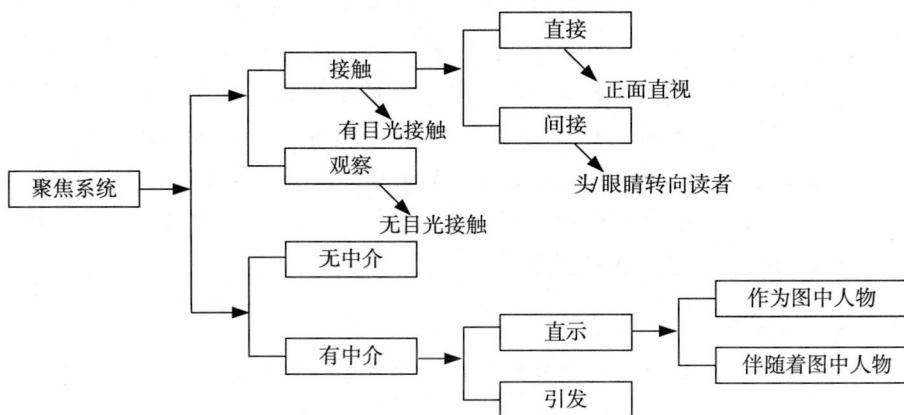

聚焦系统
- 接触
  - 直接 → 正面直视
  - 有目光接触
  - 间接 → 头/眼睛转向读者
- 观察
  - 无目光接触
- 无中介
- 有中介
  - 直示
    - 作为图中人物
    - 伴随着图中人物
  - 引发

图 14-5　视觉叙事语篇的聚焦系统(Painter et al., 2012)

接触指图中人物与读者有目光接触,正面直视为直接接触,间接指图中人物的头或眼睛从一边转向读者,似乎在邀请读者参与互动。有无中介的区别在于读者是否可以以图中人物的视角观察图片中的其他元素。

情感系统体现图中人物的表征方式与读者情感投入的关系。读者的情感投入分为投入和疏离两类,投入又可分为(1)鉴赏,此时人物表征方式为最简风格,读者与图中人物有一些心理距离;(2)移情,表征风格为类风格,读者与图中人物有认同感;(3)个人化,表征风格为自然风格,此时读者的介入比移情更加深入。

氛围系统考察图片中颜色的使用与情感氛围的营造之间的关系。主要的考察条件为色度、色调和自然度。首先,鲜亮色彩建构兴奋、有活力的情感,而灰暗色建构沉郁、克制的情感;其次,暖色调,如红色和黄色构建温馨、舒适的氛围,冷色调如蓝色、绿色构建冷漠、疏远的氛围。最后,自然度主要指色彩丰富程度,色彩越丰富越能反映其自然色彩。自然色彩给人以熟悉、亲近的感觉,可以拉近与读者的距离;而单一色彩则比较陌生,不容易拉近与读者的情感距离。(冯德正,2013)

4.2.2 视觉叙事语篇的概念意义

Painter 等人扩展了 Kress 的视觉叙事框架,提出人物间关系系统、事件关系系统和情景间关系系统,用于分析多幅图片组成的多模态叙事语篇。

人物间关系系统分析图像中人物表征方式和人物出现方式,人物表征方式包括完整表征和转喻表征，后者指人物的一部分或剪影出现在图片中。人物出现方式包括首次出现和重现，重现关注人物的状态和特性是否发生变化。

事件关系系统描述连续出现的图片中各事件之间的关系。该系统区分了展开和投射两种关系。事件展开指两个事件是时间上的先后顺序还是同时发生。事件投射分为（1）真实事件投射，即一幅图中的事件为另一幅图中的人物所见；（2）想象事件投射，指一幅图中的事件为另一幅图中的人物所想。

情景间关系系统考察的是相邻图像的情景是否发生变化。事件发展过程中情境没有变化，作者可以选择使用完全相同的背景，或者变换视角（如从仰角拍摄变为俯角拍摄，从远景到近景。）

4.2.3 视觉叙事的构图意义

Painter 对此框架最重要的发展是将具有争议的信息值框架改为版面布局框架。

融合指语言成为图像的一部分，互补指语言和图像各占一部分空间。在图文融为一体的情况下，它们之间可能存在扩展和投射两种语义关系。话语投射是漫画中最常见的图文关系，主要通过话语泡实现。扩展是指图像与文字具有各自的意义，两者相互联系，互为阐释、互为补充，或相互增强。扩展关系可由包含或连接两种版面布局实现。包含指文字覆盖在图像上面，连接主要通过矢量实现。（冯德正，2013）

4.3 多模态语篇图文关系分析

Royce 的框架承认了各种模态的互补性，认为多模态的概念意义通过重复、同义、反义、上下义、部分整体义和搭配这些意义关系在词汇语义上联系起来；人际意义则通过加强称呼、态度一致性和态度不和谐联系起来；构图意义通过信息值、突显性、视觉框架和阅读路径联系起来。（杨信彰，2012）

Martinec 和 Salway（2005）提出的图文关系系统（见图14-6）包含两个子系统，即状态（status）和逻辑语义关系。状态分为平等和不平等两种。平等状态通过整个图像和整个语篇的联系来体现，分为两种情况：图文独立和图文互补状态。不平等状态也分为两种情况，即图从属于文和文从属于图。图从属于文的情况通过图和部分文字的关系来体现。文字从属于图的情况通过文字对图的指称来体现。至于图文间的逻辑语义关系，有详述、延伸、增强三种关系。图文之间有着说明和例举两种详述关系，在延伸关系中，图文其中一方给另一方添加新的相关信息，在增强关系中，图文的一方通过环境成分修饰另一方，如时间、地点、原因和目的。（杨信彰，2012）

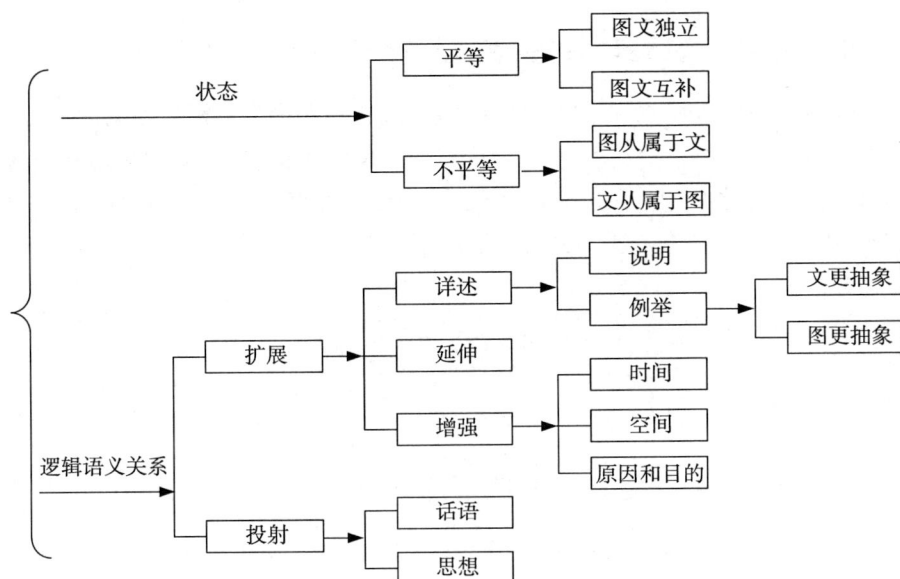

图 14-6　图文关系系统（Martinec & Salway, 2005）

4.4 多模态互动分析

　　多模态互动分析采用"模态密度前景—背景连续统一体"（modal density foreground-background continuum）的分析框架，认为互动是通过言语、距离（proxemics），身体姿势（posture），手部动作（gesture），头部动作（head movement），注视（gaze），场景布局（layout），印刷物（print）和音乐等模态的各种协同使用来进行的，每种模态都是一套符号系统，在人类互动中言语模态并不总是起主导作用。每个模态的使用都有自己可观察到的过程，例如起点、持续和结束，因此可以分别进行描述。人类互动被视为一个交际事件，由一系列高一级行动（higher-level action）构成，每个高一级行动由若干低一级行动构成，整个交际事件有可以辨认出的阶段，各阶段都有自己的由各种模态协同执行的"情景化的高一级行动"，同一交际事件的其他高一级行动仍然存在于社会行动者的意识，但却被背景化或中景化。

　　以访友为例，它是一个交际事件，可以分为多个阶段。初到友人家阶段是高一级的前景化的行动，而到后来的阶段，如和朋友聊天、哄孩子玩等则成为高一级的前景化行动，但是它仍然处于访友者的意识或注意里，而且对其他高一级的行动具有结构作用。各个阶段之间的变换存在过渡，通过使用言语或其他模态来完成。（张佐成等，2014：15）

4.5 基于认知语言学的多模态分析

Forceville（2006）提出图像隐喻并将其进一步发展为多模态隐喻论，他将图像隐喻分为四种：语境隐喻、混合隐喻、明喻和整合隐喻。整合隐喻也称言语/图像隐喻，是从隐喻角度对言语/图像的分析，即源域和目标域如何以一种以上的模式表征。（杜金榜，2013：237）

5. 经典案例分析

5.1 基于视觉语法的多模态语篇分析

图 14-7 是一战时期的海报，由 Alfred Leete 绘制，图中的人物为当时英国国务秘书克奇纳勋爵，他的头像和名言 your country needs you 被印在了一战的英军征兵海报上。

从再现意义层面分析，在过程方面，这幅海报包含反应过程和动作过程，均属于叙事再现。反应过程由参与者目光构成，动作过程由参与者手指形成的矢量构成，结合文字，我们可以得知虽然图中隐去了动作过程的目标和反应过程的现象，但是图片观看者就是目标和现象。在环境成分方面，参与者头像、手势及文字构成前景，背景为图片的空白部分。

从互动意义层面分析，当参与者看着观众，或者参与者目光形成的矢量连接起了参与者和观众时，接触就产生了。在这张图里，不仅是参与者的目光直视观众，他的手势也直接指向观众。这张图有两个功能。第一，它直接指向观众，明确确认观众，并用"you"指明。第二，它构成了图像行为，即作者以图行事，要求观众做某事，即索取类图像。如 Halliday（1985）所说，参与者角色的凝视表示他要求观众做某事，要求观众与他建立某种联系，具体何种联系，要结合其他方式，如参与者的面部表情来判断。这同样适用于手势，图中一只手指向读者，既可能是想让读者走近一些，也可能是防御性姿势，让读者远离。（Kress，2006）在社会距离方面，特写参与者的头像和手势，提示的是个人关系，图中人物要与读者建立密切的关系。在态度方面，这幅图体现的是主观态度，人物正面面对观众，采取水平视角，展现出图中人物与观众的融入，且与观众是平等权势。

从构图意义层面分析，在信息值方面，将军的头像置于图像上方，文字置于图像下方，根据 Kress（2006），置于上方的是理想的，置于下方的是真实的，

"you"展现的是更真实的信息;在显著性方面,参与者的手势以及YOU在尺寸上的凸显,及其醒目的红色,反映出作者试图引起读者注意;在取景方面,整幅图没有出现分割线条,参与者的头像和文字是融为一体的。

综合再现意义、互动意义和构图意义,可以发现作者在用当时的政府官员的形象,以与受众平等交流的方式,通过目光、手势、文字版面布局,反映出当时政府对民众参军的迫切希望。

图 14-7 选自 Kress(2006:117) 图 14-8 选自 Painter(2012:84) 图 14-9 选自 Painter(2012:85)

图 14-10 选自 Painter(2012:85) 图 14-11 选自 Painter(2012:28) 图 14-12 某地旅游宣传海报

5.2 基于视觉语法的新发展的分析

图 14-8 至图 14-11 选自绘本 *Lucy's Bay* 的第四、第五、第六和第九幅图片。整本绘本除了第一和最后一张双页以外,其余双页均以一面为图画,一面为文字的方式排版。故事讲述了 Sam 的妹妹 Lucy 在爷爷家附近的海域溺水身亡,而当时正是 Sam 照顾 Lucy,多年后 Sam 回到爷爷家,下决心再一次走向海湾重访当年悲剧发生的地方。随着 Sam 走向海边,视觉叙事展开。

从概念意义层面进行分析，在人物间关系方面，图 14-8 为完整的人物表征，人物首次出现，展现人物的心理过程，在情景间关系方面，与绘本前一幅图相比，图 14-8 发生了场景的变化，场景放置到房子中；图 14-9 人物表征完整，人物再次出现并且增加了衣着，展现了人物的心理过程，动作过程（人物坐在餐桌前，手里拿着贝壳），图 14-10 为人物的完整表征，展现了人物的心理过程（看着贝壳）和动作过程（推开门）；在事件间关系方面，从图 14-9 开始，Sam 走向海边；在情景间关系方面，从图 14-9 开始，场景发生了变化，从房子里到房子外；图 14-10 人物离开屋子前往海边，场景的变化象征主人公开始离开安全的心灵庇护所。在整个叙事过程中，Sam 主要参与了三个动作过程：醒来（图 14-8），吃早饭（图 14-9），去海边散步（图 14-10），故事的剩余部分按 Sam 散步的时间顺序展开。Sam 一开始散步，便淡入整个环境中，只凸显了两次，每一次凸显都体现了叙事的转折点。第一次是绘本的第 14-9 幅图，即图 14-11，这幅图通过俯视角呈现，采用了有中介的聚焦系统，读者仿佛和 Sam 一样，站在岩石上往下看，文字部分提示这里就是他妹妹溺亡的地方。接着他又隐入环境成分，第二次出现是在倒数第二张图，用仰视角呈现，赋予主人公权势，这幅图的背景只有蓝天，互动和概念意义共同表征了这是故事的转折点。

这张图描述 Sam 完成了及物的动作过程，有重要的象征意义，我们看到这个男孩在蓝天下，手环成一圈，遮住嘴巴，向空中吹着一粒粒东西（文字告诉我们这是他在妹妹墓碑上找到的种子），在空旷背景下上升的种子被赋予了象征意义，这个男孩不仅仅是释放种子，更是在释放心理压力，恳求妹妹的原谅。

从互动意义层面分析，在聚焦系统方面，在整本绘本中，读者与人物没有目光接触，处于观察者视角，但作为有中介的观察者，读者伴随着图中人物，以人物的视角观察图中的其他资源；在情感系统方面，人物的表征方式为自然风格，有助于读者介入视觉叙事。

从构图意义层面分析，图 14-8 和图 14-9 的聚焦方式都是中心聚焦，凸显的都是故事的主人公。然而从图 14-10 开始，聚焦方式发生改变，变为极化，也体现了故事的展开，从这里开始，主人公开启了重访海边的旅程。

综合概念意义、互动意义和构图意义，作者通过场景、事件关系、聚焦方式的转换，描述了故事中的每次转折，通过聚焦系统和情感系统的选择，让读者能够伴随着主人公，亲历他与自己内心和解的过程。

5.3 多模态语篇的图文关系研究

图 14-12 为一幅某地旅游宣传海报，由庐山天下悠、三清天下秀、龙虎天下绝、江西风景独好四组文本与庐山、三清山、龙虎山 3 处景点构成。按照 Royce

的概念符际互补框架,文本与图像之间存在搭配、上下义、整体与部分以及重复关系。

　　图中三处山水资源与风景构成上下义关系,每处景点又与各自对应的图像形成重复关系。文本与海报里的其他视觉元素共同构建一幅显现区域旅游资源、提炼旅游特色的宣传海报。

　　按照 Martinec 等人的图文关系框架,在状态方面,图像与文本处于平等互补状态;在图文间逻辑语义方面,这则旅游海报的图像是对文本"江西风景独好"的增强,阐明风景独好的原因;同时,庐山、三清山、龙虎山的图像与各自对应文本之间为扩展关系,属于详述关系中的例举关系,文本更加抽象,图像更为具体,图像以实景展示了三处风光。

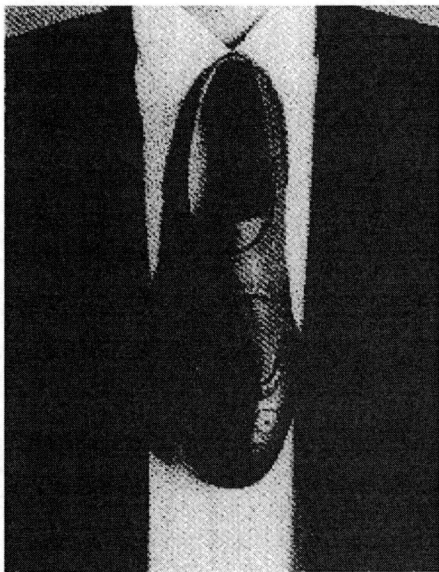

图 14-13　选自 Forceville(1996:110)　　　　图 14-14　选自 Feng(2013:18)

5.4 认知语言学的多模态语篇分析

　　图 14-13 为一则皮鞋广告,广告的前景是一只鞋子,但鞋子出现的位置是领带所处的位置。读者感知到鞋子在这则广告中的意义为领带,鞋子具有领带的某些特质,可以把图片表达的隐喻用语言表达为"shoe is tie",源域为鞋子,目标域为领带,图片中源域代替了目标域,传达的含义是鞋子不仅仅是用来穿在脚上的,不仅仅具有实用功能,也可以像领带一样,具有装饰功能。源域和目标域的相似特征为:鞋子和领带都不是为了实现某种功能而被设计出来,而是

为了美学效果而设计出来。因此，这则广告表明这款鞋子不但有实用功能，而且设计美观精致。

5.5 融合视觉语法与图像隐喻的视角

图 14-14 为一则汽车广告，从图像隐喻的角度分析，这则广告中，一辆车被戴在手腕上，本来应该是手表所在的位置被车占据，由此，手表所具有的属性投射到了车上，形成了"车子是手表"的隐喻。

从视觉语法的角度分析，在再现意义系统层面，这则广告属于叙事再现，属于动作过程，动作者是人，目标是车，环境成分为手腕。而通常情况下，人戴着手表，动作者是人，目标是手表，环境成分是手腕，我们可以理解成非常规的经验识解过程，从而产生了隐喻。

6. 不足之处、发展方向和趋势

6.1 多模态话语分析的不足之处

从研究者的角度看，一方面，目前从事多模态话语分析的研究者大多只有语言学学科背景，然而多模态话语包括由视觉、听觉、嗅觉等各种模态构成的复杂话语，如电影、电视和广告等，研究者对他们所研究的语篇类型的基本工作机制不够了解，因而产生错误的分析与解读（Forceville, 2007）；另一方面，研究者往往执着于对非语言符号的微观描述，忽略了宏观层面的社会文化语境（Jewitt, 2009）。

从研究的理论基础角度而言，Kress & van Leeuwen（1998）就曾说过："我们这种研究方法面临的主要挑战是我们观点的认知理据，比如，我们如何知道左右、上下等位置布局具有我们所赋予的意义呢？"，Jewitt（2009）也指出对非语言符号的解读的主观性太强。

从研究方法的角度而言，尽管随着数字技术的发展，基于语料库的多模态话语分析有所发展，但是目前没有成熟的多模态语料库与基于大型语料库的多模态研究。

6.2 多模态话语分析的发展趋势

从研究者的角度看，一方面，多模态话语本身的跨学科属性，要求各学科的研究者共同合作，融合各学科的学科背景，对话语进行分析，避免由于研究者单一的学科背景造成分析的偏差；另一方面，研究者不仅要在微观层面对非语言符号提供详细的描述，更要从宏观层面通过语篇分析系统阐释社会文化现象，解决社会问题。（Jewitt, 2009: 26）

从研究的理论角度而言，应重视社会功能分析与认知隐喻的对话和融合，为视觉语法建立认知理据。

从研究的方法角度看，随着信息技术的不断进步，多模态话语分析不仅仅局限在对小规模案例的定性分析，还可以借助视频分析软件，对声音进行标记转录，对动态图像进行录制和分解，建立多模态语料库，从而对一定数量的语料进行分析，对理论进行验证、修正、完善。也可以通过问卷调查、眼动实验、脑成像等实证研究方法对研究结果进行验证。

从研究对象角度看，多模态话语分析的研究对象已不仅仅是静态语篇，如平面广告、电影海报等，随着新媒体的出现，如网络直播室、微信、互联网超文本、网络自媒体等，都可能成为多模态话语分析的研究对象。

7. 结语

本章首先梳理了 MDA 的四大主要流派，分别为基于 SFL 的社会符号学流派、多模态互动分析流派、基于认知科学的 MDA 以及融合 SFL 和认知隐喻的分析流派，进而描述各流派的主要分析模式，并结合实例阐述了各分析框架的操作，着重介绍基于 SFL 的视觉语法以及视觉叙事分析框架。多模态的研究对象呈现从静态单幅图片到动态图像的扩展，其分析工具也在不断完善，但对分析框架的认知理据探索有待加强，针对不同语类，需不断修正和完善分析框架，使得分析结果更具说服力。

第十五章　分布式话语分析

1. 引言

　　21 世纪初以南丹麦大学为中心兴起了分布式语言（Distributed Language）运动，又称分布式语言与认知（Distributed Language and Cognition）。该理论建立在挑战 20 世纪传统语言学的基础上，发源于 Harris（1981）的整合主义语言学，并结合语言哲学家 Nigel Love 对第一秩序言语活动和第二秩序语言模式的关键性区分、生态心理学家 J. J. Gibson 对人和环境的生态理论、语言学家 Stephen Cowley 的"语言姿态"理论、Edwin Hutchins 的分布式认知观[①]等研究成果而发展完善。该理论以整合性和生态性著称，而它在话语分析方面的应用也和其他语言学理论有很大差异：由于具身性，从分布式语言视角进行的话语分析是天然的多模态分析。同时，分布式话语分析对象是人类的交际性（Interactivity），而语言是交际性的组成部分。因此，可以将基于该理论的话语分析理解为分布式交际活动分析。就如 Steffensen & Cowley（2010）所说的那样，分布式语言理论带来的并不仅仅是新的范式，更是颠覆性的新视角。本章将在介绍该理论的基础上解释和评价分布式话语分析的特点。

2. 分布式语言观

　　分布式语言观正是在对"以物体为基础"的语言研究视角的挑战中诞生的。

[①]　分布式认知观挑战了传统认知研究将认知过程局限于人脑内的观点，认为脑—身体—世界整体进行认知活动，并称这种认知活动为"联合认知"（Joint Cognizing）（Steffensen & Cowley，2010：334）。

作为语言研究的新视角，分布式语言观强调人与环境的交际性、语言的具身性和言语活动的逻辑优先性。

2.1 结构主义语言研究的内生性矛盾

20 世纪的语言学，不论是结构主义语言学还是转换生成语法，都建立在 Saussure 的结构主义语言观，即将语言视为物体的基础上。在这一视角下，语言学家既可以从历时的视角研究语言的发展历史，也可以从共时的角度出发研究隐藏的语言系统，而语言系统组成了语言。语言不是多维度的过程，而是"没有时间的区域"。这就意味着"语言系统相对于语言使用有逻辑上的优先性"，同时，"语言使用是从语言系统的形式—意义代码关系中派生的"（Cowley，2017：47）。基于这两点，Steffensen（2015：107-108）将传统语言学的特点总结为 3 个 I，即内部性、工具性的和个体性（Internal，Instrumental，Individual）。

分布式语言理论者对此并不满意，认为"将语言视为孤立的物体本质上是以隔断观察者—环境关系的方式将部分和整体混淆了"（Cowley，2017：47），将环境和人分开，将人的感觉和行为分开。这导致了结构主义语言观的内生性矛盾：

> 与化学家、地理学家、社会学家等不同的是，语言学家并不能描述他们视为研究对象的语言……形式抽象体［语言系统］对于第一秩序言语活动，即所谓"由语境决定的行为（声音、手势或其他）"只有间接影响……形式抽象体能解释一切，唯独解释不了语言行为本身。
>
> （Cowley，2017：44-45）

这就意味着对语言系统的描写并不是语言的全部，传统语言学显然同样意识到了这一点，"语境"的概念正是对这一错误的弥补，是将第一秩序言语活动的具身性和多样性重新纳入语言描写中的尝试。但这种分开描写的尝试，在分布式语言理论看来，是对语言的进一步扭曲，导致"语言从历史和人类本身中剥离开来"，"语言的变化被置于系统之外"（同上）。

2.2 分布式语言观

为解决传统语言学的矛盾，让语言理论名副其实，分布式语言理论认为，语言不是物体，而是活动。具体而言，"语言是由语境决定的制造和解读语言符号的过程"，因此"语言的本质不能简化为对第二秩序文化构建体的描写"（同上：48）。为此，分布式语言理论提出"语言与人类的存在完全整合在一起"

（Cowley，2011）的观点，认为语言具有空间和时间上的多维性：一方面，语言是"环境因素和个人因素聚合的生态现象"；另一方面，语言整合了"种系发生、个体发生、社会历史发生、微观发生"（Linell，2015：123）等多个时间维度，任何"以单一的尺度衡量的语言研究，如生物学、社会学、心理学等"（Steffensen & Pedersen，2014），都不能作为语言研究模型的基础。因为语言是"异质的和多方面的"，因此"任何单一的观点都不足以合理地解释语言"，语言表现在当时当下的人际交流中，但语言"不能被定位于任何个人、情景、模式、符号结构中"（Steffenson，2015：107）。也就是说，语言是分布的，非本地化（non-local）的，体现在语言的外部和内部两方面：外部方面，语言是人与环境交际性的重要组成部分；内部方面，语言是第二秩序语言模式和第一秩序言语活动的整合，前者由后者派生而来。

2.2.1 语言的外部分布性—扩展的人类生态

分布式语言理论认为，由于"人类对符号的敏感性"（Cowley，2017：47），人类是沉浸在语言中的，这也是 Steffensen（2015：108）所说的"扩展的人类生态"（extended human ecology）：其生态性体现在人类的环境类似符号构建的蜘蛛网，环境的扩展是人类行为的结果，同时扩展的环境也为人类行为提供更多的可能；其扩展性体现在，相比动物，人类的环境因语言而获得了时间和空间维度的扩展。人与环境是符号的、动态的和整合的关系，人与"扩展的人类生态"的信息、能量和物质交换构成了人类存在的根本性特征。基于这一认识，分布式语言理论的描写范围是人类与环境的交际性。值得强调的是，这里所说的"蛛网"式的环境并不是日常生活中的直接环境，也不是传统语言学中的语境，而是在多个时间维度上为个体提供可能性的多样体（Dynamics）（Gibson，1979），它们被称为"容量"（Affordances）。

容量的特点是"既是主观的又是客观的"，或"既不是主观的也不是客观的"，它们的存在并不取决于"客观的，物理为基础的属性"，而取决于"个体探测和使用它们的能力"（Thibault，2014a：24）。"容量"的概念反映了个体与环境交际的主动性与多样性：

> 个体并不是从外界接收感觉信息然后表征这些信息，这些表征并不是观察的基础。相反，他们从与生存有关的环境中**分辨独特的信息**[①]……观察的重点在于参与者积极的探索活动。观察活动是积极的，具身性的。
>
> （Thibault，2004a：12）

---

① 此处强调为笔者所加。

因此，人对环境的观察和动作是整合的，任何与环境的交流都兼具二者。也就是说，人与环境的关系是典型的生态位（Ecological Niche）关系（Thibault, 2004b）。不论从种系发生还是个体发生的维度看，人类在与环境的交流中会构建自己的"生态位构建系统"（Niche Constructing System）（Thibault, 2014：26），与环境共同进化。

因此，交际性不再是传统意义上的人际交流，而是人在扩展的人类生态中，与生态环境中的其他个体相交流和协调的过程。

值得注意的是，人类的环境是"扩展的"，这是因为相比其他生物，人类拥有语言。语言具有的象征性使得人的环境不再像其他生物那样局限于当时当下，而是在时间和空间维度上得以扩展，纳入社会文化的、个人历史的、远离当下知觉场（Perceptual Field）的因素。就分布式语言理论而言，语言之所以有扩展人的直接环境的能力，是人类"采取语言姿态"（taking a language stance），从限于当时当下的第一秩序的言语活动（first-order languaging）发展出第二秩序的语言模式（second-order language pattern）的结果。这种能力是人类所独有的。

2.2.2 语言的内部分布性——第一秩序言语活动和第二秩序语言模式

从语言内部组织来看，由于将语言视为活动，分布式语言理论将语言分为第一秩序言语活动和第二秩序语言模式的整合结果。前者指的是"涉及语言的活动，如说、听、写、读、姿势和简单的手语"，这种活动是实时的、限于语境的，为行为或行为的产品（声音、手势或其他）赋予符号重要性的过程（Love, 2004：530）。在第一秩序言语活动中，言语和非言语没有明确的界线。也就是说，第一秩序言语活动是多模态、多维度、异质的，可以指涉及符号的任何活动。在前者的基础上，不论从种系发生还是个体发生角度而言，人类都会"采取语言姿态"，即言语活动会显现"显性的符号重要性（semiotic significance）"："诸如诗歌、宗教话语、法律话语、科学话语等都与口语多样体 [即作为过程的口语语篇] 巧妙地混合了，因此 [人们会] 将口语视为由语言模式组成"（Cowley, 2011：187）。Cowley（2007）指出，从个体发生的角度而言，在学习说话的过程中，儿童正是通过将发音和活动联系起来，并在后期将活动和措辞联系起来成为社区的成员。只有当成为社区的成员后，儿童才可以听到符号资源背后的值（Value），也就是措辞——"在听到措辞时，我们扮演了新的社会角色"。

也就是说，措辞，即 Love（2007）所说的"第二秩序文化构建体（second-order cultural construct）"，产生于第一秩序生成和解读语言符号的活动中，是儿童社会化、成为合格的社区成员的结果，是永远开放的、不完整的和虚拟的（virtual），需要"在实际活动中真实化（actualize）"（Thibault, 2011）。

分布式语言观认为，20 世纪的语言学只看到了第二秩序的文化产品，因此将语言视为数字代码，这种视角下的语言是不完整的。分布式语言理论因此认为"仅仅重新思考语言学是不够的，需要追随第一／第二秩序语言的区分，彻底让语言学这门学科让位于更宽广的视角，研究自然、文化和语言如何构成人类的本质"（Cowley，2017：48）。

可以说，分布式语言观对传统语言学发起了颠覆性的挑战，这也体现在了话语分析中。分布式话语分析有多维度性、多模态性、具身性等特点。

3. 分布式话语分析

基于分布式语言观，分布式话语分析的分析对象并不是单纯的语篇，而是人类涉及符号的活动。作为新兴的话语分析模式，分布式话语分析尚没有统一的步骤，而更像是认同一系列假设的话语分析联盟。

尽管各种声音（即认同分布式语言观的不同话语研究实践）强调的重点不同，有的重视个人，有的重视对话性，而另一些关注人类生存，但他们都认同四点：第一，探寻语言背后多维度的历史如何影响了非重复性的事件；第二，人类个体如何能够听到这些事件，并解读出重复性……；第三，人类的具身性将两种秩序连接起来；最后，多样体（即第一秩序言语活动）不能解释为模式，反之亦然，因此两种秩序是互补的。（Cowley，2017：48）

但这并不表示分布式话语分析是零散的，相反，各个"声音"具有相当程度的共性。第一，分布式话语分析天然的是多模态的，因此分析者往往针对录像，而非传统意义上的书面语篇或口语转写进行分析。这就意味着，活动的天然界线划分了分布式话语分析的基本单位，即时间框架（time frame）。一般而言，活动的开始和完成伴随着目的的完成——不论是个人目的还是机构目的。

第二，分布式话语分析是多维度、多模态的，对同一个时间框架的分析既伴随了语篇发生维度的人际言语活动，也包含非言语交流，如手势、眼神、动作等，还包含了非人际的交流活动，如人与物体的交流①、自言自语等。而这些交流活动都是因为语言而连接在一起的。这就意味着分布式话语分析"包含不同的研究方法"，以便"不停留在语篇发生维度的交际性分析"，更包含了对"微观（Pico-scale）维度现象，如身体间的协调互动、中等维度（meso-scale）构型，如机构规则、事件、程序等，宏观维度（macro-scale）结构，如社会文化模式"

---

① 值得注意的是，分布式语言观认为物体"既是符号资源，又是分布式认知系统，即脑—身体—世界认知系统的组成部分"（Pederson，2012：535）。

（Pederson, 2012：535）的分析。

第三，分布式话语分析既强调规约性又强调人的主观能动性，认为符号活动是重复性和非重复性的整合。虽然规则、程序、步骤等文化构造体为人类的活动提供了社会文化资源，但由于"人并不是只会遵守超越语境的规则的机器，而是在动态和复杂的情景中以相互协调彼此的指示性身体（signifying body）的方式体现价值（即符号重要性）"（同上：533），情景中的人总是创造性地使用这些资源，适应变化的环境。

第四，分布式话语分析强调意义生成①的多个视角，既研究"现象学意义生成"（phenomenological sense making），即"从第一人称视角进行的符号解读"，又包含"身体间意义生成"（inter-bodily sense making），即"基于测量和观察者视角的实时交际性"（同上：535）。

第五，与传统的话语分析不同，分布式话语分析强调"有明确动机的找寻"（motivated looking），而非"动机不明的找寻"（unmotivated looking）（同上：536）。也就是说，分布式话语分析需要主动在活动中找寻阶段性的"智力结果"（intelligent outcome），也就是目标的达成情况，并据此解释和评价所分析的活动。

下面我们以 Pederson（2012）对医院中对病人的治疗活动的分析为例加以说明。分布式话语分析首先需要界定活动的范围，并提供必要的背景知识。在本例中，需要分析的活动是一段长度约 57 秒的，发生于丹麦某家医院的丹麦语录像。录像的内容是一名女医生和一名女护士组成的医疗团队在治疗训练中模拟救治一名病人。病人由假人代替，病人的声音是由几米以外的一名男医生发出的。模拟的情景是在医生查房过程中病人突发呼吸暂停，医疗队员对其展开紧急救治。

在提供背景知识后，分析者需要根据时间框架划分活动。这一操作类似于语类分析中对话步的划分。在分布式语言分析中，时间框架的划分并没有统一的标准，很大程度上依靠活动的自然标记，即目标的完成或转换。划分出的活动片段成为事件（event）。在范例中，分析者划分了三个事件，长度分别为 13秒、14 秒和 30 秒。范例中划分的依据是对突发呼吸困难的病人的救治过程中医疗队伍的协调情况及其结果：第一阶段医生最后由与护士协调转而不与护士协调，在第二阶段的最后又重新试图与护士协调，开始着手救治病人。在划分

---

① 我们将英文中的"sense making"翻译为意义生成，因为根据 Linell（2015）的观点，分布式语言观扩大了"意义"所指的范围，将生物符号（bio-semiotics）也纳入其中，但外延的扩大并不违反意义生成的核心特征，仍然符合 Halliday（1994）中对意义生成的描述，即"理解"（make sense）。

阶段后，分析者需要转写活动中的动作和对话。这里的转写是有较强的主观性的，因为动作是否带有符号意义在一定程度上是有争议的，需要对活动具有相当的熟悉程度，甚至需要对活动的参与者有一定的了解。

事件一 – duration 13 s

1. 00:00 D Hvad hedder han

What's his name

pic 1A /D is oriented towards N who is not reacting at all. N performs her 'own' job/

2. 00:02 D Hvad er pa[tientens navn]

What's the name of the patient

pic 1A /D is oriented towards N who is not reacting at all. N performs a medical task/

3. 00:03 P [Mit navn er Torben

My name is Torben

4. 00:04 D He[j, Torben

Hello, Torben

pic 1B /D directs herself at P while putting her hands on P's right hand/

5. 00:04 P [Årh, jeg kan ikke få luft]

pic 1B Ahh, I can't breathe

6. C 00:05 D Og du kan ikke få luft siger du

And you cannot breathe, you are telling me

pic 1B /D removes her hands from P's hand/

7. 00:06 D Er du kendt med noget

Do you have a history

/D holds P's hand again, but removes it immediately after/

8. 00:08 P Arrrj, ja jeg kan ikke få luft

Ehhhh, yes, I cannot breathe

/D takes of her stethoscope and carries it within her hands/

9. 00:09 D JA

YES

10. 00:10 D øhh skal vi ikke lige få noget ø[hh?

ehh shouldn't we get some ehh?

pic 1C /D is directed at N and she starts mirroring the nurse's movements/

11. 00:11 N [Jeg har givet ham både ilt og kombivent maske

pic 1C I have been giving him both oxygen and combivent mask

12. 00:13 D Ja, det er fint. Hvor meget kører ilt- kører ilten på (2.0)

pic 1D Yes, that's fine. How much oxy-oxygen is given (2.0)

/D follows the nurse back to the middle of the bed, and the nurse is hesitating to answer/

事件二 – duration 14 s

1. 00:00 pic A D Og det var en A-punktur o:::g vi kan se en pH på 7 (.) komma 28. Han er (xxx)

And it was an A-puncture a:::nd we can see a pH at 7 (.) points 28. He is (xxx)

/D pointing at the sheet with her left hand/

/N looks at D and at the sheet/

2. 00:05 D 5 komma 28 (.)

5 point 28 (.)

/D stops pointing/Event 2 continued – duration 9 s

3. 00:06 D Det var ikke så godt (.)

That wasn't good (.)

4. 00:07 D øhhh...

ehhh...

5. 00:08 D /D takes a step back and turns the upper part of her body away. She then points the sheet towards herself only/

6. 00:09 D Ja, men det ligner jo en øhh...

Yes, but it looks like a ehh...

7. 00:10 D /D points with her right hand at the sheet as she lowers

pic 2B her voice mumbling something that no one can hear/

8. 00:13 N /N looks at the screen/

pic 2C

9. 00:14 D /D stops mumbling/

事件三 – duration 30 s

随后，分析者需要考察每个事件中人际、身体间等的协调情况，以及其对事件结果的影响，并最终对二者的关联性做出评价。在这一步的分析中，分布式话语分析提出了"价值体现系统"（value-realizing system）（Hodges，2007：590）的概念："价值体现系统是生态系统的边界，定义了生态系统的动态性和其中有机体活动的方向性……相比目标具有优先性，它们不是目标的体现。"可以将这里的"价值"理解为情景中的共同的价值取向，由文化赋予，但具体的体现是由个体根据其对情景的判断完成的。在范例中，"迅速性"（rapidity）是出现紧急情况时医疗活动的价值，在非紧急情况下，价值为"医治"（curing）、"缓解"（alleviating）、"照顾"（caring）等，这些价值是由文化给定的，但是如何体现这些价值，甚至在何种情景中体现何种价值，不同的人会有各自的选择，并带来协调情况的区别。

在第一个事件中，医生和护士体现了不同的价值，导致医疗团队成员之间的协调出现了迟滞。在医生体现"分享"（sharing）价值时，而护士则停留在"照顾"价值中，出现了"冻结的价值层级"（frozen value hierarchy），即在环境变化时，仍停留在之前的任务和价值的体现中，而没有体现新的价值。这导致了医生和护士的协调出现迟滞——医生的问话没有得到回应，护士和机器交流。因此，医生和护士尚不是分布式认知系统的组成部分，而是各自为独立的系统。分析者认为，这对于解决医疗问题是不利的，因为人际协调才能解决病人救治的问题。在耽误了数秒后，护士和医生开始了信息分享，此时二者之间通过语言和身体的协调成为整合的分布式认知系统。但随后病人出现了紧急情况。此时，"迅速性"成为优先体现的价值，而尚未完成信息分享的医生和护士也不得不中断分享进程。

在第二个事件中，医生和护士的协调同样出现了问题。从护士看向医生，并期待医生的反馈，而医生正用左手点病历，并自言自语的活动可知，医生并没有体现"分享"价值，而护士仍在等待医生的指令。可以说，护士和医生再次分裂为两个独立的认知系统，这对紧急医疗问题的解决是很不利的。而面对紧急情况，护士终于放弃了对"分享"价值的体现，转而独自体现"救治"价值。几秒后医生也发现了紧急情况，终于停止了自言自语，开始救治病人。

在第三个时间段中，医生和护士尝试解决病人的呼吸困难问题，彼此之间没有出现言语交流。但由于协调性的问题，医生和护士作为两个独自的认知系统对紧急医疗问题的解决是缓慢的，最终浪费了十几秒的宝贵时间：医生知道病人需要氧气球，却不知道放在何处，护士知道氧气球的位置，却不知道病人此时需要什么。最终，护士发现医生快步走到护士身边找氧气球后主动拿出了氧气球，二者才建立了身体的协调，并最终作为整合的分布式认知系统解决医疗问题。

分析者在评价这个失败的救治活动时,将失败的责任归咎于每个事件中医生和护士在协调上出现的问题,这往往是因为对情景中价值体现认识的不一致。分析者因此给出建议,针对协调性问题有针对性地加强训练。

4. 评价

分布式语言理论和相应的话语分析范式是对 20 世纪语言学反思的结果。但是,分布式语言理论尚处于理论构建的初级阶段,有着许多问题。下面我们将分别就分布式语言理论本身和分布式话语分析做出评价。

就分布式语言理论而言,其整合性的观点打破了传统语言学研究将语言视为代码的观点。这对语言学的学科发展是必要的。就如 Cowley(2017)指出的那样,分布式语言理论最大的贡献在于提供新视角,通过从新的角度看待语言,具体而言是从人类生存的角度看待语言,将其视为人类生存的一个根本条件,使语言学避免简化主义的影响。

的确,从 Saussure 的结构主义语言学伊始,不论转换生成语法、SFL 还是认知语言学,不论是否接受 Saussure 对语言学研究目标的切割和简化,在面对纷繁复杂的语言现象时都必须根据自身需求采取简化主义的路径。而简化主义带来的是对语言本质的不可避免的部分牺牲。也就是说,语言学所研究的并不是完整的语言,而是理论构建体。以 SFL 为例,不论是采取静态的系统描写手段还是从社会符号的角度看待语言,都是对动态的、多维度的、多主体的言语活动的简化。这也是分布式语言理论对传统语言学批评最为强烈的一点。

分布式语言理论通过将语言视为交流的过程而不是物体来突破简化主义的限制。这一点不难理解,作为被观察的物体,语言需要同质化,而达成这一点最为常见的做法就是设立一定的标准和视角。就如 Saussure 所做的那样,只有在纷繁复杂的言语中构建同质化的、统一的语言,并将后者作为语言学的研究对象,语言的描写才能进一步继续。这样做并不代表 Saussure 本人没有意识到言语活动的重要性(Thibault,1999),但是基于当时的政治历史背景和建立语言科学的需要,这样做是必要的,无可厚非的。可以说,简化主义既允许又限制了语言学研究,在 21 世纪语言学研究快速发展的背景下,突破简化主义的限制也是大势所趋。从这一点上来说,分布式语言理论是时代的先行者。通过使语言回归其本质,即交流活动,语言的流动性、生命力和多维性得以展现。

由于将语言视为活动,分布式语言理论认为语言研究应另起炉灶,至少应从其根源上重新思考,因为 20 世纪传统语言学理论或多或少都将语言看作静态的物体，虽然传统语言学以语境、言语等概念将语言的多样性和动态性纳入理论描写，但这些本质上是对语言的扭曲。他们甚至规避语言学的名称，而使用语言科学（language sciences）以示区别。

这种较为激进的态度在学科建立之初是可以理解的。但我们认为，历经数十年发展的传统语言学并非没有意识到分布式语言观的好处和优势，实际上，分布式语言观是一系列取舍和妥协的结果，特别是为满足理论框架的可操作性而做出取舍和妥协的结果。我们仍以 SFL 为例，创始人 Halliday 并非没有意识到语言的动态性、多样性、多维性、多模态性和进化性等诸多特点，但是在构建语言大厦时必须首先照顾语篇分析的需要。构建多维度、多模态、动态的理论会增加具体分析的难度，不适合语言理论的推广与应用。而 Halliday 在 21 世纪提出的适用语言学就是在强调理论的可操作性。因此，相比分布式语言现对传统语言学"缺陷""扭曲"和"僵化"的批评，我们更倾向于用妥协、取舍和互补来评价传统语言学。

而理论的可操作性和术语的统一性正是分布式语言理论的弱点所在，其理论框架由于多维性而繁杂，特别是当分布式语言理论希望将本由多个不同的学派所描写和解释的语言现象以统一的框架解释的时候，解释压力较大，可操作性不强，只有对该理论非常了解，并对所要分析的言语活动也非常精通的时候才能较好地描写、解释和评价语篇。同时，由于分布式语言观是一种视角，是不同的语言研究基于一系列假设的联盟，因此术语的统一性问题并未解决。由于该理论尚处于初期阶段，这也是可以理解的。

分布式语言理论的弱点造成了分布式话语分析的困难。从上文的分析范例中可以看出，分布式话语分析最大的缺点在于其主观性。"有动机的找寻"从另一个角度而言意味着缺乏统一的标准，需要依靠分析者对于目标言语活动的理解主观找到目的，这一点相比传统语言学的标准化分析模式需要分析者付出更多的努力，同时降低了分析的可重复性。想要弥补这一点只能从主观中寻找客观，通过多个分析者对统一言语活动的分析降低分析的主观性。伴随主观性的还有话语分析效率的降低。对范例中短短 30 秒场景的分析就需要解读大量信息，这样的效率是很低的，这也使进行大规模语料库和计算机辅助分析变得非常困难。

另外，分布式话语分析还有适用语域较小的问题。由于强调语言的具身性，分布式话语分析对于有统一机构目标，需要协调两人以上，通过多模态过程完成的活动的描写、解释和评价是非常有效的，如范例中医生和护士协调共同救治病人的活动，飞机驾驶舱中飞行员之间的协调活动等，但对于符号性较强，具有更多书面语特征的活动，如阅读、写作、演讲等解释力较弱，有时甚至不如传统语篇分析。

但是，尽管有以上种种缺点，分布式话语分析的确达到了其宣称的目标。它对于活动的分析是多维的，因而具有较强的解释力。就范例的分析而言，分布式话语分析可以成功地将救治活动失败的原因定位在多个时间维度的具体协调活动上，这一点也使得分布式话语分析具有很强的应用前景，特别是适用于分析具有机构性目的、需要人际协调、涉及多模态过程的活动。

5. 结语

分布式语言理论和话语分析为语言研究带来了新视角，尽管有着语域适用范围较小、分析主观性强、对分析者要求高等缺点，但作为具有很强的整合性和生态性的新视角、新范式，分布式语言理论在分析具有共同的机构目标、需要协调两个或以上个体、兼具言语和非言语特点的活动时具有很强的解释力。因此，我们认为作为一门新兴的语言理论和话语分析流派，分布式语言理论具有很强的生命力和广阔的发展前景。

第十六章 语料库话语分析

1. 引言

语料库是自然发生的话语集合,用以表征语言的状态或变体(Sinclair, 1991: 171)。语言事实可提供研究对象及理论佐证。经历短短几个世纪,语料库语言学发展迅速,已逐渐成为主流语言学中的一部分(Mukherjee, 2004: 118)。尤其是运用计算机技术的现代语料库产生以来,许多学者将语料库与不同领域结合展开研究,而在话语分析这一领域中,语料库话语分析逐渐进入研究视野。

语料库话语分析将语料库融合于话语分析,引入新的语料处理方式。语料库是一种技术革新,它的使用给话语分析注入新的生命力。本章将结合对语料库两种研究范式的讨论,关注语料库与话语分析这两个原本各自独立的领域如何走向融合并发展。

2. 理论基础

从日常语言现象中见微知著,基于真实语言材料对语言进行观察是语言学中十分常见的研究方式,早期的语言研究大多采用这种方式。在词典编纂、语法、词汇、方言等领域为满足研究需要,研究者时常需要收集大量语料并进行人工处理,这被视为早期人工语料库阶段。20世纪60年代乔姆斯基的转换生成语法出现,语言学转向理性主义,纷杂无序的语言事实在语言研究中被边缘化,语言学研究强调研究者的直觉和内省。为了发现存在于大脑内的语言规则,语言学家即理想语言使用者,往往将编造的句子作为研究内容。

随着计算机的发明与广泛应用，20 世纪中后期，语料库（即电子语料库）应运而生。语料库的出现是为了解决什么问题？语料库在语言学研究中逐渐渗透，对当时主流的、依托于研究者直觉的内省法发起挑战，跳出 Chomsky 等人所关注的研究者生造的、去语境的句子，从实证角度研究语言，关注大量自然语言，开展科学的可验证研究。理论与实践不可分割，理论建构是为了描写语言、解释语言而服务，而内省法推崇的研究者直觉虽在研究中发挥重要作用，但其隔离语言事实是不可取的。现代语料库的出现预示着语言学研究中经验主义的悄然复归，对语言事实的重新关注。另外，基于计算机技术，大规模语料收集、技术先进的分析手段成为可能。兴起的语料库顺应大数据时代，对语料的收集、分析乃至语言观带来改变。

3. 语料库的研究范式

谈及语料库，许多人认为这是一种对复杂语言实践进行量化分析的研究方法。更有甚者对语料库语言学提出质疑，认为其不足以自成一派。然而，另一种看法认为语料库的角色绝不仅止于方法论。Sinclair（1991：100）提到，当一次性关注到大量语言实践时，对语言的看法会大有不同。Tognini-Bonelli（2001：48）则指出，语料库最初是一种方法上的改进，但事实证明它也是理论上的革命。语料库提供了洞悉语言的一种不同方式，撼动原有的理论立场。事实上，语料库是一种方法还是理论，这个问题一直是语料库领域中的核心话题，学者们对此争论不休，难以断言。因此，这一分歧导致语料库研究内部分为两大阵营，即基于语料库（corpus-based）和语料库驱动（corpus-driven）两种研究范式。基于语料库与语料库驱动两种范式对语料库出现前的语言理论抱有不同态度，这种二分法对不同理念的研究进行简单划分。

基于语料库的研究将语料库作为一种方法，使用语料库对已有理论或假设验证与修正，将语料库视为一种数据来源或分析手段。基于语料库的代表性人物 Quirk 曾受到美国结构主义的影响（梁茂成，2012），美国结构主义注重描写语言的结构形式，这一特性与语料库处理语言的方式十分契合。Quirk 于 1959年主持开展的英语用法调查、Francis 与 Kucera 1962 年开始建立的布朗语料库以及 Leech 在兰卡斯特大学的项目对基于语料库研究范式的形成产生很大影响，他们旨在建立可供研究的语料库，并不断完善语料库语言处理技术。在这一范式中，语料库开发的多种语料处理工具为语言分析提供新方法，揭示真实语言使用的特征，为研究目的而服务。

　　语料库驱动的研究则一切从语料库出发，用有别于以往语言理论的视角对语言现象重新界定、描述（Tognini-Bonelli，2001：99）。语料库驱动的研究范式源自于 Firth 的语言观。当时的语言研究普遍集中于结构与描写，对于话语中的意义、语境关注不多。Firth 认为，语言是社会行为，必须要看到语言中的意义。他发现语言中的搭配关系，意义并非固定不变，而是在语境中不停变化。他的思想与发现启发了一批语料库驱动研究的 Neo-Firthian 学者如 Sinclair、Hoey 和 Teubert 等人。继承 Firth 思想的学者所做的研究中，词汇处于研究中心，而非仅作为语法的组成单位。Sinclair（2004）首先将搭配关系与语料库结合，为语料库驱动研究奠定了基础。他注意到的语义韵以及其后的词汇触发、型式语法等均一脉相承。由于语料库驱动这一种范式不接受已有的语言理论，此派学者通常要求一切从语料、从数据出发进行探索。

　　通过对两种范式的理论简单溯源，可对两者差异有更深刻理解。基于语料库的研究范式是为了解释已有的语言理论，是一种方法上的补充，而语料库驱动是一种理论的革新。事实上，关于两种范式的讨论从未停止，两者之间也非泾渭分明。语料库驱动被质疑一切从数据出发的理念不过是空头支票，没有实质意义，而许多基于语料库的语言研究或多或少潜藏语料库驱动的理念，如关注词汇层面的研究。因此，Charles 等人（2009）指出可将两者的结合看作一个从自上而下（更多话语分析）到自下而上（更多语料库）的连续统，学者可在其中找到与个人研究的切合点。

4. 语料库与话语分析的结合

　　在语料库与话语分析这两个领域结合之前，由于两者在诸多方面不兼容，许多学者并不看好两者的融合。尽管语料库语言学与话语分析均关注语言实践，但两者之间存在较大差异。Leech（2000）认为两者存在着"文化界限"：话语分析强调话语的完整性，而语料库语言学采用代表性样本；话语分析主要是定性分析，而语料库语言学是一种定量的方法；话语分析侧重于语言表达的内容，而语料库语言学则是对语言本身感兴趣。Tognini-Bonelli（2001）同样认同两个领域的差异并进行详细比对。传统话语分析基于少量话语，采用自上而下的方法，在全文及语境下进行细致、深入的分析，依赖研究者的主观介入，研究结果通常适用面不广。语料库则基于大量语料，从整体上把握模式与趋势，先分析数据，后进行解释说明。由于使用大批量的语料进行分析，语料库研究是去语境化的研究。另外，基于计算机分析手段的语料库对词汇等层面的解释力较强,在话语层面较弱,这一点有别于话语分析。

尽管两个领域存在不同之处,两者之间在本体论和方法论上的固有差异仍然存在,但学者们逐渐发现语料库与话语分析的兼容性,尝试着将语料库与话语分析相结合。正如 McEnery 等人（2006：111）指出,两个领域之间的文化界限在逐渐消失。利用语料库参与话语分析领域的研究,必然需要找到两者的兼容之处,才能合理适配。基于大量研究实践,学者根据各自的研究需要寻找语料库与话语分析的结合方式。以下将依照基于语料库与语料库驱动两种语料库研究范式的分类探讨语料库话语分析。

4.1 基于语料库的话语分析

基于语料库的话语分析指不排斥分析者的研究直觉或理论框架,如今在话语分析领域中时常被采用。语料库在基于语料库的话语分析中通常作为一种实证研究手段,可避免由自省引起的研究中过多的主观介入,增强分析结果的效度。结合的难点在于在收集、分析时如何在林林总总的语料库方法中进行选择,从而与研究目的相容。相对于语料库驱动的研究,基于语料库的话语分析可将视野放在词汇之上,可涉及多领域乃至跨学科研究,基于语料库的话语分析的主要领域包括语用研究、语类研究、语步分析和批评话语分析等。由于涉及领域较广,这里不一一赘述,仅选取部分以作说明。

4.1.1 关注话语特征或功能的语言运用研究

最初的语料库话语分析根据语料库技术特点,简单结合频度（frequency）与索引（concordance）等方法展开。因此,极为常见的一类语料库话语分析是考察各种各样的语言特征或功能,运用语料库技术对话语中的词汇、语法进行探索。如在情态动词、话语标记语的研究中,语料库便于检索的特点有助于识别研究对象,直接服务于研究步骤。例如梁茂成（2008）利用语料库分析中国大学生英语笔语中的情态序列,赋码后通过 WordSmith 的词表、词丛抓取语料中所有情态序列并计算情态动词的使用频率,从而发现中国大学生使用英语情态动词的特点。Aijmer（2015）研究话语标记语 actually,通过统计发现其在句子中的位置的灵活性,并探究 actually 在句中不同位置的种种功能。语料库使得研究者能够获取大量语料,尽可能穷尽地总结规律,如 actually 出现的位置及功能,避免遗漏。同时,语料库检索的功能可快速筛查、定位,有助于研究的开展。

4.1.2 语域变异研究

尽管一些基于语料库的话语研究重点描述某一语域中的特征，但也有许多研究和对比多个语域的情况。Biber 等人（1998：106）发现传统话语分析的不足：几乎所有的话语研究都基于对实际文本的定性分析，不使用定量方法，难以研究不同语篇类型、不同语域之间篇章结构的异同。基于语料库的话语分析很适合用于对比不同语域中的语言。语料库能够收集特定语域的大量代表性语料，经统计获取精确的定量数据，体现不同语域之间某些特征的差异。例如，Biber 等人（1999）编写的 *Longman Grammar of Spoken and Written English* 运用语料库较为全面地描写口语与书面语语体中语法特征的分布与使用。口语与书面语语体的对比是极为常见的，另外学术话语等语域也是研究热点。Hyland（1999b）是研究学术话语的语言学家，他在研究中将语料库与访谈结合，观察个人语言特征以及特定学科、特定语域中的语言。利用语料库能够大容量定量分析语料这一特性，他有效对比了不同学科、不同语域中的话语。Flowerdew（2008）也曾利用关键词分析与描写教授与学生科技写作的语步结构，并区分教授与学生话语的差异。

仅对个别特征的单维度分析或许难以揭示语域间的差异，Biber 建立基于语料库的多维度语体分析模式，分析语域变异中的多种语言特征并进行比较。Biber 及其同事（Biber, Conrad & Reppen, 1998）通过多维度分析研究学术话语的语篇特征，语料库在其中起到重要作用。他们通过合理运用语料库方法处理大量语料，精准描写特定语域的语篇特征，得出一般语篇类型。他们所提出的模式受到学界的广泛认可，并不断被应用。语料库为研究多维度话语分析提供了有力手段，种种统计技术被用于展现多种、全面的描写参数。

4.1.3 批评话语分析

批评话语分析将语言看作社会与意识形态的实践，探究话语背后的意识形态、权力、社会等因素，因此，批评话语分析需分析话语及其背后的语境。最早将语料库用于批评话语分析的是 Stubbs & Gerbig（1993），Hardt-Mautner（1995）以及 Krishnamurthy（1996）等。批评话语分析的一个重要特点是预先假设，当学者进行批评话语分析时往往先入为主，对研究主题有一定预设（Orpin, 2005：38）。语料库可通过实证研究验证假设，可通过多维度对比探究两方（权势方和弱势方）话语的差异，进而展现权势的社会建构的面貌。另外，我们知道，批评话语分析饱受争议的一个地方在于所分析的话语范围小，分析不系统全面，微观分析难以支持宏观社会视角。但语料库的出现和使用帮助批评话语分析研究者在很大程度上解决了上述问题。语料库可以实现大量代表性语料的收集与分析,通过定量分析提取话语中潜藏的规律,结合细致的定性分析,对研究者的假设进行验证。例如,语料库的介入可揭示直觉难以察觉的模式及规律,同时,大量语料与可靠的数据分析有助于减少研究者偏见、增强结论的说服力。但需要说明的是,目前相对于批评话语分析而言,语料库的使用更多的还是进行浅层的数据分析,虽涉及面广,具有代表性,但只能作为补充,深入的定性分析仍必不可少。

在研究方式上,基于语料库的研究与实证研究十分类似:提出假设、分析数据、验证假设。第一步提出研究假设,研究者在文献回顾与个人知识中找到尚未解决的问题或理论存在的缺陷,并提出研究问题。将研究问题转化为可操作的方案,将抽象的问题具现为可量化的特征。之后选择或建立合适的语料库,选择合适的语料库处理工具,对相关语言特征进行标注和提取。随后开始统计数据,并对数据做出解释,进而得出结论。验证假设的过程中,研究者可能会使用一些统计方法进行比较和检验。

基于语料库的话语分析与传统话语分析的一个本质区别在于其并非直接观察话语,而是通过多种分析工具进行研究(Sinclair, 2004: 189)。这实质上是将语料库作为一种实证研究方法引入话语分析,是研究方法上的补充,是传统话语研究的延续。为了审视与验证理论,基于语料库的话语分析根据研究问题选择性地结合不同语料库方法,如对比两个语料库,发现某种语言或语言变体的特点等。基于语料库的话语分析可应用于语言内部特征的探究、语域间的对比,甚至还可服务于宏观视角的意识形态研究——批评话语分析、语类分析等等。这证明语料库是有力的分析工具,但不同研究需根据研究目的选择恰当的语料库技术。

4.2 语料库驱动的话语分析

语料库驱动的话语分析指分析之前无已有假设,而是通过对语料尽量穷尽的分析,获取语言规律。由于易于检索词汇的索引软件被开发出来,早期的语料库话语分析通常集中于话语中的词汇与语法层次。Sinclair(1999)是语料库驱动研究的先驱者,他在 20 世纪 90 年代主持伯明翰大学的 Cobuild 语料库项目,采用语料库驱动的方法研究词典编撰,后又扩展到语法、搭配、语言教学等方面,关注话语中的词汇和语法特征。早在 20 世纪 60 年代,Sinclair 就提出词汇应处于语言研究的核心地位,认为当时的语言研究中语法分析、音韵分析占主导地位,词汇与语法一样是实现意义的重要手段,但词汇在以往语言研究中相对被忽视。因此,他野心勃勃地试图调整语言描写系统,用数据观看待语言,将语言看作信息和数据,转变对语言本质与结构的有关看法(Sinclair, 1985)。

从以词汇为中心的独特视角出发，Sinclair 观察到词语搭配（collocation）、语义韵（semantic prosody）和类联接（colligation）等语言现象。例如他通过语料库发现动词词组 set in 本意中不带有负面意义，却带有消极取向，通常与带有负面意义的词如 rot、decay 共现（1991）。根据大量语料库研究，Sinclair 提出词汇语法理论，描述语言时将词汇意义与语法形式相结合（2004）。Sinclair 的语言观很大程度上受到语料库的影响，并致力于语料库语言研究，他的视角与种种发现为后来的学者提供一种全新的研究视野。

基于 Sinclair 的发现，Louw 正式提出语义韵这一概念并开展研究（1993：157）。通过对 bent on 词组在大型语料库中索引行的分析与解读，他发现这一词组通常用于描述消极行为。其后，Stubbs（1996）、Partington（1998, 2004a）、Hunston（2002, 2007）等学者也进行了相关语义韵研究，Stubbs（2001）甚至将语义韵这一概念扩展到话语层面，为分析意识形态服务。

除了语义韵之外，型式语法（pattern grammar）、词块（chunk）或者词串（lexical bundle）以及词汇触发（lexical priming）等均承袭 Sinclair 的语言观及发现。Hunston & Francis（2000）提出的型式语法集中于词汇组成的型式，用词汇语法的视角描写语言，印证搭配与意义不可分的关系。由 Biber 等人（1999）和 Hyland（2008）引领开展的词块研究则主要围绕词汇组成的半固定结构在语域或各种语篇类型中的差异或其在话语中的特征、功能展开，语块常见于语言教学研究中。Hoey（2005）认为搭配这一概念是无处不在且颠覆性的，引发学界对语法与话语的新思考。他的词汇触发理论在语篇层面上研究词汇与话语的关系，以词汇为单位研究话语组织，将语义关联、搭配与类联接等概念扩展到话语层面。

相对于基于语料库的研究范式，语料库驱动指研究者没有先入为主的想法，更依赖于语料库数据分析。语料库在这一范式内不降格为验证理论的实例库，而是将其与理论放在同等高度上。语料库驱动方法的步骤通常为观察、假设、归纳和理论整合（Tognini-Bonelli, 2001：84）。具体而言，研究者自建语料库或者使用已有的语料库，通过（搜索软件）观察、搜索语料库中的语料，发现凸显性的语言现象，产生初步的假设，再通过语料库进一步验证，最终形成假设或结论。因此，语料库驱动的话语分析可提出新的假设而不是仅支持已有假设。通过对语料库进行穷尽性的分析和归类，得出有关语言使用情况的假设乃至结论（梁茂成等，2010：178）。语料库驱动话语分析强调数据的完整性，旨在对语料库中的语料进行全面描述，因此操作上不会筛选或剔除语料。语料库语言学试图摆脱传统理论的限制，寻求新视角对语言意义研究。研究中最主要采用的是索引技术，对词项以及词项周围的语境进行详细解读，总结规律进而得出结论,通常不会使用复杂的统计方法。根据情况也可使用频数等语料库手段。当然,这些步骤不是完全机械的、不需要研究者参与的。研究者在其中仍发挥重要作用,将个人知识与经验运用于每个阶段中。

5. 经典案例分析

例一 基于语料库的话语分析

Baker(2013)收集 1998 至 2009 年期间提到伊斯兰教或穆斯林的英国新闻报刊语料,建立 1.43 亿词的语料库进行研究。以往研究发现伊斯兰教或穆斯林两词在英国报刊中具有负面倾向,Baker 通过运用 Sketch Engine 软件进行词项速描(Word Sketch),搜索与指极端信仰分子的名词如 fanatic、extremist 等搭配比率最高的十个名词和形容词,发现其中多有涉及犯罪、暴力、冲突等负面概念,与虔诚等积极概念则没有密切联系。表极端分子的词与伊斯兰教搭配使用的频率比单独的穆斯林或伊斯兰教徒更频繁。在此之后,Baker 将表信仰程度的词分为温和、强烈和极端三种,分析发现仍是极端信仰与教徒搭配比率最高,是温和派的 21 倍。同时,Baker 注意到词组 devout Muslim 偶尔与单词 described、cast、projected 等共现,共计出现 29 次,例如:

> Ragab el-Swerkie, 56, who owns a chain of clothes stores and is described by his employees as a devout Muslim, preyed mainly on beautiful young females, say prosecutors.
>
> (*Sunday Telegraph*, 24 June 2001)

例句中的共现搭配实质上暗示虔诚(devout)是打引号的,表示一种怀疑,怀疑 Ragab el-Swerkie 不是虔诚的穆斯林,或者 devout Muslim 是极端穆斯林的一种委婉的说法。

通过基于语料库的 CDA 可知,英国媒体对穆斯林有偏见,他们倾向于过度关注极端穆斯林,或经常将伊斯兰教与极端主义联系在一起。这样以偏概全,以极端穆斯林代表穆斯林整体的话语揭示英国报刊中暗含的意识形态。Baker 特别关注 devout 一词,通过索引行分析和详细的 CDA 发现,即使在使用 devout 一词修饰穆斯林的少数情况下,devout 也并不一定表积极意义,大多数情况为中立立场,部分情况是从根本上怀疑、否定伊斯兰教,如虔诚的教徒与奇怪的行为或累累罪行联系在一起，还有一些情况是引起同情心，如类似虔诚教徒被杀害的表述。Baker 对于 devout 一词如此关注是因为虔诚的穆斯林相对于温和、极端的穆斯林更具有广泛意义，容易从中发现积极或消极的话语韵律，而分析结果展现媒体对伊斯兰教的矛盾、复杂心理。

语料库在这一案例中是研究者使用的分析工具，完全不介入理论思考，基本沿用 CDA 的范式。从案例中可看出，在基于语料库的话语分析中，语料库纯粹是一种实证研究的方法，存储、处理数据，发现现象、协助解读。直观的数据与表格突显特殊现象，索引行能让研究者锁定关注的词项，便于研究者解读，是绝佳的研究方法。同时，需要注意的一点是，数据可帮助研究者高效处理语料，如借助词项速描观察话语韵律。但是依赖数据统计结果只能停留在现象，真正的解读需要话语分析者借助一定的理论和视角，分析、揭示和解释话语背后的原因。例如本例中的 devout Muslim，语料库仅能提供索引行，研究者还需通过观察发现、总结规律并进行详细解读。

例二　语料库驱动的话语分析

Hoey（2005）自建报纸语料库，对其中的数字 sixty 进行分析。他发现，在自建的新闻语料库中，306 个实例中有 208 个作为主位出现，其中 200 个为该句的第一个单词，这代表 sixty 具有很强的主位触发趋势。用数字开始一句话是一种常见的表达方式，因此这一现象的出现并不出人意料。令人惊讶的是，以 sixty 为主位的句子中有 14% 出现在话语初始位置（指标题、副标题或第一个完整句子的首个单词），其中与 years 的搭配超过三分之一的比例。经统计，14% 的比例意味着 sixty 出现在话语开头的几率比随机分布高三倍多。

当然，sixty 出现在话语初始位置是有选择的。sixty 常见的一种搭配是与 percent 结合，两者结合时不会出现这种趋势。相反，91 个实例中仅包括 3 个 sixty percent 处于话语初始位置的情况。如将 sixty percent 的搭配排除在外，余下的 117 个 sixty 为句首的实例中，26 个为话语的开端，占到近四分之一，比随机分布的几率多 5 倍。这一现象与生产报纸的目的有关，报纸比其他话语类型更重视时间概念。另外，sixty 可表示重要性与特殊性，当一个事件影响 60 个人意味着这是一个重要的事件。

Hoey（2005）认为搭配这一概念是无处不在且具颠覆性的，这引发了对语法与话语的新思考。他对语篇类联接（textual colligation）的语料库驱动研究发现，词汇项是由语篇位置触发的，如 x years ago 总是在句子和段落的开头出现。Hoey（2005）提出段落本质上是一种词汇现象，因为词汇项可视为段落边界的积极或消极触发，词汇可预示段落的开始也可避免新的段落产生。

Hoey（2005）认为某些词汇项目能够实现特定话语功能如加强连贯、划分段落等。例如，当短语 sixty years ago 是主位时，具有作为段首的趋势。语料库驱动的话语分析的一个显著特点是以词汇为中心，而非以语法为中心。这一由语料库研究产生的特殊的话语分析视角关注语篇的组合模式，有别于传统语法。这一点在案例中得以体现，对话语的描写完全基于词汇，从词汇触发延伸至语篇类联接，证明词汇与语篇组织的密切联系。计算机的加入使得研究者的研究视角产生改变，不再拘泥于传统话语分析的研究视角，而是基于数据作出判断。

从上文实例可看出，语料库驱动的方法十分重视语料库的分析，从一个包含大量真实语言数据的语料库中发现规律，对语言进行系统描写。语言学理论研究的常规路径是基于内省产生理论，再结合语言实践进行验证，语言实践在许多理论语言学家看来太过庞杂。而语料库驱动的研究方法改变了这一路径，在计算机技术的协助下对话语进行系统描写，用数据说话。虽说语料库驱动的研究方法主张摒弃已有理论，研究结果完全取决于对语料库的分析，但可看出在分析过程中研究者仍具有重要作用，对索引行的解读离不开研究者的语言知识与经验直觉。

6. 评价

如今，语料库已在话语分析领域中扮演活跃角色。以不同的方式使用语料库，可以验证、举例说明或建立语言理论（Tognini-Bonelli，2001：65）。由于两者的交叉融合，语料库话语分析具备诸多特点。

语料库改变我们观察语言的方式，以超越直觉、一次性观察大量话语的方式理解语言。计算机的参与使得我们通过数据视角分析语言，改变重语法轻词汇的观念。语料库驱动话语分析的范式是先用数据说话，这一视角避免传统话语研究方法的影响，有助于发现新的话语现象与研究内容。语料库驱动拒绝先验理论的方式虽有些理想化，但给予研究者更大的自由空间。另外，语料库让纷杂、不理想的语言进入语言研究的视野，使语言实践与语言描写的地位更高，语言数据得到尊重。

话语分析被批评的一大弊病是自说自话，近年来，学者开始推崇应用多种研究方法，进行三角互证（triangulation）。在定性的话语分析中，研究者主观参与度高，如上文中提到的 CDA 研究。而语料库的研究方法由于验证能力强，可以提供充分而翔实的语料数据，能够最大限度地降低研究者的主观偏见，避免因主观分析而导致错误的结论。通过使用语料库，获取大批量、多范围、标准化语料，可从整体上观察模式与趋势，对分析结果进行佐证与检验。语料库可帮助克服"直觉"的不足，将人们无意识的选择后仍潜藏的无法直接感知的规律与因素揭示出来。研究者可在话语实例的累积效应下获取潜藏的信息，从众多话语中发现共性以及反例。语料库研究依托计算机工具，具有可重复性，分析过程高效且具有很高的可信度。同时，其结合实证研究，结论更有说服力。另外，大容量的语料库可代表语域整体，对对比研究和历时研究有助益。

语料库自下而上，能够帮助研究者从大量真实语料中快速提取某些凸显性语言特征并统计结果，而话语分析则自上而下，具备一些理论框架的支持。但话语分析时常被批判文本数量小，不具有代表性，且分析不够系统、客观，而传统的语料库研究虽然以大量数据为支撑进行定量分析，但忽略了语境，且难逃过分"迷信"数据的批评。因此，定性与定量结合，主观与客观分析结合，通过优势互补，两者的融合使得分析结果更具有说服力。

7. 研究不足与发展趋势

首先应该承认，语料库虽然能够避免主观因素，通过数据呈现事实，提供例证，但它不能进行解释，话语的分析和解读仍依赖研究者。研究者在研究中扮演最重要的角色，他们最终决定着如何使用语料库，如何进行解读。当然，语料库本身没有问题，只是语料库并非能揭示所有的潜在因素，研究者的调控与解读仍是最重要的。另外，虽然计算机处理技术方便高效，但不可过分依赖数据。例如，我们利用语料库能统计词频，引导研究者注意到高频使用的词汇。但我们知道，话语中出现的极少量的异常语言使用现象也可能有很重要的研究价值，值得深入分析。同时，研究者要时刻警醒，数据可帮助发现、识别有价值的信息，但需避免过度解读。

如今，话语分析的许多领域已开始采用语料库技术，而语料库研究也开始关注话语层次，两个领域逐渐联合、互相渗透。语料库已逐渐被应用于话语分析中各个层面的研究，如词汇语法特征研究、语类研究、CDA，同时覆盖多领域如学术话语、政治话语等。基于语料库的话语分析视野日趋扩大，从语言内部扩展到与语言接壤的跨学科研究。随着研究的推进，语料库建设是一大主题。学者对语料库的需求更大，需要更多通用语料库与专门语料库。尤其是如今正热的多模态、跨文化、二语研究、特殊人群等主题，需要更完善、容量更大的专门语料库。语料库技术方面，目前常用的语料库技术以索引、词表、主题词为主，对词项的解释足够到位。但若想描写话语层面，需研发超越词汇层面的语料库技术，开发更多分析方法。语料库驱动当下远不如基于语料库的研究范式活跃，Louw（2011：186）在访谈中也表示单一的语料库驱动的研究范式面临很多挑战，前路暗淡，他呼吁今后可关注应用中的搭配与语义韵研究。语料库语言学与话语分析两者结合并不断发展。 Partington（2004b）等人认为语料库和话语研究的方法是互补的，并提出语料库辅助话语研究（corpus-assisted discourse study），淡化两种范式的差异，寻求研究过程中语料库与话语分析的动态平衡。语料库辅助话语研究化解了两种范式的对立，更灵活地将语料库与话语分析进行结合。

8. 结语

本章主要关注语料库与话语分析的结合。语料库话语分析主要包含两种范式：基于语料库的话语分析和语料库驱动的话语分析。语料库不仅为话语分析带来了实证研究方法，而且从拒绝先验、注重语言描写、以词汇为中心的新视角看待话语现象。

语料库语言学如今已渗透到语言学的各个领域，在话语分析领域中同样可窥见两者的融合。尽管曾出现反对的声音，但无论是从方法还是理论而言，近年语料库话语分析的发展已证实两者的结合行之有效。到目前为止，语料库话语分析的数量是相当可观的。随着大型语料库技术的出现，研究者可获取大量语料，也可自建语料库，使用语料库技术协助话语分析。随着计算机和网络的普及，语料库话语分析将在当今的大数据时代背景下大有可为，并不断寻求两者结合的新方式。

参考文献

Achugar, M. 2008. *What We Remember: The Construction of Memory in Military Discourse* [M]. Amsterdam: John Benjamins.

Ädel, A. 2006. *Metadiscourse in L1 and L2 English* [M]. Amsterdam: John Benjamins.

Ädel, A. 2010. Just to give you kind of a map of where we are going: A taxonomy of metadiscourse in spoken and written academic English [J]. *Nordic Journal of English Studies*, 9(2): 69-97.

Agamben, G. 2015. *The Use of Bodies* [M]. trans. Kotsko, A. Stanford: Stanford University Press.

Aijmer, K. 2015. Analysing discourse markers in spoken corpora: *Actually* as a case study [A]. In Baker, P. & T. McEnery (eds.). *Corpora and Discourse Studies* [C]. Hampshire/New York: Palgrave Macmillan: 88-109.

Aitkenhead, D. 2016. Woman's hour listeners like frank conversations about sex [OL]. https://www.theguardian.com/lifeandstyle/2016/oct/08/70-years-of-womans-hour-radio-4-jenni-murray-janegarvey-interview(accessed 11/10/2018).

Althusser, L. 1969. *For Marx* [M]. London: Verso.

Althusser, L. 1971/1977. *Lenin and Philosophy and Other Essays* [C]. trans. Brewster, B. London: New Left Books.

Anderson, P. 1976/1989. *Considerations on Western Marxism* [M]. London: Verso.

Atkinson, J.M. & J. Heritage (eds.). 1984. *Structures of Social Action: Studies in Conversation Analysis* [C]. Cambridge: Cambridge University Press.

Baker, P. et al. 2008. A useful methodological synergy? Combining critical discourse analysis and corpus linguistics to examine discourses of refugees and asylum seekers in the UK Press [J]. *Discourse and Society*, 19(3): 273-306.

Baker, P., C. Gabrielatos & T. McEnery 2013. *Discourse Analysis and Media Bias: The Representation of Islam in the British Press* [M]. Cambridge: Cambridge University Press.

Bakhtin, M.L. 1981. *The Dialogic Imagination: Four Essays* [M]. Texas: University of Austin Press.

Bakhtin, M.L. 1986. *Speech Genres and Other Late Essays* [M]. Texas: University of Austin Press.

Baldry, A. & P.J. Thibault 2006. *Multimodal Transcription and Text Analysis: A Multimedia Toolkit and Coursebook* [M]. London: Equinox.

Barthes, R. 1977. *Image, Music, Text* [M]. New York: Hill & Wang.

Bateman, J., J. Delin & R. Hesnchel 2004. Multimodality and empiricism: preparing for a corpus-based approach to the study of multimodal meaning-making [A]. In Ventola, E., C. Charles & M. Kaltenbacher (eds.). *Perspectives on Multimodality* [C]. Amsterdam: John Benjamins: 65-90.

Bateman, J.A. & K.H. Schmidt 2012. *Multimodal Film Analysis: How Films Mean* [M]. New York/London: Routledge.

Baudrillard, J. 1981. *For A Critique of the Political Economy of the Sign (Pour une critique de l'économie politique du signe) (1972)* [M]. trans. Levin, C. St. Louis: Telos Press.

Bawarshi, A.S. & M. Reiff 2010. *Genre: An Introduction to History, Theory, Research and Pedagogy* [M]. Indiana: Parlor.

Baxter, J. 2002a. A juggling act: a feminist post-structuralist analysis of girls' and boys' talk in the secondary classroom [J]. *Gender & Education*, 14(1): 5-19.

Baxter, J. 2002b. Competing discourses in the classroom: A post-structuralist discourse analysis of girls' and boys' speech in public contexts [J]. *Discourse & Society*, 13(6): 827-842.

Baxter, J. 2003. *Positioning Gender in Discourse: A Feminist Methodology* [M]. Basingstoke: Palgrave Macmillan.

Baxter, J. (ed.). 2005. *Speaking Out: The Female Voice in Public Contexts* [C]. New York: Palgrave Macmillan.

Baxter, J. 2008. Feminist post-structuralist discourse analysis: A new theoretical and methodological approach? [A]. In Harrington, K. et al. (eds.). *Gender and Language Research Methodologies* [C]. Basingstoke: Palgrave Macmillan: 243-255.

Baxter, J. 2018. *Women Leaders and Gender Stereotyping in the UK Press: A Poststructuralist Approach* [M]. Birmingham: Palgrave Macmillan.

Bednarek, M. 2005. *Evaluating the World: The Evaluative Style of British Broadsheet and Tabloid Publications* [D]. Augsburg: University of Augsburg.

Bednarek, M. 2006. *Evaluation in Media Discourse: Analysis of Newspaper Corpus* [M]. London: Continuum.

Bednarek, M. 2008. *Emotion Talk across Corpora* [M]. Basingstoke: Palgrave Macmillan.

Bednarek, M. 2009. Emotion-talk and emotional-talk: Cognitive and discursive perspectives [A]. In Pishwa, H. (ed.). *Language and Social Cognition: Expression of the Social Mind* [C]. Berlin: de Gruyter Mouton: 395-431.

Bednarek, M. 2010. Evaluation in the news: A methodological framework for analyzing evaluative language in journalism [J]. *Australian Journal of Communication*, 37(2): 15-50.

Bednarek, M. & J.R. Martin 2010. *New Discourse on Language: Functional Perspectives on Multimodality, Identity, and Affiliation* [C]. London: Continuum.

Beetz, J. & V. Schwab 2018. Conditions and relations of (re)production in Marxism and discourse studies [J]. *Critical Discourse Studies* 15(4): 338-350.

Bernstein, B. 1990. *The Structuring of Pedagogic Discourse* [M]. London: Routledge.

Bhaskar, R. 1986. *Scientific Realism and Human Emancipation* [M]. London: Verso.

Bhatia, V.K. 1993. *Analyzing Genre: Language Use in Professional Settings* [M]. London: Longman.

Bhatia, V.K. 1997. Genre-mixing in academic introductions [J]. *English for Specific Purposes*, 16(3):181-195.

Bhatia, V.K. 2004. *Worlds of Written Discourse: A Genre-based View* [M]. London: Continuum.

Bhatia, V.K. 2008. Genre analysis, ESP and professional practice [J]. *English for Specific Purposes*, 27(2): 161-174.

Biber, D., S. Conrad & R. Reppen 1998. *Corpus Linguistics: Investigating Language Structure and Use* [M]. Cambridge: Cambridge University Press.

Biber, D., et al. 1999. *Longman Grammar of Spoken and Written English* [M]. Harlow: Longman.

Billig, M. 1999. Whose terms? Whose ordinariness? Rhetoric and ideology in conversation analysis [J]. *Discourse & Society*, 10(4): 543-558.

Blommaert, J. 2005. *Discourse: Acritical Introduction* [M]. Cambridge: Cambridge University Press.

Boden, D. & D.H. Zimmerman 1991. *Talk and Social Structure: Studies in Ethnomethodology and Conversation Analysis* [M]. Berkeley: University of California Press.

Bolinger, D. & D.A. Sears 1981. *Aspects of Language (3rd ed.)* [M]. New York: Harcourt, Brace Jovanovich.

Bradley, R. & N. Swartz 1979. *Possible Worlds: An Introduction to Logic and Its Philosophy* [M]. Indiana: Hackett.

Bridgeman, T. 2001. Making worlds move: Re-ranking contextual parameters in Flaubert's *Ma-*

dame Bovary and Celine Voyage au bout de la nuit [J]. *Language & Literature*, 10(1): 41-59.

Browse, S. 2015. Revisiting text world theory and extended metaphor: Embedding and foregrounding extended metaphors in the text-worlds of the 2008 financial crash [J]. *Language & Literature*, 25(1): 18-37.

Chafe, W. 1986. Evidentiality in English conversation and academic writing [A]. In Chafe, W. & J. Nichols (eds.). *Evidentiality: The Linguistic Coding of Epistemology* [C]. Norwood: Ablex: 261-272.

Charles, M., D. Pecorari & S. Hunston 2009. *Academic Writing: At the Interface of Corpus and Discourse* [M]. New York: Continuum.

Chiapello, E. & N. Fairclough 2002. Understanding the new management ideology: A transdisciplinary contribution from critical discourse analysis and new sociology of capitalism [J]. *Discourse & Society*, 13(2): 185-208.

Chouliaraki, L. & N. Fairclough 1999. *Rethinking Critical Discourse Analysis* [M]. Edinburgh: Edinburgh University Press.

Cohen, G.A. 1978. *Karl Marx's Theory of History: A Defence* [M]. Oxford: Clarendon.

Cortazzi, M. & L. Jin 2000. Evaluating evaluation in narrative [A]. In Hunston, S. & G. Thompson (eds.). *Evaluation in Text: Authorial Stance and the Construction of Discourse* [C]. New York: Oxford University Press: 102-120.

Cowley, S. 2007. The cognitive dynamics of distributed langauge [J]. *Language Sciences*, (29): 575-583.

Cowley, S. 2011. Taking a language stance [J]. *Ecological Psychology*, 23(3): 185-209.

Cowley, S. 2017. Changing the idea of language: Nigel Love's perspective [J]. *Language Sciences*, (61): 43-55.

Crismore, A., R. Markkanen & M. Steffensen 1993. Metadiscourse in persuasive writing: A study of texts written by American and Finnish university students [J]. *Written Communication*, 10(1): 39-71.

Crowley, T. 2018. Marx, Volosinov, Williams: Language, history, practice [J]. *Language Sciences*, (70): 37-44.

Deppermann, A. & R. Schmitt 2007. Koordination: analysen zur multimodalen interaktion [J]. *Studien zur deutschen Sprache*, (38): 15-54.

Derrida, J. 1987. *A Derrida Reader: Between the Blinds* [M]. Brighton: Harvester Wheatsheaf.

Devitt, A.J. 2015. Genre performances: John Swales' genre analysis, and rhetorical-linguistic genre studies [J]. *Journal of English for Academic Purposes*, (19): 44-51.

Drew, P. & J. Heritage (eds.). 1992. *Talk at Work: Interaction in Institutional Settings* [C]. Cambridge: Cambridge University Press.

Economou, D. 2006. The big picture: The role of the lead image in print feature stories [A]. In Lassen, I., J. Strunck & T. Vestergaard (eds.). *Mediating Ideology in Text and Image: Ten Critical Studies* [C]. Amsterdam: John Benjamins: 211-234.

Edwards, D. 2005. Discursive psychology [A]. In Fitch, K.L. & R. E. Sanders (eds.). *The Handbook of Language and Social Interaction* [C]. New Jersey/London: Lawrence Erlbaum: 257-273.

Edwards, D. & J. Potter 1992. *Discursive Psychology* [M]. London: Sage.

Egan, D. 2016. *The Dialectic of Position and Maneuver* [M]. Leiden: Brill.

Engels, F. 1987. *Dialectics of Nature* (1925) [M]. trans. Clemens, D. Moscow: Progress.

Fairclough, N. 1989. *Language and Power* [M]. London: Longman.

Fairclough, N. 1992. *Discourse and Social Change* [M]. Cambridge: Polity.

Fairclough, N. 1995. *Critical Discourse Analysis: The Critical Study of Language* [M]. London: Longman.

Fairclough, N. 1999. Global capitalism and critical awareness of language [OL]. http://www. schools.ash.org.au/litweb/norman1.htm(accessed 10/08/2018).

Fairclough, N. 2000a. *New Labour, New Language?* [M]. London: Routledge.

Fairclough, N. 2000b. Discourse, social theory and social research: The case of welfare reform [J]. *Journal of Sociolinguistics*, 4(2): 163-195.

Fairclough, N. 2001. Critical discourse analysis as a method in social scientific research [A]. In Wodak, R. & M. Meyer (eds.). *Methods in Critical Discourse Analysis* [C]. London: Sage:121-138.

Fairclough, N. 2003. *Analyzing Discourse: Text Analysis for Social Research* [M]. London: Routledge.

Fairclough, N. 2006. *Discourse in Contemporary Social Change* [M]. Bern: Peter Lang.

Fairclough, N. 2015. *Language and Power (3rd ed.)* [M]. London: Routledge.

Fairclough, N. & R. Wodak 1997. Critical discourse analysis [A]. In van Dijk, T.A. (ed.). *Discourse Studies: A Multidisciplinary Introduction* [C]. London: Sage: 258-284.

Fairclough, N. & P.W. Graham 2002. Marx as critical discourse analyst: The genesis of a critical method and its relevance to the critique of global capital [J]. *Sociolinguistic Studies,* 3(1): 185-229.

Fairclough, N., J. Mulderrig & R. Wodak 2011. Critical discourse analysis [A]. In van Dijk, T.A. (ed.). *Discourse Studies: A Multidisciplinary Introduction* [C]. London: Sage: 357-378.

Fauconnier, G. 1985. *Mental Spaces* [M]. Cambridge: Cambridge University Press.

Feng, D. & E. Espindola 2013. Integrating systemic functional and cognitive approach to multimodal discourse analysis [J]. *Ilha do Desterro: A Journal of English Language, Literature in English & Cultural Studies*, (64): 85-110.

Firth, J.R. 1957. *Papers in Linguistics 1934-1951* [M]. London: Oxford University Press.

Flowerdew, L. 2008. Determining discourse-based moves in professional reports [A]. In Ädel, A. & R. Reppen (eds.). *Corpora and Discourse: The Challenges of Different Settings* [C]. Amsterdam: John Benjamins: 117-131.

Flowerdew, J. 2013. *Discourse in English Language Education* [M]. London: Routledge.

Flowerdew, J. 2015. John Swales's approach to pedagogy in genre analysis: A perspective from 25 years on [J]. *Journal of English for Academic Purposes*, (19): 102-112.

Flowerdew, J. & J.E. Richardson (eds.). 2018. *The Routledge Handbook of Critical Discourse Studies* [C]. London/New York: Routledge.

Forceville, C. 1996. *Pictorial Metaphor in Advertising* [M]. London: Routledge.

Forceville, C. 2006. Non-verbal and multimodal metaphor in a cognitive framework: Agendas for research [A]. In Kristiansen, G. et al. (eds.). *Cognitive Linguistics: Current Applications and Future Perspectives* [C]. Berlin/New York: De Gruyter Mouton: 379-440.

Forceville, C. 2007. Book review: Multimodal transcription and text analysis [J]. *Journal of Pragmatics*, 39(6): 1235-1238.

Forceville, C. & E. Urios-Aparisis 2009. *Multimodal Metaphor* [M]. Berlin: De Gruyter Mouton.

Forgacs, D. 1988. *A Gramsci Reader* [M]. London: Lawrence & Wishart.

Foucault, M. 1972. *The Archaeology of Knowledge and the Discourse on Language* [M]. New York: Pantheon.

Foucault, M. 1982. The subject and power [A]. In Dreyfus, H. & P. Rabinow (eds.). *Michel Foucault: Beyond Structuralism and Hermeneutics* [C]. Chicago: University of Chicago Press: 208-226.

Fowler, R. 1996. On Critical Linguistics [A]. In Caldas-Coulthard, C. & M. Coulthard (eds.). *Text and Practices: Readings in Critical Discourse Analysis* [C]. London: Routledge: 3-13.

Fowler, R. et. al. 1979. *Language and Control* [M]. London: Routledge.

Garfinkel, H. 1967. *Studies in Ethnomethodology* [M]. Cambridge: Polity.

Gaskell, E.C. 1855/2005. *North and South* [M]. London/New York: Norton.

Gaskell, E.C. 1848/2008. *Mary Barton* [M]. London/New York: Norton.

Gaskell, E.C. 1997. *The Letters of Mrs Gaskell* [C]. Manchester: Mandolin.

Gavins, J. 2000. Absurd tricks with bicycle frames in the text world of *The Third Policeman* [J].

Nottingham Liistic Circular, (15): 16-22.

Gavins, J. 2003. 'Too much blague?': An exploration of Donald Balthelme's *Snow White* [A]. In Gavins, J. & G. Stem (eds.). *Cognitive Poetics in Practice* [C]. London: Routledge: 129-144.

Gavins, J. 2007. *Text World Theory: An Introduction* [M]. Edinburgh: Edinburgh University Press.

Gibson, J. 1979. *The Ecological Approach to Visual Perception* [M]. Boston: Houghton Mifflin.

Gillaerts, P. & F. van de Velde 2010. Interactional metadiscourse in research article abstracts [J]. *Journal of English for Academic purposes*, 9(2): 128-139.

Goffman, E. 1964. The neglected situation [J]. *American Anthropologist*, 66(6): 133-136.

Goffman, E. 1974. *Frame Analysis: An Essay on the Organization of Experience* [M]. New York: Harper & Row.

Goffman, E. 1983. The interaction order [J]. *American Sociological Review*, (48): 1-17.

Goodwin, C. 1980. Restarts, pauses, and the achievement of a state of mutual gaze at turn-beginning [J]. *Sociological Inquiry*, (50): 272-302.

Goodwin, C. 1981. *Conversational Organization: Interaction between Speakers and Hearers* [M]. New York: Academic.

Gramsci, A. 1971. *Selections from the Prison Notebooks* [M]. trans. Hoare, Q. & G. Nowell-Smith. London: Lawrence & Wishart.

Gu, Y. 2006. Multimodal text analysis: A corpus-based approach to situated discourse [J]. *Text & Talk*, 26(2): 127-167.

Habermas, J. 1971. *Knowledge and Human Interests* [M]. Boston: Beacon.

Habermas, J. & J.R. Blazek 1987. The idea of the university: Learning processes [J]. *New German Critique*, 102(41): 3-22.

Halliday, M.A.K. 1964. Syntax and the consumer [A]. In Stuart, C.I.J.M. (ed.). *Report of the Fifteenth Annual (First International) Round Table Meeting on Linguistics and Language* [C]. Washington D.C.: Georgetown University Press: 11-24.

Halliday, M.A.K. 1975/2003. The context of linguistics [A]. In Webster, J.J. (ed.). *Collected Works of M.A.K. Halliday (Volume 3 On Language and Linguistics)* [C]. London: Continuum: 74-91.

Halliday, M.A.K. 1978. *Language as Social Semiotic: The Social Interpretation of Language and Meaning* [M]. London: Arnold.

Halliday, M.A.K. 1985. *An Introduction to Functional Grammar* [M]. London: Arnold.

Halliday, M.A.K. 1985/2003. Systemic background [A]. In Webster, J.J. (ed.). *Collected Works of M.A.K. Halliday (Volume 3 On Language and Linguistics)* [C]. London: Continuum: 185-198.

Halliday, M.A.K. 1989. *Language, Context and Text: Aspects of Language in a Social-semiotic Perspective* [M]. Oxford: Oxford University Press.

Halliday, M.A.K. 1993/2003. Language in a changing world [A]. In Webster, J. J. (ed.). *Collected Works of M.A.K. Halliday (Volume 3 On Language and Linguistics)* [C]. London: Continuum: 213-231.

Halliday, M.A.K. 1994. *An Introduction to Functional Grammar (2nd ed.)* [M]. London: Arnold.

Halliday, M.A.K. 2001/2003. Is the grammar neutral? Is the grammarian neutral? [A]. In Webster, J.J. (ed.). *Collected Works of M.A.K. Halliday (Volume 3 On Language and Linguistics)* [C]. London: Continuum: 271-292.

Halliday, M.A.K. 2004. *An Introduction to Functional Grammar (3rd ed. revised by C.M.I.M. Matthiessen)* [M]. New York: Arnold.

Halliday, M.A.K. 2013. *Halliday in the 21st Century* [C]. London/New York: Continuum.

Halliday, M.A.K. 2014. *An Introduction to Functional Grammar (4th ed. revised by C.M.I.M. Matthiessen)* [M]. London/New York: Routledge.

Halliday, M.A.K. 2015a. The influence of Marxism [A]. In Webster, J.J. (ed.) *The Bloomsbury Companian to M.A.K. Halliday* [C]. London: Bloomsbury Academic: 94-100.

Halliday, M.A.K. 2015b. *Selected Works of M.A.K. Halliday on Applied Linguistics* [C]. Beijing: Foreign Language Teaching & Research Press.

Halliday, M.A.K. & R. Hasan 1976/2001. *Cohesion in English* [M]. London: Longman/ Beijing: Foreign Language Teaching & Research Press.

Halliday, M.A.K. & R. Hasan 1985. *Language, Context and Text: A Social Semiotic Perspective* [M]. Geelong: Deakin University Press.

Hardt-Mautner, G. 1995. Only connect: Critical discourse analysis and corpus linguistics [OL]. http://ucrel.lancs.ac.uk/papers/techpaper/vol6.pdf (accessed 10/05/2019).

Harris, R. 1981. *The Language Myth* [M]. London: Duckworth.

Harris, Z. 1959. Linguistics transformations for information retrieval [A]. In *Proceedings of the International Conference on Scientific Information, Volume 2* [C]. Washington D.C.: National Academy Sciences-National Research Council (NAS-NRC): 937-954.

Harvey, D. 1996. *Justice, Nature and the Geography of Difference* [M]. Oxford: Blackwell.

Hasan, R. 1973. Code, register and social dialect [A]. In Bernstein, B. (ed.). *Class, Codes and Control Volume 2: Applied Studies towards a Sociology of Language* [C]. London: Routledge: 240-244.

Hasan, R. 1978. Text in the systemic-functional model [A]. In Dressler, W. (ed.). *Current Trends in Text Linguistics* [C]. Berlin: Walter de Gruyter.

Hasan, R. 1985. *Linguistics, Language and Verbal Art* [M]. Geelong: Deakin University Press.

Hasan, R. 1996. *Ways of Saying: Ways of Meaning* [M]. London: Cassell.

Hasan, R. 2014. Towards a paradigmatic description of context: Systems, metafunctions, and semantics [J]. *Functional Linguistics*, 1(9): 1-54.

Have, P. 1999. *Doing Conversation Analysis: A Practical Guide* [M]. London: Sage.

Heath, C. 1982. The display of recipiency: An instance of sequential relationship in speech and body movement [J]. *Semiotica*, 42(2-4): 147-161.

Heath, C. 1985. The consultation's end: The coordination of speech and body movement [J]. *Journal of the Sociology of Language*, (51): 27-42.

Heath, C. 1986. *Body Movement and Speech in Medical Interaction* [M]. Cambridge: Cambridge University Press.

Heath, C. 2002. Demonstrative suffering: The gestural (re)embodiment of symptoms [J]. *Journal of Communication*, 52(3): 597-616.

Heath, C. 2006. Body work: The constitution of the body as a clinical object [A]. In Heritage, J. & D.W. Maynard (eds.). *Practicing Medicine: Structure and Process in Primary Care Encounters* [C]. Cambridge: Cambridge University Press: 185-213.

Heidegger, M. 1977. The question concerning technology [A]. In Lovitt, W. (ed.). *The Question Concerning Technology and Other Essays* [C]. New York: Harper & Row: 3-35.

Heritage, J. & D.W. Maynard 2006. *Communication in Medical Care: Interaction between Primary Care Physicians and Patients* [M]. Cambridge: Cambridge University Press.

Heritage, J. & S. Clayman 2010. *Talk in Action: Interactions, Identities and Institutions* [M]. Oxford: Blackwell.

Herzog, B. 2018. Marx's critique of ideology for discourse analysis: From analysis of ideologies to social critique [J]. *Critical Discourse Studies*, 15(4): 402-413.

Hidalgo, D.L. 2000. Negation in discourse: A text world approach to Joseph Heller's *Catch 22* [J]. *Language & Literature*, 9(4): 215-240.

Hidalgo, D.L. 2003a. Negation as a stylistic feature in Joseph Heller's *Catch 22*: A corpus study [J]. *Style*, 37(3): 318-341.

Hidalgo, D.L. 2003b. Text world creation in advertising discourse [OL]. http://www.ucm.es/info/circulo/no13/hidalgo.htm. (accessed 10/08/2018).

Hodge, R. & G. Kress 1993. *Language as Ideology* [M]. London: Routledge.

Hoey, M.P. 1983. *On the Surface of Discourse* [M]. London: George Allen & Unwin.

Hoey, M.P. 1988. Writing to meet the reader's needs: Text patterning and reading strategies [J]. *Trondheim Papers in Applied Linguistics*, (4): 51-73.

Hoey, M.P. 2001. *Texual Interaction: An Introduction to Written Discourse Analysis* [M]. London: Routledge.

Hoey. M.P. 2005. *Lexical Priming: A New Theory of Words and Language* [M]. London: Routledge.

Hood, S. 2004a. *Appraising Research: Taking a Stance in Academic Writing* [D]. Sydney: University of Technology.

Hood, S. 2004b. Managing attitude in undergraduate academic writing: A focus on the introductions to research reports [A]. In Ravelli, L. & R. Ellis (eds.). *Analyzing Academic Writing: Contextualized Frameworks* [C]. London: Continuum: 24-44.

Hood, S. 2006. The persuasive power of prosodies: Radiating values in academic writing [J]. *Journal of English for Academic Purposes,* 5(1): 37-49.

Hood, S. 2010. *Appraising Research: Evaluation in Academic Writing* [M]. Houndmills: Palgrave Macmillan.

Hood, S. 2012. Voice and stance as appraisal: Persuading and positioning in research writing across intellectual fields [A]. In Hyland, K. & C. Guinda (eds.). *Stance and Voice in Written Academic Genres* [C]. London: Palgrave Macmillan: 51-68.

Humboldt, W.V. 1988/1999. *On Language: On the Diversity of Human Language Construction and its Influence on the Mental Development of the Human Species (1836)* [M]. trans. Heath, P. Cambridge: Cambridge University Press.

Hunston, S. 2002. *Corpora in Applied Linguistics* [M]. Cambridge: Cambridge University Press.

Hunston, S. 2007. Semantic prosody revisited [J]. *International Journal of Corpus Linguistics*, 12(2): 249-268.

Hunston, S. & G. Francis 2000. *Pattern Grammar* [M]. Amsterdam: John Benjamins.

Hunston, S. & G. Thompson 2000. Evaluation: An introduction [A]. In Hunston, S. & G. Thompson (eds.). *Evaluation in Text: Authorial Stance and the Construction of Discourse* [C]. Oxford: Oxford University Press: 1-26.

Hunter, J.F.M. 1968. "Forms of Life" in Wittgenstein's "Philosophical Investigations" [J]. *American Philosophical Quarterly*, 5(4): 233-243.

Hutchby, I. & R. Wooffitt 1999. *Conversation Analysis: Principles, Practices, and Applications* [M]. Cambridge: Polity.

Hutchins, E. 1995. *Cognition in the Wild* [M]. Cambridge/MA: MIT.

Hyland, K. 1994. Hedging in academic writing and EAP textbooks [J]. *English for Specific Pur-*

poses, 13(3): 239-256.

Hyland, K. 1996a. Talking to the academy: Forms of hedging in science research articles [J]. *Written Communication*, 13(2): 251-281.

Hyland, K. 1996b. Writing without conviction? Hedging in science research articles [J]. *Applied Linguistics*, 17(4): 433-454.

Hyland, K. 1997. Scientific claims and community values: Articulating an academic culture [J]. *Language & Communication*, 17(1): 19-31.

Hyland, K. 1998a. Persuasion and context: The pragmatics of academic metadiscourse [J]. *Journal of Pragmatics*, 30(4): 437-455.

Hyland, K. 1998b. Exploring corporate rhetoric: Metadiscourse in the CEO's letter [J]. *Journal of Business Communication*, 35(2): 224-244.

Hyland, K. 1999a. Talking to students: Metadiscourse in introductory coursebooks [J]. *English for Specific Purposes*, 18(1): 3-26.

Hyland, K. 1999b. Disciplinary discourses: Writer stance in research articles [A]. In Candlin, C.N. & K. Hyland (eds.). *Writing: Texts, Processes and Practices* [C] London: Longman: 99-121.

Hyland, K. 2000a. Hedges, boosters and lexical invisibility: Noticing modifiers in academic texts [J]. *Language Awareness*, 9(4): 179-197.

Hyland, K. 2000b. *Disciplinary Discourses: Social Interactions in Academic Writing* [M]. London: Pearson.

Hyland, K. 2001. Humble servants of the discipline? Self-mention in research articles [J]. *English for Specific Purposes*, 20(3): 207-226.

Hyland, K. 2004a. Disciplinary interactions: Metadiscourse in L2 postgraduate writing [J]. *Journal of Second Language Writing*, 13(2): 133-151.

Hyland, K. 2004b. *Genre and Second Language Writing* [M]. Ann Arbor: University of Michigan Press.

Hyland, K. 2005. *Metadiscourse: Exploring Interaction in Writing* [M]. London: Continuum.

Hyland, K. 2008. Academic clusters: Text patterning in published and postgraduate writing [J]. *International Journal of Applied Linguistics*, (1): 41-62.

Hyland, K. 2010. Metadiscourse: Mapping interactions in academic writing [J]. *Nordic Journal of English Studies*, 9(2): 125-143.

Hyland, K. 2017. Metadiscourse: What is it and where is it going? [J]. *Journal of Pragmatics*, (113): 16-29.

Hyland, K. & J. Feng 2016. "We must conclude that…": A diachronic study of academic engagement [J]. *Journal of English for Academic Purposes*, (24): 29-42.

Hyland, K. & F.K. Jiang 2018. "In this paper we suggest": Changing patterns of disciplinary metadiscourse [J]. *English for Specific Purposes*, (51): 18-30.

Hyland, K. & P. Tse 2004. Metadiscourse in academic writing: A reappraisal [J]. *Applied Linguistics*, 25(2): 156-177.

Ives, P. 2004. *Gramsci's Politics of Language: Engaging the Bakhtin Circle and the Frankfurt School* [M]. Toronto: University of Toronto Press.

Jameson, F. 1971. *Marxism and Form: Twentieth Century Dialectical Theories of Literature* [M]. Princeton: Princeton University Press.

Jameson, F. 1972. *The Prison-House of Language: A Critical Account of Structuralism and Russian Formalism* [M]. Princeton: Princeton University Press.

Jefferson, G. 1978. Sequential aspects of storytelling in conversation [A]. In Schenkein, J. (ed.). *Studies in the Organization of Coversational Interaction* [C]. New York: Academic: 219-248.

Jefferson, G. 1983a. Issues in the transcription of naturally-occurring talk: Caricature vs. capturing pronounciational particulars [J]. *Tilburg Papers in Language and Literature*, (34): 1-12.

Jefferson, G. 1983b. Notes on a systematic deployment of the acknowledgement tokens 'yeah' and 'mm hm' [A]. In Jefferson, G. (ed.). *Two Papers on Transitory Recipientship* [C]. Tilburg University: Tilburg Papers in Language and Literature: 1-18.

Jefferson, G. 1985. An exercise in the transcription and analysis of laughter [A]. In van Dijk, T.A. (ed.). *The Handbook of Discourse Analysis (Volume 3)* [C]. New York: Academic: 25-34.

Jefferson, G. 1996. On the poetics of ordinary talk [J]. *Text and Performance Quarterly*, 16(1): 1-61.

Jefferson, G. 2004. Glossary of transcript symbols with an introduction [A]. In Lerner, G.H. (ed.). *Conversation Analysis: Studies from the First Generation* [C]. Amsterdam: John Benjamins: 13-31.

Jessop, B. 2000. The crisis of the national spatio-temporal fix and the tendential ecological dominance of globalizing capitalism [J]. *International Journal of Urban and Regional Research*, 24(2): 323-360.

Jessop, B. & N. L. Sum 2018. Language and critique: Some anticipations of critical discourse studies in Marx [J]. *Critical Discourse Studies*, 15(4): 325-337.

Jewitt, C. (ed.). 2009. *Handbook of Multimodal Analysis* [C]. London: Routledge.

Jiang, F. & K. Hyland 2016. Nouns and academic interactions: A neglected feature of metadiscourse [J]. *Applied Linguistics*, 39(4): 1-25.

Kim, L.C. & M.H. Lim 2013. Metadiscourse in English and Chinese research article introductions [J]. *Discourse Studies*, 15(2): 129-146.

Kress, G. 1989. *Linguistic Processes in Sociocultural Practice* [M]. Oxford: Oxford University Press.

Kress, G. 2010. *Multimodality: A Social Semiotic Approach to Contemporary Communication* [M]. London: Routledge.

Kress, G. & T.A. van Leeuwen 1996/2006. *Reading Images: The Grammar of Visual Design* [M]. London: Routledege.

Kress, G. & T.A. van Leeuwen 2012. Colour as a semiotic mode: Notes for grammar of colour [J]. *Visual Communication*, (1): 343-368.

Krishnamurthy, R. 1996. Ethnic, racial and tribal: The language of racism? [A]. In Caldas-Coulthard, R. & M. Coulthard (eds.). *Texts and Practices: Readings in Critical Discourse Analysis* [C]. London: Routledge: 129-149.

Kristeva, J. 1981. Women's time [J]. trans. Jardine, A. *Signs*, 7(1): 13-35.

Lacan, J. 1977. *Ecrits: A Selection* [M]. London: Tavistock.

Laclau, E. & C. Mouffe 1985/2001. *Hegemony and Socialist Strategy: Towards a Radical Democratic Politics* [M]. London: Verso.

Larrain, J. 1983. *Marxism and Ideology* [M]. London: Palgrave Macmillan.

Lazar, M. (ed.). 2005. *Feminist Critical Discourse Analysis: Gender, Power, and Ideology in Discourse* [C]. London: Palgrave Macmillan.

Lecercle, J.J. 2002. *Deleuze and Language* [M]. London: Palgrave Macmillan.

Lecercle, J.J. 2006. *A Marxist Philosophy of Language* [M]. trans. Elliott, G. Leiden: Brill.

Lecercle, J.J. & D. Riley 2005. *The Force of Language* [M]. London: Palgrave Macmillan.

Leech, G. 2000. Grammar of spoken English: New outcomes of corpus-oriented research [J]. *Language Learning*, 50 (4): 675-724.

Lenin, V.I. 1963. *V.I. Lenin Collected Works: March-December 1913 (Volume 19)* [C]. trans. Hanna, G. London: Lawrence & Wishart.

Lenin, V.I. 1964. *V.I. Lenin Collected Works: December 1913-August 1914 (Volume 20)* [C]. trans. Isaacs, B. & J. Fineberg. London: Lawrence & Wishart.

Lerner, G.H. (ed.). 2004. *Conversation Analysis: Studies from the First Generation* [C]. Amsterdam: John Benjamins.

Li, F. & D. Kellogg 2018. A science for verbal art: Elizabeth Gaskell's contribution to a critique of political economy [J]. *Language Sciences*, (70): 92-102.

Linell, P. 2015a. *The Written Language Bias in Linguistics* [M]. London: Routledge.

Linell, P. 2015b. Dialogism and the distributed language approach: A rejoinder to Steffensen [J]. *Language Sciences*, (50): 120-126.

Louw, B. 1993. Irony in the text or insincerity in the writer?—The diagnostic potential of semantic prosodies [A]. In Baker, M., G. Francis. & E. Tognini-Bonelli (eds.). *Text and Technology: In Honour of John Sinclair* [C]. Amsterdam: John Benjamins: 157-176.

Louw, B. 2011. Philosophical and literary concerns in Corpus Linguistics [A]. In Viana, V., S. Zyngier & G. Barnbrook (eds.). *Perspectives on Corpus Linguistics* [C]. Amsterdam: John Benjamins: 171-196.

Love, N. 2004. Cognition and the language myth [J]. *Language Sciences*, (26): 525-544.

Love, N. 2007. Are languages digital codes? [J]. *Language Sciences*, (29): 690-709.

Lugea, J. 2013. Embedded dialogue and dreams: The worlds and accessibility relations of *Inception* [J]. *Language & Literature*, 22(2): 133-153.

Lukács, G. 1971. *History and Class Consciousness (1968)* [M]. trans. Livingstone, R. Cambridge: MIT.

Macken-Horarik, M. 2004. Interacting with the multimodal text: Reflections on image and verbiage in Art Express [J]. *Visual Communication*, 3(1): 5-26.

Malinowski, B. 1923. *The Problem of Meaning in Primitive Languages* [M]. New York: Harcourt Brace & World.

Mann, W.C. 1984. Discourse structures for text generation [R]. In *Proceedings of the 22nd Annual Meeting on Association for Computational Linguistics* [C]. California: University of South California.

Mann, W.C. & S. Thompson 1988. Rhetorical structure theory: Toward a functional theory of text organization [J]. *Text - Interdisciplinary Journal for the Study of Discourse*, 8(3): 243-281.

Martin, J.R. 1992. *English Text: System and Structure* [M]. Amsterdam: John Benjamins.

Martin, J.R. 2000a. Beyond exchange: Appraisal systems in English [A]. In Hunston, S. & G. Thompson (eds.). *Evaluation in Text: Authorial Stance and the Construction of Discourse* [C]. Oxford: Oxford University Press: 142-175.

Martin, J.R. 2000b. Grammar meets genre: Reflections on the Sydney School [J]. *Arts: The Journal of the Sydney University Arts Association*, (22): 47-95.

Martin, J.R. 2004. Positive discourse analysis: Solidarity and change [J]. *Revista Canaria de Estudios Ingleses*, (49): 179-200.

Martin, J.R. 2009. Genre and language learning: A social semiotic perspective [J]. *Linguistics & Education*, 20(1):10-21.

Martin, J.R. 2010. Meaning beyond the clause: SFL perspectives [A]. In Wang, Z. (ed.). *Discourse Semantics* [C]. Shanghai: Shanghai Jiao Tong University Press: 317-340.

Martin, J.R. 2012. *Register Studies* [M]. Shanghai: Shanghai Jiao Tong University Press.

Martin, J.R. (ed.). 2013. *Interviews with M. A. K. Halliday: Language Turned Back on Himself* [C]. London: Bloomsbury.

Martin, J.R. 2017. The discourse semantics of attitudinal relations: Continuing the study of lexis [J]. *Russian Journal of Linguistics*, (21): 22-47.

Martin, J.R. & D. Rose 2003. *Working with Discourse: Meaning beyond the Clause* [M]. Beijing: Peking University Press.

Martin, J.R. & D. Rose 2008. *Genre Relations: Mapping Culture* [M]. London: Equinox.

Martin, J.R. & P.R. White 2005. *The Language of Evaluation: Appraisal in English* [M]. New York: Palgrave Macmillan.

Martinec, R. & A. Salway 2005. A system for image-text relations in new media [J]. *Visual Communication*, 4(3): 337-367.

Marx, K. 1967. *Capital Volume 1 (1867)* [M]. London: Lawrence & Wishart.

Marx, K. 1976. Theses on Feuerbach (1845) [A]. In *Marx-Engels Collected Works (Volume 5)* [C]. Moscow: Progress: 3-11.

Marx, K. 1847/1978. *The Poverty of Philosophy* [M]. Peking: Foreign Languages Press.

Marx, K. 1854/1976. The English middle class [A]. In *Marx and Engels on Literature and Art* [C]. Moscow: Progress: 663-669.

Marx, K. 1987. Preface to '*Contribution to the Critique of Political Economy*' (1859) [A]. In *Marx-Engels Collected Works (Volume 29)* [C]. London: Lawrence & Wishart: 261-265.

Marx, K. 2002. *Theses on Feuerbach* (1845) [OL]. trans. Smith, C. & D. Cuckson. http://www.marxists.org/archive/marx/works/1845/theses/index.htm.(accessed 10/05/2019).

Marx, K. & F. Engels 1969. *Selected Works* [C]. Moscow: Progress.

Marx, K. & F. Engels 1973. *Grundrisse: Foundations of the Critique of Political Economy (1843-1844)* [M]. trans. Martin, N. London: Penguin.

Marx, K. & F. Engels 1976a. The German ideology (1845-1846) [A]. In *Marx-Engels Collected Works (Volume 5)* [C]. London: Lawrence & Wishart: 19-581.

Marx, K. & F. Engels 1976b. Manifesto of the Communist Party (The Communist Manifesto) (1848) [A]. In *Marx-Engels Collected Works (Volume 6)* [C]. London: Lawrence & Wishart: 477-519.

Marx, K. & F. Engels 1978. *The Marx-Engels Reader (2 nd ed.)* [M]. New York: W.W. Norton & Company.

Master, P. 1992. Book review: Genre analysis: English in academic and research settings [J]. *Journal of Pragmatics*, 17(3): 286-289.

McEnery, T., R. Xiao & Y. Tono 2006. *Corpus-Based Language Studies* [M]. London: Routledge.

McLellan, D. 2007. *Marxism after Marx* [M]. London: Palgrave Macmillan.

Miller, C.R. 1984. Genre as social action [J]. *Quarterly Journal of Speech*, 70(2):151-167.

Mills, S. 1995. *Feminist Stylistics* [M]. London: Routledge.

Moreno, A.I. & J.M. Swales 2018. Strengthening move analysis methodology towards bridging the function-form gap [J]. *English for Specific Purposes*, (50): 40-63.

Mukherjee, J. 2004. The state of the art in corpus linguistics: Three book-length perspectives [J]. *English Language & Linguistics*, 8(1): 103-119.

Nesler, M. et al. 1993. The effect of credibility on perceived power [J]. *Journal of Applied Social Psychology*, 23(17): 1407-1425.

Norris, S. 2004. *Analyzing Multimodal Interaction: A Methodological Framework* [M]. London: Routledge.

O'Donnell, M. 1990. A dynamic model of exchange [J]. *Word*, 41(3): 293-327.

O'Halloran, K.L. (ed.). 2004. *Multimodal Discourse Analysis: Systemic Functional Perspectives* [C]. London: Continuum.

O'Halloran, K.L. 2005. Mystification and social agent absences: A critical discourse analysis using evolutionary psychology [J]. *Pragmatics*, 37(12): 1945-1964.

O'Halloran, K.L. 2011. Multimodal discourse analysis [A]. In Hyland, K. & B. Paltridge (eds.). *Companion to Discourse Analysis* [C]. London: Continuum: 120-137.

Orpin, D. 2005. Corpus linguistics and critical discourse analysis: Examining the ideology of sleaze [J]. *International Journal of Corpus Linguistics*, 10(1): 37-61.

Painter, C., J.R. Martin & L. Unworth 2012. *Reading Visual Narratives: Image Analysis of Children's Picture Books* [M]. London: Equinox.

Partington, A. 1998. *Patterns and Meanings: Using Corpora for English Language Research and Teaching* [M]. Amsterdam: John Benjamins.

Partington, A. 2003. *The Linguistics of Political Argument: The Spin-Doctor and the Wolf-Pack at the White House* [M]. London: Routledge.

Partington, A. 2004a. "Utterly content in each other's company": Semantic prosody and semantic preference [J]. *International Journal of Corpus Linguistics*, 9(1): 131-156.

Partington, A. 2004b. Corpora and discourse, a most congruous beast [A]. In Partington, A., J. Morley & L. Haarman (eds.). *Corpora and Discourse* [C]. Bern: Peter Lang: 11-20.

Patterson, A. & J, Potter 2009. Caring: Building a psychological disposition in pre-closing sequences in phone calls with a young adult with a learning disability [J]. *British Journal of Social Psychology*, 48(3): 447-465.

Pederson, S. 2012. Interactivity in health care: Bodies, values and dynamics [J]. *Language Sciences*, (34): 532-542.

Pierre, E. S. & W. Pillow (eds.). 2000. *Working the Ruins: Feminist Post-structural Theory and Methods in Education* [C]. London: Routledge.

Potter, J. 1996. *Representing Reality: Discourse, Rhetoric, and Social Construction* [M]. London: Sage.

Potter, J. 2003. Discursive psychology: Between method and paradigm [J]. *Discourse & Society*, 14(6): 783-794.

Potter, J. 2012. Re-reading discourse and social psychology: Transforming social psychology [J]. *British Journal of Social Psychology*, 51(3): 436-455.

Potter, J. & A. Hepburn 2008. Discursive contructionism [A]. In Holstein, J.A. & J.F. Gubrium (eds.). *Handbook of Constructionist Research* [C]. New York/London: Guildford: 275-293.

Potter, J. & M. Wetherell 1987. *Discourse and Social Psychology: Beyond Attitudes and Behavior* [M]. London: Sage.

Psathas, G. 1995. *Conversation Analysis: The Study of Talk in Interaction* [M]. London: Sage.

Richardson, J.E. 2007. *Analyzing Newspapers: An Approach from Critical Discourse Analysis* [M]. New York: Palgrave Macmillan.

Riff, D. 2008. The Karl Marx school of the English language [J]. *Rethinking Marxism: A Journal of Economics, Culture & Society*, 20(3): 385-401.

Rorty, R.M. (ed.). 1967. *The Linguistic Turn: Essays in Philosophical Method* [C]. Chicago: The University of Chicago Press.

Roucek, J.S. 1944. A history of the concept of ideology [J]. *Journal of the History of Ideas*, 5(4): 479-488.

Royce, T.D. & W. Bowcher (eds.). 2007. *New Directions in the Analysis of Multimodal Discourse* [C]. London: Routledge.

Ryan, M. 1991. *Possible Worlds, Artificial Intelligence, and Narrative Theory* [M]. Bloomington/ Indianapolis: Indiana University Press.

Sacks, H. 1972. An initial investigation of the usability of conversational materials for doing sociology [A]. In Sudnow, D.N. (ed.). *Studies in Social Interaction* [C]. New York: Free: 31-74.

Sacks, H. 1974. An analysis of the course of a joke's telling in conversation [A]. In Bauman R. & J. Scherzer (eds.). *Explorations in the Ethnography of Speaking* [C]. Cambridge: Cambridge

University Press: 337-353.

Sacks, H. 1984. Notes on methodology [A]. In Atkinson, J.M. & J. Heritage (eds.). *Structures of Social Action: Studies in Conversation Analysis* [C]. Cambridge: Cambridge University Press: 21-27.

Sacks, H. 1992a. *Lectures on Conversation (Volume 1)* [M]. Oxford: Blackwell.

Sacks, H. 1992b. *Lectures on Conversation (Volume 2)* [M]. Oxford: Blackwell.

Sacks, H., E. Schegloff & G. Jefferson 1974. A simplest systematics for the organization of turn-taking for conversation [J]. *Language*, (50): 696-735.

Sauntson, H. 2012. *Approaches to Gender and Spoken Classroom Discourse* [M]. New York: Palgrave Macmillan.

Saussure, de. F. 1977. *Course in General Linguistics* (1916) [M]. trans. Baskin, W. Glasgow: Fontana & Collins.

Sawyer, J.E. & A. Stetsenko 2018. Revisiting Marx and problematizing Vygotsky: A transformative approach to language and speech internalization [J]. *Language Sciences*, (70): 143-154.

Schank, R. & C.R.P. Abelson 1977. *Scripts, Plans, Goals and Understanding: An Inquiry into Human Knowledge Structures* [M]. Hillsdale: Lawrence Erlbaum.

Schegloff, E. 1968. Sequencing in conversational openings [J]. *American Anthropologist*, 70(6): 1075-1095.

Schegloff, E. 1979a. Identification and recognition in telephone openings [A]. In Psathas, G. (ed.). *Everyday Language: Studies in Ethnomethodology* [C]. New York: Lawrence Erlbaum: 23-78.

Schegloff, E. 1979b. The relevance of repair to syntax-for-conversation [A]. In Givón, T. (ed.). *Syntax and Semantics: Volume 12 Discourse and Syntax* [C]. New York: Academic: 261-286.

Schegloff, E. 1996. Confirming allusions: Toward an empirical account of action [J]. *American Journal of Sociology*, 102(1): 161-216.

Schegloff, E. 2007. *Sequence Organization in Interaction: A Primer in Conversation Analysis* [M]. Cambridge: Cambridge University Press.

Schegloff, E. & H. Sacks 1973. Opening up Closings [J]. *Semiotica*, 8 (4): 289-327.

Scollon, R. 1998. *Mediated Discouse as Social Interaction* [M]. London: Longman.

Scollon, R. & S.W. Scollon 2003. *Discouse in Place: Language in the Material World* [M]. London: Routledge: 3-38.

Semino, E. 2003. Possible worlds and mental spaces in Hemingway's *A very short story* [A]. In

Gavins, J. & G. Steen (eds.). *Cognitive Poetics in Practice* [C]. London: Routledge: 83-98.

Sinclair, J.M. 1985. Selected issues [A]. In Quirk, R. & H.G. Widdowson (eds.). *English in the World* [C]. Cambridge: Cambridge University Press: 248-254.

Sinclair, J.M. 1991. *Corpus, Concordance, Collocation* [M]. Oxford: Oxford University Press.

Sinclair, J.M. 1999. A way with common words [A]. In Hasselgård, H. & S. Oksefjell (eds.). *Out of Corpus: Studies in Honour of Stig Johansson* [C]. Amsterdam: Rodopi: 157-179.

Sinclair, J.M. 2004. *Trust the Text* [M]. London: Routledge.

Sinclair, J.M. & R.M. Coulthard 1975. *Towards an Analysis of Discourse: The English Used by Teachers and Pupils* [M]. London: Oxford University Press.

Singh, M.K.S., S. Shamsudin & Y.H. Zaid 2012. Revisiting genre analysis: Applying Vijay Bhatia's approach [J]. *Procedia: Social & Behavioral Sciences*, (66): 370-379.

Speer, S.A. & J. Potter 2000. The management of heterosexist talk: Conversational resources and prejudiced claims [J]. *Discourse & Society*, 11(4): 543-572.

Steffensen, S. 2015. Distributed language and dialogism: Notes on non-locality, sense-making and interactivity [J]. *Language Sciences*, (50): 105-119.

Steffensen, S. & S. Pedersen 2014. Temporal dynamics in human interaction [J]. *Cybernetics & Human Knowing*, (28): 80-97.

Stockwell, P. 2005. Texture and identification [J]. *European Journal of English Studies*, 9(2): 143-154.

Stubbs, M. 1996. *Text and Corpus Analysis* [M]. Oxford: Blackwell.

Stubbs, M. 1998. Whorf's children: Critical comments on critical discourse analysis [A]. In Ryan, A. & A. Wray (eds.). *Evolving Models of Language: British Studies in Applied Linguistics* [C]. Clevedon: Multilingual Matters: 100-116.

Stubbs, M. 2001. *Words and Phrases: Corpus Studies of Lexical Semantics* [M]. Oxford: Blackwell.

Stubbs, M. & A. Gerbig 1993. Human and inhuman geography: On the computer-assisted analysis of long texts [A]. In Hoey, M. (ed.). *Data, Description and Discourse* [C]. London: Collins: 64-85.

Swales, J.M. 1990. *Genre Analysis: English in Academic and Research Settings* [M]. Cambridge: Cambridge University Press.

Swales, J.M. 2004. *Research Genres: Explorations and Applications* [M]. Cambridge: Cambridge University Press.

Swales, J.M. 2011. A critical view on the use of corpora [A]. In Viana, V., S. Zyngier. & G. Barnbrook (eds.). *Perspectives on Corpus Linguistics* [C]. Amsterdam: John Benjamins:

221-227.

Swales, J.M. 2016. Configuring image and context: Writing "about" pictures [J]. *English for Specific Purposes*, (41): 22-35.

Taboada, M. & W.C. Mann 2006a. Rhetorical structure theory: Looking back and moving ahead [J]. *Discourse Studies*, 8(3): 1-38.

Taboada, M. & W.C. Mann 2006b. Applications of rhetorical structure theory [J]. *Discourse Studies*, 8(4): 567-588.

Tendler, S. 1986. 35 years' jail for "inhuman" IRA bomber [OL] https://trove.nla.gov.au/work/50 590851?q&versionId=63524088.(accessed 10/08/2018).

Thibault, P. 1999. *Re-reading Saussure* [M]. London: Routledge.

Thibault, P. 2004a. *Brain, Mind and the Signifying Body* [M]. London: Continuum.

Thibault, P. 2004b. *Agency and Consciousness in Discourse: Self-other Dynamics as a Complex System* [M]. London: Continuum.

Thibault, P. 2011. First-order languaging dynamics and second-order language: The distributed language view [J]. *Ecological Psychology*, (23): 230-245.

Thibault, P. 2014. Ecosocial time scales and the two orders of language [J]. *Cybernetics and Human Knowing*, (21): 23-36.

Thibault, P. 2016. Selves, interactive representations, and context: A functional linguistic account of process in language and world [Z]. Unpublished.

Tognini-Bonelli, E. 2001. *Corpus Linguistics at Work* [M]. Amsterdam: John Benjamins.

Toolan, M. 1997. What is critical discourse analysis and why are people saying such terrible things about it? [J]. *Language & Literature*, 6(2): 83-103.

Tracy, de. D. 1970. *A Treatise on Political Economy (Elements of Ideology) (1817)* [M]. trans. Jefferson, T. New York: Augusus M. Kelley.

van der Linden, M.M. 2007. *Western Marxism and the Soviet Union: A Survey of Critical Theories and Debates Since 1917* [M]. trans. Bendien, J. Leiden/Boston: Brill.

van Dijk, T.A. 1972. *Some Aspects of Text Grammars* [M]. Hague: Mounon.

van Dijk, T.A. 1977. *Text and Context: Explorations in the Semantics and Pragmatics of Discourse* [M]. New York: Longman.

van Dijk, T.A. 1984. *Prejudice in Discourse: An Analysis of Ethnic Prejudice in Cognition and Conversation* [M]. Amsterdam: John Benjamins.

van Dijk, T.A. 1987. *Communicating Racism: Ethnic Prejudice in Thought and Talk* [M]. London: Sage.

van Dijk, T.A. 1988a. *News as Discourse* [M]. Hillsdale: Lawrence Erlbaum.

van Dijk, T.A. 1988b. *News Analysis* [M]. Hillsdale: Lawrence Erlbaum.

van Dijk, T.A. 1991. *Racism and the Press* [M]. London: Routledge.

van Dijk, T.A. 1993. *Elite Discourse and Racism* [M]. London: Sage.

van Dijk, T.A. 1998a. *Ideology: A Multidisciplinary Approach* [M]. London: Sage.

van Dijk, T.A. 1998b. Critical Discourse Analysis (2nd draft) [OL]. http://www.mfsd.org/debate/ vandijk.pdf. (accessed 10/08/2018).

van Dijk, T.A. 2001. Discourse, ideology and context [J]. *Folia linguistica*, 35(1-2): 11-40.

van Dijk, T.A. 2004a. From text grammar to critical discourse analysis [A] http://www.discourse. org. (accessed 10/08/2018).

van Dijk, T.A. 2004b. Discourse, knowledge and ideology: Reformulating old questions and proposing some new solutions [OL]. https://www.academia.edu/4261377/Discourse_ Knowledge_and_Ideology_Reformulating_Old_Questions_and_Proposing_Some_New_ Solutions. (accessed 10/08/2019).

van Dijk, T.A. 2008. *Discourse and Context: A Socio-cognitive Approach* [M]. Cambridge: Cambridge University Press.

van Dijk, T.A. 2014. *Discourse and Knowledge: A Sociocognitive Approach* [M]. Cambridge: Cambridge University Press

van Dijk, T.A. 2015. Critical Discourse Analysis [A]. In Tannen, D., H.E. Hamilton & D. Schiffrin (eds.). *The Handbook of Discourse Analysis* [C]. West Sussex: John Wiley & Sons: 466-485.

van Dijk, T.A. & W. Kintsch 1983. *Strategies of Discourse Comprehension* [M]. New York: Academic.

van Leeuwen, T. 2008. *Discourse and Practice: New Tools for Critical Discourse Analysis* [M]. Oxford: Oxford University Press.

Ventola, E.M. 1979. The structure of casual conversation in English [J]. *Journal of Pragmatics*, 3(3-4): 267-398.

Ventola, E.M. 1983. Contrasting schematic structures in service encounters [J]. *Applied Linguistics*, 4(3): 242-258.

Ventola, E.M. 1984. The dynamics of genre [J]. *Nottingham Linguistic Circular*, (14): 103-123.

Ventola, E.M. 1987. *The Structure of Social Interaction: A Systemic Approach to the Semiotics of Service Encounters* [M]. London: Pinter.

Ventola, E.M. 1995. Generic and register qualities of texts and their realisation [A]. In Fries, P. & M. Gregory (eds.). *Discourse in Society: Systemic Funtional Perspectives Volume 3 Meaning and Choice in Language* [C]. New Jersey: Ablex: 3-28.

Ventola, E. 2005. Revisiting service encounter genre: Some reflections [J]. *Folia Linguistica*, (1-2): 19-43.

Volosinov, V.N. 1973. *Marxism and the Philosophy of Language* (1930) [M]. trans. Matejka, L. & I.R. Titunik. London: Seminar.

Vygotsky, L.S. 1978. *Mind in Society: The Development of Higher Psychological Processes* [M]. Cambridge: Harvard University Press.

Werth, P. 1999. *Text Worlds: Representing Conceptual Space in Discourse* [M]. London: Longman.

Wetherell, M. & J. Potter 1992. *Mapping the Language of Racism: Discourse and the Legitimation of Exploitation* [M]. Cambridge: Cambridge University Press.

White, P.R. 1998. *Telling Media Tales: The News Story of Rhetoric* [D]. Sydney: University of Sydney.

White, P.R. 2001. Appraisal: an overview [OL]. http://www.grammatics.com/appraisal. (accessed 10/08/2018).

White, P.R. 2008. The News story as rhetoric: Linguistic approaches to the analysis of journalistic discourse [A]. In Thomson, E. & P. R. White (eds.). *Communicating Conflict: Multilingual Case Studies of the News Media* [M]. London: Continuum: 1-23.

White, P.R. 2012. The Appraisal website [OL]. http://grammatics.com/appraisal. (accessed 10/08/2018).

Widdowson, H.G. 1995. Discourse analysis: A critical view [J]. *Language & Literature*, 4(3): 157-172.

Widdowson, H.G. 2004. *Text, Context, Pretext: Critical Issues for Discourse Analysis* [M]. Oxford: Blackwell.

Williams, R. 1977. *Marxism and Literature* [M]. Oxford: Oxford University Press.

Wiggins, S. 2017. *Discursive Psychology: Theory, Method and Applications* [M]. London: Sage.

Wittgenstein, L. 2001. *Philosophical Investigations* [M]. trans. Anscombe, G.E.M. Oxford: Blackwell.

Wodak, R. 1989. *Language, Power and Ideology: Studies in Political Discourse* [M]. Amsterdam: John Benjamins.

Wodak, R. 1996. *Disorders of Discourse* [M]. London: Longman: 17-20.

Wodak, R. 2006. Review Focus: boundaries in discourse analysis [J]. *Language in Society*, 35(4): 595-611.

Wodak, R. 2011. Critical discourse analysis [A]. In Hyland, K. & B. Paltridge (eds.). *Continuum Companion to Discourse Analysis* [C]. London: Continuum: 38-53.

Wodak, R. & M. Meyer (eds.). 1999/2009. *Methods of Critical Discourse Analysis* [C]. London: Sage.

Wodak, R. & M. Meyer (eds.). 2016. *Methods of Critical Discourse Analysis* [C]. London: Sage.

Wodak, R. & T.A. van Dijk (eds.). 2000. *Racism at the Top: Parliamentary Discourses on Ethnic Issues in Six European States* [C]. Klagenfurt: Drava Verlag.

Zappavigna, M. et al. 2010. Visualizing Appraisal Prosody [A]. In Mahboob, A. & N. Knight (eds.). *Appliable Linguistics* [C]. London, Continuum: 150-167.

Bhatia, V. 彭萍, 段平, 2012. 体裁分析、专门用途英语和专业实务 [J]. 中国 ESP 研究, (1): 119-130.

布占廷, 2010. 夸张修辞的态度意义研究 [J]. 当代修辞学, (4): 53-59.

常晖, 2015. 论辩证解释学和批判解释学的语言观 [J]. 外语学刊, (5): 12-15.

陈晓燕, 姚银燕, 2015. 以计算机为媒介的汉语服务接触语类研究 [J]. 西安外国语大学学报, (2): 43-47.

陈学明, 2013. 20 世纪西方马克思主义哲学发展历程及主要特征 [J]. 马克思主义与现实, (2): 100-107.

陈瑜敏, 2008. 奥运电视公益广告多模态态度的构建 [[J]. 北京科技大学学报 (社会科学版), (3): 108-114.

陈忠华, 邱国旺, 1997. 修辞结构理论与修辞结构分析评介 [J]. 外语研究, (3): 20-24.

代树兰, 2015. 会话分析的缘起与进展 [J]. 外语学刊, (6): 25-32.

杜金榜, 2013. 语篇分析教程 [Z]. 武汉 : 武汉大学出版社 .

房红梅, 2014. 论评价理论对系统功能语言学的发展 [J]. 现代外语, (3): 303-311.

冯德正, 2011. 多模态隐喻的构建和分类 [J]. 外语研究, (1): 24-29.

冯德正, 张德禄, O'Halloran, 2014. 多模态语篇分析的进展与前沿 [J]. 当代语言学, (1): 88-99.

冯宗祥, 郑树棠, 2000. 语义单位关系理论与语篇分析 [J]. 上海交通大学学报 (社科版), (3): 126-129.

宫军, 2007. 巴赫金语言哲学观的渊源与走向 [J]. 四川外语学院学报, (3): 57-61.

顾曰国, 2007. 多媒体、多模态学习剖析 [J]. 外语电化教学, (2): 3-12.

韩礼德, 何远秀, 杨炳钧, 2015. 系统功能语言学的马克思主义取向——韩礼德专题访谈录 [J]. 当代外语研究, (7): 1-4.

胡燕, 董方莉, 2016. 基于 Fairclough 三维分析模式的门诊医患会话批评性研究 [J]. 医学与哲学 (B), (3): 86-89.

胡壮麟, 2007. 解读韩礼德的 Appliable Linguistics[J]. 四川外语学院学报, (6):1-6.

胡壮麟, 朱永生, 张德禄, 2017. 系统功能语言学概论 (第三版) [M]. 北京 : 北京大学出版社 .

黄国文, 2018. M.A.K. Halliday 的系统功能语言学理论与生态语言学研究 [J]. 浙江外国语
　　学院学报, (5): 35-44.

黄国文, 文秋芳, 2018. 新时代外语工作者的社会责任 [J]. 中国外语, (3): 12-14+1.

黄红丽, 2007. Explore the Beatles song lyrics through a text-world-model-based analysis of
　　negation [OL]. http://dlib.edu.cnki.net/kns50/detail.aspx?Query ID=449&CurRec=17
　　(accessed 10/05/2019).

贾晓庆, 张德禄, 2013. 认知文体学理论构建的几个重要问题探讨 [J]. 外语与外语教学, (3):
　　6-10.

纪卫宁, 辛斌, 2009. 费尔克劳夫的批评话语分析思想论略 [J]. 外国语文, (6): 21-25.

李曙光, 2011. 理论的对话——巴赫金与乔姆斯基语言哲学思想之间的张力 [J]. 俄罗斯文艺,
　　(3): 116-123.

梁茂成, 2008. 中国大学生英语笔语中的情态序列研究 [J]. 外语教学与研究, (1): 51-58.

梁茂成, 2012. 语料库语言学研究的两种范式: 渊源、分歧及前景 [J]. 外语教学与研究, (3):
　　323-335.

梁茂成, 李文中, 许家金, 2010. 语料库应用教程 [M]. 北京: 外语教学与研究出版社.

梁晓辉, 2012. 叙述者的元小说操控:《法国中尉的女人》的认知诗学研究 [M]. 北京: 北京
　　大学出版社.

梁晓辉, 刘世生, 2009. 关于文本世界的界定标准 [J]. 中国外语, (6): 17-25.

林大津, 2012. 言语交际当代语境观: 主客体与静动态的新思考 [J]. 当代修辞学, (1): 85-86.

刘承宇, 2002. 英语报刊语篇评价系统与批评性阅读 [J]. 基础外语教育, (4): 25-29.

刘放桐, 2018. 马克思主义与现当代世界哲学发展趋势 [J]. 社会科学战线, (5): 37-46.

刘立华, 刘世生, 2006. 语言·认知·诗学——《认知诗学实践》评介 [J]. 外语教学与研究, (1):
　　73-77.

刘芹, 潘鸣威, 2010. 理工科大学生英语口语多模态语料库构建研究 [J]. 现代教育技术, (4):
　　69-72.

刘世生, 庞玉厚, 2011. 认知叙事学初探——以电影《美丽心灵》中的文本世界为例 [J]. 外语
　　学刊, (2): 45-51.

刘世铸, 2010, 评价理论在中国的发展 [J]. 外语与外语教学, (5): 33-37.

刘世铸, 韩金龙, 2004. 新闻话语的评价系统 [J]. 外语电化教学, (4): 17-21.

刘世铸, 张征, 2003. 修辞结构理论与 RST 工具 [J]. 外语电化教学, (4): 20-23.

刘文宇, 李珂, 2016. 国外批评性话语分析研究趋势的可视化分析 [J]. 外语研究, (2): 39-45.

卢永欣, 2013. 语言维度的意识形态分析 [M]. 北京: 社会科学文献出版社.

马菊玲, 2008. 用否定建构的荒诞世界——《第二十二条军规》的认知诗学分析 [J]. 山东外
　　语教学, (6): 89-95.

马菊玲, 2010. 认知语篇研究新探索:《文本世界理论导论》评介 [J]. 外语教学与研究, (1): 72-74.

毛浩然, 高丽珍, 徐赳赳, 2015. van Dijk 话语理论体系的建构与完善 [J]. 中国外语, (5): 31-40.

苗兴伟, 穆军芳, 2016. 批评话语分析的马克思主义哲学观和方法论 [J]. 当代语言学, (4): 532-543.

亓元杰, 冯德正, 2014. 多模态隐喻与广告语篇分析: 隐喻系统的建立与定量分析 [J]. 北京科技大学学报 (社会科学版), (6): 8-13.

强乃社, 2016. 语言哲学与马克思主义哲学的当代发展 [J]. 社会科学战线, (8): 22-28.

荣维毅, 2000. 女性主义与后现代主义的相遇 [J]. 首都师范大学学报 (社会科学版), (6): 29-36.

孙铭悦, 张德禄, 2018. 评价策略分析框架探索——以英语社论语篇为例 [J]. 外语学刊, (2): 27-34.

田海龙, 2003.《后现代社会中的话语 : 批评话语分析再思考》评介 [J]. 外语教学与研究, (4): 318-320.

田海龙, 赵芃, 2017. 批评话语分析再思考——基于辩证唯物主义的语言与社会关系研究 [J]. 当代语言学, (4): 494-506.

王立非, 文艳, 2008. 应用语言学研究的多模态分析方法 [J]. 外语电化教学, (3): 8-12.

王强, 成晓光, 2016. 元话语理论研究范式述评 [J]. 外语与外语教学, (2): 55-62.

王伟, 董冀平, 1995. 修辞结构理论与系统功能语言学——两种功能语言理论比较 [J]. 山东外语教学, (2): 6-10.

王寅, 2006. 认知语言学 [M]. 上海 : 上海外语教育出版社 .

王寅, 2017. 国外马克思语言哲学的特征探析 [J]. 哲学动态, (11): 20-26.

王勇, 黄国文, 2006. 语篇结构中的递归现象 [J]. 外语教学与研究, (5): 288-295.

王雨辰, 孙珮云, 2018. 论西方马克思主义在中国的解释史及其影响 [J]. 马克思主义与现实, (4): 96-102.

王玉华, 2015. 语言、实践与主体——勒赛克尔的马克思主义语言哲学建构 [J], 马克思主义与现实, (5): 122-127.

王玉华, 南丽军, 2015. 勒赛克尔对德勒兹语言哲学的解读——基于马克思主义语言哲学的视角 [J]. 求是学刊, (3): 25-31.

王泽霞, 杨忠, 2008. 费尔克劳话语三维模式解读与思考 [J]. 外语研究, (3): 9-13.

王振华, 2001. 评价系统及其运作——系统功能语言学的新发展 [J]. 外国语, (6): 13-20.

王振华, 2003. 介入 : 言语互动中的一种评价视角 [D]. 开封 : 河南大学 .

王振华, 2004a. 法庭交叉质询中的人际关系——系统功能语言学 "情态" 视角 [J]. 外语学刊, (3) : 51-59.

王振华, 2004b. "硬新闻"的态度研究——"评价系统"应用研究之二 [J]. 外语教学, (5): 31-36.

王振华, 2010. 从态度系统考量奥巴马获 2009 年度诺贝尔和平奖引发的争议 [J]. 当代外语研究, (3): 7-11.

王振华, 路洋, 2010. "介入系统"嬗变 [J]. 外语学刊, (3): 51-56.

王振华, 马玉蕾, 2007. 评级理论 : 魅力与困惑 [J]. 外语教学, (6): 19-23.

王正, 张德禄, 2016. 基于语料库的多模态语类研究——以期刊封面语类为例 [J]. 外语教学, (5): 15-20.

文大稷, 秦在东, 2010. 实践的观点是马克思主义哲学的理论基石——再读马克思《关于费尔巴哈的提纲》[J]. 社会主义研究, (3): 7-10.

吴长青, 2015. 分析学马克思主义哲学的"语言学转向"研究 [M]. 武汉 : 湖北人民出版社.

吴昕炜, 2012. 从葛兰西实践哲学看马克思主义哲学内部传统的演变 [J]. 马克思主义与现实, (1): 127-131.

吴昕炜, 2018. 21 世纪马克思主义哲学发展路径的反思与前瞻 [J]. 山东社会科学, (6): 47-52.

武建国, 2015. 批评性话语分析 : 争议与讨论 [J]. 外语学刊, (2): 76-81.

辛斌, 2005. 批评语言学 : 理论与应用 [M]. 上海 : 上海外语教育出版社.

辛斌, 2008. 批评话语分析 : 批评与反思 [J]. 外语学刊, (6): 63-70.

辛斌, 2016. 巴赫金学派的语言意识形态观和批评话语分析 [J]. 外语学刊, (1): 21-27.

辛志英, 2008. 话语分析的新发展——多模态话语分析 [J]. 社会科学辑刊, (5): 208-211.

辛志英, 2010. 语言的变量结构 : 从词汇语法到语篇语义 [J]. 外语与外语教学, (5): 19-22.

辛志英, 黄国文, 2010a. 系统功能类型学 : 理论、目标与方法 [J]. 外语学刊, (5): 50-55.

辛志英, 黄国文, 2010b. 元话语的评价赋值功能 [J]. 外语教学, (6): 1-5.

徐赳赳, 2006. 关于元话语的范围和分类 [J]. 当代语言学, (4): 345-353.

薛静, 贺蓉, 王庆光, 2006. 论语篇的衔接和谐与连贯程度 [J]. 重庆大学学报 (社会科学版), 12(3):117-122.

杨信彰, 2003. 语篇中的评价性手段 [J]. 外语与外语教学, (1): 11-14.

杨信彰, 2007. 元话语与语言功能 [J]. 外语与外语教学, (12): 1-3.

杨信彰, 2012. 学习型英汉双解词典中的图文关系 [J]. 北京科技大学学报 (社会科学版), (4): 45-51.

衣俊卿, 2011. 关于国外马克思主义研究现状的审思 [J]. 马克思主义与现实, (5): 94-101.

尹树广, 2015. 国外马克思主义语言哲学发展概况 [J]. 国外理论动态, (9): 45-54.

俞吾金, 2003. 西方马克思主义发展中的语言学转向 [J]. 河北学刊, (6): 37-45.

俞吾金, 2004. 西方哲学发展中的三大转向 [J]. 河北学刊, (3): 53-57.

岳颖, 2018. 评价意义成分的语篇组织模式 [M]. 北京: 外语教学与研究出版社.

曾枝盛, 2004. 拉克劳、墨菲及其"新霸权"理论 [J]. 浙江学刊, (6): 13-21.

张德禄, 1999. 语篇连贯研究纵横谈 [J]. 外国语, (6):24-31.

张德禄, 2000. 社会文化因素与语篇连贯 [J]. 山东师大外国语学院学报, (4): 1-9.

张德禄, 2009. 多模态话语分析综合理论框架探索 [J]. 中国外语, (1): 24-30.

张德禄, 何继红, 2011. 韩礼德、哈桑访谈解评 [J]. 外国语, 34(5): 88-92.

张德禄, 刘世铸, 2006. 形式与意义的范畴化——兼评评价语言英语的评价系统 [J]. 外语教学与研究, (6): 423-427.

张亮, 2018. 马克思与我们同在新时代——纪念马克思诞辰 200 周年 [J]. 武汉大学学报(哲学社会科学版), (5): 65-71.

张佐成等, 2014. 多模态即席话语研究 [M]. 北京: 世界图书出版公司.

赵敦华, 2014. "意识形态"概念的多重描述定义——再论马克思恩格斯的意识形态批判理论 [J]. 社会科学战线, (7): 1-11.

朱永生, 2005. 语境动态研究 [M]. 北京: 北京大学出版社.

朱永生, 2009. 概念意义中的隐性评价 [J]. 外语教学, (4): 1-5.

朱永生, 严世清, 2011. 系统功能语言学再思考 [M]. 上海: 复旦大学出版社.